中共四川省委省直机关党校2018年校级重点课题“转型时期中国若干经济热点研究”（编号：SCJD2018ZD03）成果

转型时期中国若干经济热点研究

zhuanxing Shiqi Zhongguo ruogan jingji redian Yanjiu

吉媛 著

西南财经大学出版社
Southwestern University of Finance & Economics Press
中国·成都

图书在版编目(CIP)数据

转型时期中国若干经济热点研究/吉媛著.—成都:西南财经大学出版社,2021.10
ISBN 978-7-5504-4006-7

Ⅰ.①转…　Ⅱ.①吉…　Ⅲ.①中国经济—转型经济—研究
Ⅳ.①F123.9

中国版本图书馆 CIP 数据核字(2019)第 124321 号

转型时期中国若干经济热点研究
吉媛　著

责任编辑:王琳
封面设计:张姗姗
责任印制:朱曼丽

出版发行	西南财经大学出版社(四川省成都市光华村街 55 号)
网　　址	http://cbs.swufe.edu.cn
电子邮件	bookcj@swufe.edu.cn
邮政编码	610074
电　　话	028-87353785
照　　排	四川胜翔数码印务设计有限公司
印　　刷	成都市火炬印务有限公司
成品尺寸	170mm×240mm
印　　张	14
字　　数	275 千字
版　　次	2021 年 10 月第 1 版
印　　次	2021 年 10 月第 1 次印刷
书　　号	ISBN 978-7-5504-4006-7
定　　价	79.80 元

前　言

党的十八大召开以来，中国经济转型成为最热门的词汇。中国经济转型问题其实很早就受到了高层的关注。1995 年，中共中央关于“九五”计划的建议明确指出：实现“九五”计划和 2010 年的奋斗目标，关键是实现两个具有全局意义的根本性转变，一是经济体制从传统的计划经济向社会主义市场经济体制转变，二是经济增长从粗放式向集约型转变，促进国民经济持续、快速、健康发展和社会全面进步①。此后，在 2005 年，中共中央关于“十一五”规划的建议再次强调转变经济增长方式②。2007 年，党的十七大报告进一步提出要转变经济发展方式。此后的 2009 年中央经济工作会议、2010 年中共中央制定的“十二五”规划建议均强调要加快转变经济发展方式。但实际结果是，中国经济粗放式增长格局并未得到根本性改变。中国经济走到今天，政府主导下的投资拉动型经济增长模式在促进经济增长方面发挥了巨大的作用，造就了全球第二大经济体，被世人称为“中国奇迹”。在此过程中，中国经济基本完成了从计划经济向市场经济的转变，市场机制初步建立。但这种经济增长方式的负面作用也逐渐凸显，以至于今天的中国必须回过头来解决这种经济增长或发展方式所带来的环境污染、资源能源消耗、社会公平、产业结构等方面的一系列问题。

所谓经济转型，是指在经济运行过程中，将原来靠加大要素投入来拉动经济增长的资源依托型的经济发展方式转变为主要依靠劳动力素质提高、技术进

① 中共中央关于制定国民经济和社会发展“九五”计划和 2010 年远景目标的建议［J］. 求实，1995（11）：17-28.

② 中共中央关于制定国民经济和社会发展第十一个五年规划的建议［J］. 求是，2005（20）：3-12.

步的智力依托型的经济增长方式。通俗地讲，就是将原本粗放型的经济增长方式转变为集约型的经济增长方式。然而，我国宏观经济政策和政府职能转变没有给予中国经济转型以配套的条件，以至于转变经济发展方式一直停留在表面上。

自从2008年全球金融危机爆发以来，刺激经济、保证增长一直是中国宏观经济政策的主旋律。这种政策一直延续到今天，使中国宏观经济面临进退维谷的两难处境。

为什么说中国宏观经济如今面临进退维谷的处境呢？对这个问题的追溯可以让我们看清事情的本质。2008年以前，中国宏观经济处于过热的状态，宏观经济政策以调结构为主调。但由于2008年爆发了全球性的金融危机，我国外需急剧减少，为了保持既定的增长目标，政府改变了原来调结构的基调，转而采取了大规模刺激计划，以期抵消外需的崩塌。货币供应量剧增，财政主导下的基础设施建设大面积铺开。房地产价格迅速上涨，泡沫开始聚集，不过中国在这一轮全球经济危机中，率先实现了逆势反弹。虽然大规模刺激政策保住了国内生产总值（GDP），但刺激政策带来的负面效应却成为中国经济的长期困扰：资产价格暴涨倒逼工资上涨，人工成本越来越高，实体企业利润越来越薄。对于以制造业为主业的中国经济来说，人工成本的上涨无疑将降低中国产品的整体竞争力。此外，大量中小企业由于成本提高而纷纷陷入困境。民营资本的抗风险能力本来就弱，在实体企业利润越来越薄的情况下，民营资本被迫纷纷转入金融领域和房地产领域，这又加剧了资产价格的上涨，从而造成恶性循环。

面对这样纷繁复杂的经济形势，如何才能把握好经济转型的方向呢？由于长期实行政府主导型投资拉动战略，中国经济的不平衡、不协调和不可持续问题日益突出，如果继续沿着这样的发展路径走下去，必然会越来越受到资源、环境、投资效率、国内矛盾等因素的制约，最终落入“中等收入陷阱”。面对当下的经济形势，中央政府认为要靠市场机制而非政策刺激机制和政府直接投资去实现经济发展的目标。这显然抓住了问题的本质。

当然，虽然中国高层已经提出了经济转型和改革的方向，但要真正实现这一目标还有很长的路要走，其过程中也存在很多现实困难。这一方面是由社会经济活动的复杂性造成的，另一方面中国超大型社会的客观现实也为实现中国经济转型增加了难度。本书的目的就是通过对当前中国经济转型时期的热点问题进行分析，提炼出中国经济转型中所面临的关键问题，进而为解决这些问题进行一定的探索。本书所选择的问题均是当下中国经济转型过程中的热点问题，这些问题包含了所有制结构、产权制度、政府职能、收入分配、“三农”问题、财政金融、外贸出口等方面。本书为中共四川省委省直机关党校校级重点课题（课题编号：SCJD2018ZD03）的成果。

本书安排如下：全书共分为三篇。上篇为理论篇，主要分析我国经济转型过程中经济体制和基本制度架构，主要包含所有制、产权制度以及政府职能三个部分。中篇为宏观篇，重点研究转型时期我国宏观调控所面对的热点问题，主要包括收入分配问题、宏观调控政策选择问题、财政政策以及金融、外汇与外贸等方面的问题。下篇为“三农”篇，重点聚焦我国农业现代化问题，以向农业规模化发展的农业大省四川省作为研究样本。

吉媛

2019 年 6 月

目　录

上篇（理论篇）

中篇（宏观篇）

下篇（“三农”篇）

上篇（理论篇）

第一章　所有制改革

所有制问题属于一个社会基础结构的问题，一个社会或者一个国家关于所有制的选择根本上决定了整个经济的性质。所有制结构是一个社会经济运行的基础框架，因此，完善的市场经济体制必然要求与之相适应的完善的所有制结构。后危机时代如何通过所有制这种经济制度的基础构架的改革，为我国经济成功转型提供制度保证，是随着整个经济改革的深入所必须要解决的问题。我国是社会主义国家，如何在市场经济不断完善的今天来保持公有制的主体地位并发挥公有制的积极作用是转型时期必须优先考虑的问题。

第一节　所有制的一般理论

一、所有制

所有制又称为生产资料所有制，是人们围绕生产资料而建立起来的经济关系的最一般、最本质的制度性体现①。众所周知，物质资料的生产是人类社会存在与发展的前提。而物质资料的生产过程，可以简单概括为人类劳动和生产资料结合的过程。问题的关键就在于人类劳动是如何与生产资料结合的，即这种结合采用的是什么形式？与人类劳动相结合的生产资料是否属于劳动者所有？如果属于，那么劳动者理当全部或部分地占有劳动的成果，否则劳动者将部分或完全不占有劳动成果。从宏观的角度来看，人类社会发展到现在，采用过两种所有制，一种是公有制，一种是私有制。而这两种所有制的差异主要是从生产资料所有制主体的状况来区分的。当然，公有制和私有制并不是完全对立和矛盾的。同一个社会在同一时间段内可以在不同的范围内选择两种所有制并存，这就是所谓的混合所有制。事实上，现代社会几乎没有选择单一所有制

---

① 邹东涛. 社会主义市场经济学［M］. 北京：人民出版社，2004：82.

的经济体，绝大部分经济体内部均出现了公有制和私有制的混合，只是所占比重不同。在公有制内部，根据共有的范围不同，公有制可划分为全民所有制和集体所有制。而私有制根据所有者身份的不同可以分为奴隶私有制、封建私有制和资本主义私有制。

二、所有制结构

所有制结构是指，在一定社会内存在的不同所有制形式，这些所有制形式在整个社会经济中所占的比例及其相互之间的关联情况①。改革开放以前我国理论界没有所有制结构这个概念或提法，因为在改革开放以前我国强调所有制的“一大二公”。改革开放后，随着对非公有制经济认识的深入，多元所有制结构成为经济生活的现实，所有制结构这一概念进而成为重要的概念。

三、马克思主义所有制理论的基本点

马克思主义所有制理论不仅科学地揭示了所有制和所有权的关系，所有制形式和所有制结构的关系，而且揭示了所有制演变的一般规律。归结起来，马克思主义的所有制理论基本点主要包括以下几个方面②：第一，所有制是指人们在社会生产中所发生的财产关系，这种财产关系包括人与物的关系和人与人的关系两个方面。因为任何生产总是社会的生产。任何可以称为人与自然的关系，都是在一定的社会关系中进行的。所有制或所有制关系就是以上两个方面的统一。第二，所有制存在于它的具体形式之中，每一个社会形态总有一种所有制形式处于优势地位，并由这种所有制形式决定该社会生产的性质。第三，在一个社会中同时存在的不同所有制形式的相互关系构成该社会的所有制结构。各种所有制形式既然存在于一个社会中，它们之间必然要发生一定的关系。这种关系既同它们各自的性质有关，也同它们的数量和质量有关。第四，所有制变化趋势归根结底是由生产力发展水平所决定的。社会制度中的任何变化，所有制关系中的每一次变革，都是产生了同旧的所有制关系不再相适应的新的生产力的必然结果。人类经过了奴隶社会和封建社会两种私有制社会后，进入资本主义社会，劳动者和劳动条件互相分离，生产工具和私有制之间的矛盾才第一次作为大工业所产生的结果表现出来；这种矛盾只有在大工业高度发达的情况下才会产生。因此，只有在大工业的条件下才有可能消灭私有制。第

---

① 邹东涛. 社会主义市场经济学［M］. 北京：人民出版社，2004：85.

② 王天义，王睿. 社会主义所有制理论与我国所有制结构的创新［J］. 科学社会主义，2009（5）：13.

五，未来社会的所有制是社会公共占有生产资料。作为社会公共占有的生产资料，它的具体存在形式将分别采取无产阶级的国家所有制和劳动者的生产合作社两种。在这两种形式中，国家所有制是基本形式，生产合作社是走向未来社会主义社会制度的一种过渡形式。

四、马克思所有制理论的实践难题

马克思和恩格斯根据其自身理论设想的未来社会，即共产主义社会是一个以生产资料共同占有为基础的社会。也就是说，根据马克思和恩格斯的理论，由整个社会直接占有一切生产资料是马克思和恩格斯在批判资本主义私有财产制度的基础上提出的社会主义所有制的理论设想。同时，马克思和恩格斯的所有制理论设想是与他们关于社会主义革命在全世界，特别是在主要发达资本主义国家同时取得胜利的论断相联系的，而这一论断并没有被社会主义革命的实践所证实。相反，社会主义革命却是在一个资本主义发展相对不充分的国家——俄国率先实现的。后来的中国共产党领导的社会主义革命更是在一个生产力极为落后的半殖民地半封建国家实现的。社会主义革命的现实状况，使得建立一个以整个社会直接占有一切生产资料为基础的所有制丧失了其本来的理论基础，即社会生产力全面发展，生产的社会化程度非常高，进而生产资料的私有制严重阻碍了资本主义生产继续扩大社会化的内在要求的实现。在这种情况下，无产阶级革命必然会对马克思主义经典作家的理论模式进行创新和发展，从而在实践中探索出适合自身发展的所有制理论。

第二节　我国所有制的历史沿革

一、改革开放以前

众所周知，从 1949 年新中国成立到党的十一届三中全会以前，我国的所有制安排基本上照搬了苏联模式，在理论上，全盘接受斯大林关于所有制结构模式的设想，在实践中，盲目追求“一大二公”的公有制形式，急于从集体所有制过渡到全民所有制，导致集体所有制经济出现全民所有制化。所有制关系曾一度严重阻碍社会生产力的发展。

在过去的计划经济体制下，我们传统的社会主义经济理论在对待马克思主义所有制问题上一直存在着两个认识误区：一是把所有制标准置于生产力标准之上，简单地把社会主义同公有制、资本主义同私有制等同起来；二是僵化看待公有制实现形式，把公有制的某一种形式看作公有制的唯一形式。这些错误观念在实践上导致了所有制关系的不断革命。在城市，大力发展全民所有制企业，并要求集体企业向全民企业过渡；在农村，大搞“一平二调”和“割资本主义尾巴”运动，不顾生产力水平，错误地认为所有制越大越公越纯就越好。实践证明，这种单一的公有制结构不符合我国现实生产力的状况，不利于社会生产力的发展①。

二、改革开放以后

党的十一届三中全会以后，我国相继提出了计划经济为主、市场调节为辅和有计划的商品经济理论；1992 年，党的十四大提出“以公有制为主体，个体经济、私营经济、外资经济为补充，多种经济成分长期共同发展”的方针；1995 年，党的十四届三中全会第一次提出了鼓励非公有制经济发展的政策。而且，还以宪法的形式确立中外合资企业、个体经济、私营经济的法律地位②。

我国所有制结构理论取得突破性进展是在中国共产党第十五次全国代表大会上。江泽民同志在这次会议的报告中指出：以公有制为主体，多种所有制经济共同发展是我国社会主义初级阶段的一项基本经济制度。同时党的十五大明确提出：“公有资产占优势，要有量的优势，更要注重质的提高”“国有经济起主导作用，主要体现在控制力上”“只要坚持公有制为主体，国家控制国民经济命脉，国有经济的控制力和竞争力得到增强，在这个前提下，国有经济比重减少一些不会影响我国的社会主义性质”。党的十六大进一步指出：“必须毫不动摇地鼓励、支持和引导非公有制经济发展。个体、私营等各种形式的非公有制经济是社会主义市场经济的重要组成部分，对充分调动社会各方面的积极性、加快生产力发展具有重要作用。”在公有制与非公有制关系上，党的十六大提出：“坚持公有制为主体，促进非公有制经济发展，统一于社会主义现代化建设的进程中，不能把这两者对立起来。各种所有制经济完全可以在市场竞争中发挥各自优势，相互促进，共同发展。”这大大地促进了我国非公有制经济的发展，使得多种所有制形式出现了融合的趋势即混合所有制。进而，党的十七大指出：“毫不动摇地巩固和发展公有制经济，毫不动摇地鼓励、支持、引导非公有制经济发展，发挥市场在资源配置中的基础性作用。”自此，

---

① 王天义，王睿. 社会主义所有制理论与我国所有制结构的创新［J］. 科学社会主义，2009（5）：14-15.

② 武模桥. 从历史演变看我国所有制结构的发展趋势［J］. 探索，2006（2）：81.

我国非公有制经济的地位得到了充分的认可和肯定。同时，理论界通过 30 多年的探索，已经对我国所有制选择和调整问题达成了以下共识：

首先，在思想方法上，突破了原有的单纯依据经典作家对未来社会的预测构建现实社会主义所有制结构的教条主义方法论，确立了实事求是、一切从实际出发的科学方法论。其次，在公有制主体地位的衡量标准上，突破了单纯依据数量和占比的标准，确立了更加注重质量和控制力的现实主义标准。最后，在公有制与非公有制的关系上，突破了传统的对立论，明确了非公有制经济与公有制经济共同发展、相互促进、融合成长的认识①。

第三节 转型时期既有所有制结构面临的新问题

一、公有制经济的效率问题

长期以来困扰公有制经济的主要问题就是效率问题。众所周知，改革开放以前，我国公有制经济成分以“平均主义”和“大锅饭”为标签。历史经验也告诉我们，原来那种以“平均主义”和“大锅饭”为代表的公有制制度阻碍了生产力的发展和经济个体创造力的发挥。针对这一问题，改革开放后，我国通过建立、健全各种制度来去除上述公有制经济中的弊端，如针对公有制经济成分的企业建立产权分明、权责明晰、自负盈亏的现代企业制度，变厂长负责制为经理负责制。对于大型国有企业实行严格的审计制度，甚至引入外资审计机构来对公有制经济个体——企业进行资产、利润的核查，从而考评相关经济个体的运行状况。以上一系列制度在一定程度上加强了对公有制经济效率的监督和督促作用，提升了公有制经济运行的效率。然而，在新时期，效率问题仍然是我们国家需要解决的关键问题，其突出表现为国有资产的保值增值问题以及公有制主体地位和控制力的强弱问题。

我国长期以来政企不分的经营状况虽然在形式上得到了化解，但实质上并没有得到根本解决。行政命令干预企业经营，行政手段参与企业决策依然是我国公有制经济中普遍存在的情况。其突出表现在人事任命上。以国有企业为例，其主要负责人的任命目前依然没有相应的被普遍遵循的制度，人事任命主要还是靠行政手段，当然这种行政手段在形式上还是遵循了某种制度的，但实

---

① 王天义，王睿. 社会主义所有制理论与我国所有制结构的创新［J］. 科学社会主义，2009（5）：16.

质上依然是一种行政命令。这难免会造成企业负责人的主要精力不是花在企业经营上，而是花在保证位置上。同时经营者素质参差不齐也是我们面临的问题，因此效率问题就必然会凸显出来。

此外，由于公有制经济个体的投资主体均不是经济个体负责人本人或其利益相关者，那么完善的经理人制度的建立和健全以及监督机制的建立就成为保证公有制经济效率的必要条件。就目前来看，以国有企业为例，大都建立了负责人的绩效考核制度，但就笔者了解，以上制度的制定和执行均存在一些漏洞，以至于国有企业各层级负责人均能够通过各种手段来应付各种考核指标，在漂亮的账面数据背后存在着一些灰色地带，亟待制度的完善和规范来将其消除。

二、非公有制经济如何发展的问题

改革开放以来，我国非公有制经济发展有了长足的进步。从经济总量上来看，我国非公有制经济的发展取得了较好的成绩，为我国整个经济的产能、就业提供了有利的支撑，但依然存在着技术落后、抗风险能力差等问题。

首先，从舆论评价看，曾经在部分地区出现非公有制经济总量超过公有制经济的账面数据，学界惊呼“国退民进”的成果显著，但2008年金融危机以来，非公有制经济，尤其是民营经济所表现出来的脆弱让人不禁感叹非公有制经济的抗风险能力还有很大提升空间。从我国大学生就业来看，2005年以前大学生就业首选外资企业，其次是三资企业（民营企业），最后才是国有企业。然而2005年以后大学生就业倾向开始发生改变，尤其是2008年金融危机以后大学生就业倾向发生了根本性改变，就业首选大型中央企业。

其次，从生产环境看，我国非公有制经济的发展是密切依托公有制经济发展的。非公有制经济，尤其是我国的民营经济发展起步较晚，资金量较少，技术落后，自身积累不足，最初只能进入那些利润率低、公有制经济不愿意投入的领域和行业。国家虽然在政治层面承认和确立了鼓励非公有制经济发展的战略，但由于具体措施落实较差，对非公有制经济的实际帮扶力度不大。反观公有制经济，大多由国家投资、财政兜底，掌握的资源是非公有制经济所不能比拟的。与此同时，公有制经济在整个国民经济中自然处于主导地位，资金雄厚，社会信誉程度高，融资渠道畅通，掌握大量社会资源，其种种优势让非公有制经济在市场竞争中处于完全弱势的地位，只能沦为公有制经济的配角。虽然这与我国公有制经济占主导地位的政策选择有关，但从整个国民经济发展的全局来看，非公有制作为我国经济发展的重要部分，如果不能尽快摆脱现在的落后局面，其必将拖累我国整体经济的发展。

三、公有制经济中关于全民所有的实现问题

当下我国，在公有制内部同样存在所有制的实现问题。笔者在此处讨论这个问题的着重点主要是收入分配方面的问题。虽然马克思认为分配问题是所有制问题的结果，其并不是所有制问题本身，但笔者认为我国公有制为主体的所有制结构要求我们必须回答公有制内部全民所有如何实现这个问题。概括来讲，公有制是通过全体人民共同占有生产资料的形式来实现的。但这个问题回答得较为抽象，笔者认为在具体形式上应该明确一种占有方式，就算目前不能找到一条合适的道路，但应该做一些探讨。

公有制企业尤其是大型国有企业，其投资主体是国家，确切地说，应该是国家代表全国人民作为投资人。那么投资收益理所应当归国家所有。古语有云：不患寡而患不均。目前，垄断行业的暴利已成为全社会关注的热点问题，从电力行业的职工收入到网上盛传的“我为祖国喝茅台”，再到中国版的“占领华尔街”。种种质疑声表明，公有制内部的分配关系需要进一步地明确和规范。

1844年马克思和恩格斯在《神圣家族》中指出：无产阶级在获得胜利以后，无论怎样都不会成为社会的绝对方面，因为它只有消灭自己本身和自己的对立面，才能获得胜利。按照事物的逻辑，无产阶级只有彻底消灭私有制和阶级才能获得自己的解放。但如果不以阶级的名义，而以各个小集团的名义来占有生产资料，他们就会成为实际上的集体私有者。因为这种条件下，各个集团之间必然要发生利益冲突，它们之间会产生竞争，而且因为彼此在经营上的差异，它们之间必然会产生财产上的差异。也就是说，以前资本主义社会的一切弊端，就会重新显现出来①。

第四节　深化所有制改革的建议

一、完善相关管理制度，积极培育职业经理人阶层

在市场经济大环境中，公有制经济和私有制经济一样需要遵循市场经济的

---

① 徐禾. 马列主义经典作家关于社会主义生产资料所有制的有关理论［J］. 政治经济学评论，2010，1（3）：16.

运行规律。要提升公有制经济的运行效率，首先要做到的就是让懂得企业管理的人才来管理经济个体。这样，公有制经济的整体运行效率才能在遵循市场运行规律的前提下实现最大化。然而，做到这一点需要完善的人事任命和约束激励机制的配套。结合我国公有制经济的特点，进一步完善企业的公司治理结构，有效激励企业管理人的积极性和严格约束管理人的行为与决策是我国下一步深化所有制改革需要解决的问题。

这个问题，我们可以借鉴资本主义发达国家对职业经理人阶层的培养和约束机制，建立健全经理人个人职业信用披露制度和保险制度。同时坚决杜绝行政权向企业管理职权范围的渗透，也可以考虑成立独立的监督和调查机构来规范和限制相关人员的行为，同时杜绝腐败。

二、将鼓励非公有制经济的政策细化，落到实处

对于鼓励非公有制经济的发展，应当在充分调研的基础上，制定更进一步的实施细则。对产业升级和技术进步的鼓励和扶持，金融环境和融资渠道的优化和拓宽以及根据我国产业政策的需求加强投资等方面，均需要制定能够实际执行的政策措施。此外，还涉及反腐败和市场机制培育等方面。

总体来讲，鼓励非公有制经济发展必须依靠政府的执行力，强化政府的服务职能，长期坚持不懈地培育适合非公有制经济发展的土壤，逐步消除非公有制经济在我国发展的体制障碍和市场障碍。这样，非公有制经济才能为我国经济发展提供持续的动力。

三、关于公有制实现问题应以股份制作为突破口

在公有制经济尤其是国有经济成分中，国家代表全体国民实现了对生产资料的占有。既然国家是代表全体国民占有，那么真正的占有主体应该是全体国民。虽然这种占有是间接占有，但必须要有体现占有权利的形式，才能从根本上实现这种占有，无论这种占有是直接占有还是间接占有。当然，在现阶段，要让实际占有人即全体国民直接占有生产资料和行使占有权利有一定历史障碍，可行性较低，但我们可以通过建立健全公有制经济股权交易市场和强制分红等手段来实现间接占有者的占有权利。尤其是对收益权的确认和流转进行规范将扩大公有制经济发展过程中利益分享者的范围，进而巩固公有制的主体地位。

四、深化、细化经济体制改革

通过 40 余年的发展，我国经济社会的生产力水平有了长足的发展，这与

党和政府实事求是判断社会客观形势，积极改革阻碍生产力发展的经济体制有着密不可分的关系。从宏观的角度看，我国经济体制改革，尤其是所有制改革已经在理论上和实践上取得了巨大成就。下一步的改革重点是，如何完善和细化改革措施，进而巩固和发展改革成果。笔者认为，坚持公有制的主体地位坚决不能动摇，在关系国计民生的重点领域，国有经济必须发挥其不可替代的领导作用，下一步改革的关键问题是国有经济在上述领域内如何进一步提高效率、保值增值以及巩固主体地位。这就要求建立完备的产权制度和监督体系，鼓励和鞭策国有企业，尤其是国有企业管理层发挥主人翁精神，尽心尽力为企业服务。同时在利润分配上进一步优化，使国有企业职工和管理层的自身利益与集体利益甚至国际利益进一步有机结合，这样才能真正巩固、发展和体现公有制企业的控制力和优越性以及其对整个社会的示范作用。对于非公有制经济，在非国计民生行业应进一步提高竞争程度和降低准入门槛，真正鼓励非公有制经济的发展，使其为我国经济社会增添新的活力。下一步改革的重点在于，健全支持非公有制经济发展的政策和制度，将各种鼓励措施深化、细化，从而培育出具备国际竞争力的民族资本。

第五节 我国所有制改革的趋势探讨

一、所有制结构多元化趋势明显

不同所有制并存、互动导致了所有制形式之间的界限被逐步打破，多种所有制形式相互融合将成为我国所有制社会结构演化的一种趋势。其具体表现为：第一，不同所有制均能够得到良好发展，非公有制经济和公有制经济将在法律上获得平等地位，相互参照，平等竞争，共同发展；第二，所有制概念逐渐淡化，资本在不同所有制之间按照竞争原则实现自然转换，优胜劣汰，适者生存。

二、混合所有制将成为未来主要的所有制形式

混合所有制在我国获得极大的发展，这不仅是我国市场化程度不断提高的具体要求，更能使我国的所有制格局更加多样化，进而增强我国的经济活力。长期来看，混合所有制形式必将成为我国经济新的增长点。作为混合所有制形式之一的股份制经济，创造了一种超借贷关系的资本运动，从而形成了动态的产权制度，各种不同所有制形式在股份制形态下表现出高度的同一性，等量资本取得等量利润，所

有制高度复合化，为多种经济成分平等竞争、共同发展提供了一个载体[①]。

三、所有制结构、市场结构与产业结构之间相互作用，共同发展

首先，我国未来的产业结构调整、市场结构的合理化也不再可能依靠国有经济自身的改组完成，而必须要与所有制结构的调整相配套[②]。依照市场资源配置的效率原则，各种不同的所有制通过公平的市场竞争在市场结构与产业结构中争取自身份额，哪一种所有制形式最适合在某个产业或市场结构中发挥作用、效率最高，其在该产业或市场结构中所占的比重就大。其次，各种所有制结构在竞争过程中还能够进一步实现相互的借鉴和融合，进而通过竞争实现所有制结构、产业结构与市场结构的合理化。当然，在这一过程中，为了降低行业和市场的壁垒，建立高效发达的产权市场是必要的途径。另外，由于部分产业可能较易于出现市场失灵和外部性等问题，这就需要政府运用看得见的手来调控，因此也需要政府转变职能来进行相应的配套。

四、通过资本市场化、国际化推动所有制结构的调整

首先，要加快我国按统一的市场规则进行所有制结构调整的进程，使国内资本与外资资本在市场内按相同的游戏规则竞争，推动中国经济增长和社会良性发展。其次，把所有制结构调整同资本运作结合起来，大力发展混合所有制，形成国有资本与非国有资本、内资与外资之间相互渗透交融的格局，促进国内资本国际化，使国有资本与其他资本一起在市场环境中追求自身价值增值，提高竞争力。最后，应大力推动民间资本的发展，在构建平等法律地位的基础上让民间资本在中国市场上取得同等地位，并把中国的民间资本推向国际化，使其在国际舞台上与国际资本竞争。

---

① 武模桥. 从历史演变看我国所有制结构的发展趋势［J］. 探索，2006（2）：83.

② 同①.

第二章　关于产权改革

产权制度是我国经济制度中的一项基本制度，产权制度改革是我国经济转型和经济体制改革的重点。要建立健全社会主义市场经济制度，不断提高我国整体经济的市场化程度，从而激发各项要素在生产活动中的积极性，完善的产权制度不可或缺。在经历了几十年的改革后，我国初步建立了较为完整的产权制度框架，整个社会的显性产权不断得到丰富。然而，随着我国经济改革的深入，以及经济组织形式的丰富和变化，各种产权在经济运行中对相关确权和交易等规则的要求越来越高，产权制度的改革依然具有继续深入的必要性。

所谓产权制度，是指既定产权关系和产权规则结合而成的且能对产权关系实现有效的组合、调节和保护的制度安排①。产权制度的最主要功能在于降低交易费用，提高资源配置效率。产权是一个古老的概念，也是一个发展的概念。现代企业产权制度就是人类社会经济长期发展的结果。从法律的角度来看，产权指的是财产的实物所有权和债权，它侧重于对财产归属的静态确认和对财产实体的静态占有②。而在市场经济高度发达的时期，这一法律意义上的静态的产权概念已经不能够适应社会化大生产的要求了，因而产权的含义也比原来宽泛得多，其更侧重于从经济学的角度动态地来理解和把握，侧重于对财产实体的动态经营和财产价值的动态实现，突出的是一种利益的流动过程和流动方向，因此它不再是一个简单的所有权能够涵盖的范畴了，而是以所有权为中心、以利益流动归属为核心的一组权利，包括占有权、使用权、收益权、支配权等。

现代产权制度是权责利高度统一的制度，其基本特征是归属清晰、权责明确、保护严格、流转顺畅、财产权利和利益对称。产权主体归属清晰和产权收益归属明确是现代产权制度的基础；权责明确、保护严格是现代产权制度的基本要求；流转顺畅、财产权利和利益对称是现代产权制度健全的重要标志。

---

① 万华炜. 中国混合所有制经济的产权制度分析［J］. 中南财经政法大学学报，2007（6）：22.

② 文建龙. 权利贫困论［M］. 合肥：安徽人民出版社，2010：112.

第一节　我国现有产权制度安排中的主要矛盾

一、国有资产所有人的问题

就我国的所有制结构而言，公有制经济的所有权归全体人民或全体集体成员所有，这个权属问题似乎没有任何争议。笔者在此主要想讨论国有经济的产权问题。目前我国的实际情况是，全国各级国资委代表国家和政府对其管辖的国有资产负责。表面上看，国有经济的产权所有者和管理机构是不存在缺位问题的。但实际情况是国资委面对为数众多的国有企业仅能从形式上起到监管作用，能保证国有资产不流失就已经很不错了，无法对公有制下各项要素的效率进行有效的监督和管理。另外，国资委受国家委托（也可以说是受全体国民委托）管理国有资产，如果管理出现问题，需要有相应的问责机制。众所周知，在民事委托中，管理人如果失职造成委托人财产损失的，应当赔偿，同理，管理人由于没有尽职造成国有资产损失的，也应该赔偿。那么接下来就是如何确定损失、谁来赔偿的问题。如果产权制度没有相应的救济权利、行使的主体和监督问责机制，那么仅仅依靠行政手段来问责是无法满足市场经济需要的，也无法最大限度地发挥国有经济的效率。

二、城市土地使用权年限的问题

我国公有制经济结构决定了我国的城市土地所有权全部归国家所有。公民或其他组织只能拥有一定年限的使用权。2008 年出台的《中华人民共和国物权法》① 已经清楚界定了城市土地使用权年限的问题，住宅用地的土地使用权年限是 70 年，商业用地的土地使用权年限是 40 年，工业用地的土地使用权年限是 50 年。然而，从目前的形式来看，第一批办理土地使用权的土地的土地使用权到期日将在 2020 年后出现。笔者在从事相关工作过程中多次被咨询关于相关商业物业买卖的问题。在商业物业的二手交易中，土地使用权年限问题是买受人最大的顾忌。如果以现在的市场价值购买了二手商业物业，那么其土地使用权年限结束后能否收回投资是无法确定的，不是市场风险，而是政策的不确定性风险阻碍了交易的进行，因为交易双方尤其是买受人无法预测未来的

---

① 注：2020 年 5 月 28 日，十三届全国人大三次会议表决通过了《中华人民共和国民法典》，自 2021 年 1 月 1 日起施行。《中华人民共和国物权法》同时废止。

政策走向，这就为买卖增添了一定的投机性质。其实买受人往往忽略了另一个问题，我国的房屋建造的设计使用年限是50年，50年后，无论土地使用权是否过期，建筑物本身就已经是危房，需要拆除了。当然这是一个题外话。

三、农村土地所有权的问题

现阶段我国农村实行以家庭承包制为基础、统分结合的双层经营体制的基本制度。改革初期，家庭联产承包责任制由于明确了土地收益的归属和保证了农民的利益，在一定程度上解放了农村生产力，调动了农民的生产积极性。但随着我国经济体制改革的不断深入和各种生产要素的释放，这种建立在所有权与经营权相分离基础上的产权制度，逐渐暴露出产权主体虚置、产权客体模糊等问题。随着农村经济的发展和对农村经济市场化要求的提高，既有的农村土地产权制度设计逐渐显现出其僵化的一面：一方面承包经营权期限的非永久性制约了农村土地产权各方对土地的资金、技术等要素的投入积极性；另一方面也难以建立土地的有偿使用和合理流动机制，阻碍了土地与其他生产要素之间的优化配置，造成了农业生产细碎化、传统化这一长期难以打破的局面。

第二节　产权制度问题的解决路径

一、明确国有资产管理人的身份和职能问题

就国有资产管理人而言，应当建立和赋予相应机构在行使所有权时所有人的地位和权利，并明确其行使职能的权利和义务，每个单位的国有资产必须有相应的负责人，责任人必须明确并可追溯。同时制定相应的可操作的制度，使国有资产管理有明确的行为规范和问责机制，可以考虑建立独立的外部审计制度。同时应当积极探索对管理人本身的问责机制，切实保障国有资产的管理水平。国有资产管理的关键问题是让行使管理职能的人真正具有所有者的权利，同时还应匹配受托人的责任。这一点将是我国未来体制创新的重点。

二、明确城市不动产的相应权利要素

虽然2008年出台的物权法对相应的权利要素进行了规定，但我国土地国有的性质决定了城市居民只能拥有土地的使用权，既然是使用权那么就一定要有期限。虽然物权法规定了土地使用权期限最长可达70年，但终究有到期的

那一天，因此，建议通过立法等多方面的手段明确土地使用权到期后的制度安排，为交易双方提供可预计的交易后果，从而提高城市不动产流转的效率。

三、坚持集体所有的前提下明确农村土地所有权归属和各项权能

长期以来，关于农村土地产权制度变革模式的争论一直没有停过，其代表性观点主要有：国有化，私有化，实行国家、个人复合所有制等。笔者认为，这些改革思路在现阶段的中国都是不可行的。它们对于延续了几十年的农村土地集体所有制无疑是根本性的冲击，极易造成社会的震荡。而与土地国有化、私有化或复合所有制相比，对现有土地集体所有制进行改革与完善是成本最低、对既有权属冲击最小的方式。而且目前存在于既有的农村土地产权制度中的种种弊端，其根源并不是集体所有制本身，恰恰相反，这些弊端正是集体所有制中集体没有发挥其应有作用造成的。笔者认为，农村土地经营的细碎化、粗放经营等弊端的根源在于土地产权关系界定不清，权利主体模糊。而对这些问题的解决，不能从改革制度本身出发，而应从制度的完善出发。因此，中国目前的农村土地产权制度的改革仍然必须坚持农村土地集体所有制，并将其作为中国农村集体土地产权制度改革的指导方针，根据现实经济生活中出现的集体土地所有权权属不清等问题，制定相应的完善对策，出台相关的细化政策。

坚持农村土地集体所有，绝不是坚持现行的集体所有制不变，而是要在坚持农民集体所有的前提下，探索农地公有制的有效实现形式。集体所有绝不是一个空泛的概念，集体必然对应组成集体的成员，而这个成员毫无争议地就是广大农民。因此，这种集体所有实际上可以看作集体各成员所拥有的成员权的总和。也就是说，集体所有权乃至集体所有制下一步要细化的方向必然要具象到微观的集体成员权上。集体成员权明确了，集体所有权自然就明确了。因此，农民拥有土地的占有权、使用权、处分权和获得相应收益的权利应该是农民作为集体成员所拥有的集体成员权的应有之义。而这些权利的法定化、固定化、可继承化和市场化则是保证成员权得到正常行使所必要的制度安排。法定化要求对农户土地的使用权进行界定和保护，把土地使用权定为农户对土地的当然权利。所谓固定化，即要求把土地使用权的客体固定，对土地不再进行行政性调整。可继承化指土地使用权可以按照法定程序继承。市场化是指土地使用权可以通过合法途径进行流转，其实市场化是法定化、固定化、可继承化完善后，市场自发地对相应的权利形成估价进而完成的，也就是说市场化是前面三化形成后的自然过程。对农村集体土地所有权的进一步整合和优化，可以有

效地弥补因“产权残缺”造成的农民利益受损、农村经济发展滞后等问题，从根本上保证了农民土地财产权益的实现。

总体而言，所有权在公有制内部要求明细权责，在公有制外部要求加大保护力度，这样才能适应我国不断提高的市场化程度，提高整个经济的运行效率。

第三章　关于政府职能转变

中国经济目前已经走到必须转型的阶段，面对复杂的经济形势，如何推进中国经济转型是我国政府必须面对的抉择。新一届政府运用其政治智慧，删繁就简地提出“简政放权”的施政纲领，一语道破了中国经济转型的症结所在。中国经济体制改革实行多年，基本完成了其历史使命。当下中国经济发展的动力正是来自政府职能的转变，此即李克强总理所说的改革的红利。

第一节　关于政府职能的一般讨论

政府职能是一个较为宽泛的概念，一般来说，政府职能应该包括经济职能、政治职能、文化职能和社会职能。政府的经济职能主要是指政府为发展本国经济而对本国经济活动进行管理的行为的总和。古典经济学将政府界定为“守夜人”的角色，认为政府应当尽可能少地干预经济活动，这与我国的老子所崇尚的“我无为，而民自化”的治国理念不谋而合。但从凯恩斯主义的盛行以及二战后各国经济发展的客观现实来看，政府干预经济几乎成为世界各个经济体政府的必然选择。无论是资本主义国家还是社会主义国家，当代政府对经济的介入都十分频繁。这一方面是市场经济发展不断深化的必然，另一方面也是世界经济一体化程度不断加深的结果。

市场和政府都是配置社会资源的手段。一般来讲，通过市场手段来配置资源能够使市场达到出清的状态，在这种状态下，各个要素的效率、竞争力以及活力能够得到有效发挥。但市场不是万能的，常常会因为种种原因而出现市场失灵的状态。当市场失灵时就要求政府充分行使其职能，以弥补市场的不足。通常来说政府主要在以下几个方面发挥作用：①调节宏观经济的总量和熨平经济周期；②提供公共品；③消除经济个体行为的消极外部性；④调节收入分配，解决社会公平问题；⑤制定市场规则，维护法治秩序。

第二节　我国政府的职能

具有中国特色的社会主义市场经济体制，既不同于西方国家的体制模式，也不同于传统的计划经济体制。我国经济属于转轨经济，即从计划经济过渡到市场经济，因此我国的政府职能不可避免地还带有浓重的行政干预色彩，主要表现在：

（1）部分地替代市场。由于现阶段我国市场经济体制还不健全，市场的发育程度不高，市场配置资源的功能并没有被充分地发挥出来，因此单靠市场机制来配置资源、引导经济的发展，无法实现经济的平稳快速增长，这在客观上就要求政府应代替市场行使一部分配置资源的职能，以推动现代化经济的发展①。

（2）推进市场化改革。与西方发达国家经济体制的形成和成熟是一个长达数百年的内蕴自发和循序渐进的过程不同，中国必须在短时间内实现从根深蒂固的传统计划经济体制向现代市场经济体制的根本转变②。新旧体制的博弈必然会带来无序状况，造成观念转变、权力利益调整等方面的冲突。为了稳定的社会环境，政府就必须针对体制转轨的模式、着力点与突破口、速度与力度等问题进行战略设计，来推进市场化改革。

（3）培育市场体系。我国经济正在由计划经济向市场经济过渡，政府主导的经济活动长期存在于我国既有经济活动中。这导致我国的市场发育既受到生产力的制约，又受到传统计划体制的制约，市场发育极不成熟。此外，由于诚信体系不健全、违法成本低等，我国市场经济中存在大量的不正当竞争行为，这就要求政府积极履行好执法、监督的职责，进而培育市场经济的法治土壤。

（4）管理监督国有资产。我国市场经济不同于其他市场经济的重要一点在于我国市场经济存在大量的公有制成分。现阶段，我国国有经济控制着国民经济的命脉并对经济发展起主导作用。因此我国政府职能必然包括对国有资产的管理和监督。

---

① 王国泽，柳军. 社会主义市场经济与政府职能的转变［J］. 山西社会主义学院学报，2003（3）：12.

② 任宗哲. 西部区域经济发展与地方政府行为创新［J］. 西北大学学报（哲学社会科学版），2003（3）：7.

从以上论述可以看出中国的政府职能对经济的渗透很深，可以说管理着经济生活的方方面面，这种介入有其存在的合理性。我国改革开放 40 多年所取得的经济成就正是在这样一种政府强烈干预下达成的。然而，由于长期实行政府主导型投资拉动战略，中国经济的不平衡、不协调和不可持续问题日益突出，如果继续沿着这样的发展路径走下去，必然会越来越受到资源、环境、投资效率、国内矛盾等因素的制约，最终落入“中等收入陷阱”。面对当下的经济形势，新一届政府认为要靠市场机制而非政策刺激机制和政府直接投资去实现经济发展的目标。这显然抓住了问题的本质。中国经济这么多年的发展所造成的主要负面影响的根源就是政府主导和干预过多，而政府主导和干预往往效率低下，且缺乏科学性；同时，由于政府将主要精力集中在投资和拉动国内生产总值（GDP）增长上面，这使得政府很多应该做的事没有做到，如公共支出薄弱使得教育、医疗、卫生等设施落后，市场监管落后使得食品安全、污染治理、产品质量等问题突出等，这即所谓的“越位”“缺位”论。这也是政府职能需要转变的主要原因。

此外，中国经济增长方式转变提了多年，但至今收效甚微，究其原因就是制约经济转型的体制仍在运行。体制如何改革，关键在于转变政府职能，这恰恰是改革的难点。正如李克强总理所说，改革进入了深水区，甚至要用壮士断臂的决心来推动改革，因为触及利益比触及灵魂还困难。当前政府充当了资源配置者的角色，手中的权力很大，加上监管乏力等因素，这些使得政府处于利益的中心。转变经济增长方式就是要将资源的配置权从政府手中交回给市场，让市场规律真正起作用。这样的结果会使政府失去很多既得利益，其中的困难可想而知。但这又是中国经济走到今天，既有增长方式不可持续情况下不得不做的一个选择。

第三节　转型时期政府职能转变的契机

中国经济几十年的高速增长是在政府主导下完成的，虽然经济发展过程中存在诸多问题，但这种模式产生的实际效果是不容否定的。然而，正如前文所分析的那样，现在政府职能必须改变，这是中国经济转型的必然要求，也是新一届政府的决心。

众所周知，政府职能转变很久以前就被高层提出，但至今效果不明显。早在 2005 年政府“十一五”规划时就指出，加快行政管理体制改革是全面深化改革和提高对外开放水平的关键。中国多年的实践证明，要推动经济转型和增长方式转变，要点在于加快行政管理体制改革，加快政府改革，使政府真正行使经济调节、市场监管、公共服务和社会管理职能①。为何政府职能转变迟迟没有实质性进展，笔者认为主要有两方面原因：

（1）中国多年以来形成的以 GDP 为核心的政绩考核指标。中国以 GDP 为核心的官员政绩考核体系，现已被学界戏称为政绩“竞标赛”，其指代的意思为中国各地官员为了考核和晋升具有强烈的投资冲动，甚至采用隐形博弈的方式来对抗中央的各种政策②。

（2）中国财政体制的制约。中国现行财政体制是 1994 年分税制改革后形成的。分税制改革的目标之一就是提高中央财政收入在全国财政收入中的占比。中央财政收入占比提高必然导致地方政府财政收入占比的下降，这就导致地方政府财政收入出现结构性赤字③。中央本来希望通过转移支付制度来平衡地方财政收支，但由于中国超大社会的性质造成区域间的不平衡特征显著，加之我国财政转移支付制度本身的缺陷，转移支付很难保证效率。此外，由于我国财政体制中财权与事权不匹配现象严重④，地方政府尤其是基层政府事权过多，而财政收入过少，这必然导致地方政府出现普遍寻求预算外资金来填补财政支出的压力。正是上述两个原因使得政府尤其是地方政府的行为无法回归政府理性。

针对这一问题，中央政府通过“营改增”这一切入点来开启财税体制改革的进程。外界对于“营改增”的意义的普遍认识主要集中于减税。其实“营改增”的真实意义在于倒逼中国财税体制改革。如财政部财政科学研究所原所长贾康就认为，“营改增”不只是减税，还会倒逼财税体制的配套改革⑤。之所以说“营改增”倒逼财税体制改革是因为，作为地方政府主要税收来源的营业税改成增值税以后，会导致地方政府收入锐减，使本来就严重缺乏税收收入的地方政府雪上加霜。因此，如果不改革财税体制，那中国地方政府将无以为继。所以，新一届政府扩大“营改增”试点范围，显示了其改革的决心，

---

① 张卓元. 中国经济转型：从追求数量粗放扩张转变为追求质量提高效率：中共十八大后十年经济走势［J］. 当代经济研究，2013（7）：5.

② 杨俊. 分税制背景下央地财政分配关系的“隐性博弈”问题分析［J］. 财经论丛，2012（2）：39.

③ 同①.

④ 王振宇. 关于完善分税制财政体制的几点思考［J］. 地方财政研究，2008（8）：19-22.

⑤ 贾康. 如何深化财税金融改革［EB/OL］.（2013-07-26）［2019-06-10］.http://theory.people.com.cn/n/2013/0726/c40531-22335333.html.

也预示着中央与地方政府的关系将被进一步理顺，这无疑为转变政府职能提供了前提保证。笔者建议以“营改增”为契机，彻底理顺中央和地方政府的财权和事权，在财权和事权匹配的基础上，明确中央和地方政府的职能，同时强化预算管理，将各级政府的预算外收支逐步纳入预算内，提高预算刚性，这样能够有效约束政府的行为。同时还应看到，如果现行政绩“竞标赛”继续存在，那么以政府盲目扩大投资为代表的 GDP 政绩观将持续存在，这样不利于政府职能转变的标本兼治。因此，官员行政考核应考虑多元化指标。

中篇（宏观篇）

第四章 企业收入分配改革

国民收入分配失衡已经成为我国经济发展中的一个重要问题，而且其程度还在逐步加深。国家财政收入高速增长，积累的财富未能恰当用之于民，企业利润过多挤占劳动者工资，居民收入增长跟不上经济发展速度，上述问题已经成为制约我国经济发展的关键问题。党的十八大指出：必须坚持走共同富裕道路。要坚持社会主义基本经济制度和分配制度，调整国民收入分配格局，加大再分配调节力度，着力解决收入分配差距较大问题，使发展成果更多更公平惠及全体人民，朝共同富裕方向稳步前进。

第一节 马克思主义分配理论

马克思认为，在生产过程中，劳动力通过使用劳动工具对劳动对象进行加工生产出了产品。由劳动创造的价值在资本主义生产条件下被分解为必要劳动价值和剩余劳动价值两部分①。前者为劳动力所得到的为维持其自身及家庭生存所必需的生活费用，后者为剩余价值部分。

马克思认为，分配关系最终可归结为生产关系。在资本主义生产关系下，之所以会出现劳动以工资为收入，资本以利润为收入，土地以地租为收入，完全是由于资本本身已经以这样一种分配为前提：劳动者被剥夺了劳动条件。这些条件集中在少数人手中，另外一些人独占土地所有权。马克思从阶级分析的角度揭示了资本主义生产关系中，资本和土地所有者对劳动者的剥削。马克思认为，在资本主义私有制被社会主义公有制取代后，按劳分配是社会主义生产关系中个人消费品的分配原则。在社会主义公有制条件下，生产资料在全社会范围内已经实现了公有，因而，所有社会成员都可平等享有社会的生产条件，

① 马克思．资本论：第一卷［M］．中共中央马克思恩格斯列宁斯大林著作编译局，编译．北京：人民出版社，2004：354.

共同占有社会劳动成果。而分配中则可按照劳动者提供的劳动数量和质量给予其消费品。但需要说明的是，按劳分配并非是对全部社会产品的分配，而是要做出必要的扣除，如折旧、扩大再生产基金、后备金、管理费用、满足公共需要的费用等。

第二节　马克思主义分配理论在中国的实践

我国是社会主义国家，生产资料归全体劳动者所有。但是在社会主义社会，还必须默认不同等的工作能力是每个人的天然特权，劳动仍然是劳动者个人的谋生手段，因而必须实行按劳分配原则①。

根据马克思主义分配理论，企业用于分配的对象必然是剩余价值。因为在生产过程中，能够创造新价值的只有活劳动，价值是由劳动创造的。由劳动创造的价值在资本主义生产条件下被分解为必要劳动价值和剩余劳动价值两部分。前者为劳动力所得到的为维持其自身及家庭生存所必需的生活费用，后者为剩余价值部分。我国虽然实行以公有制经济为主体的经济体制，但我国生产力水平发展的客观性决定了我国仍将长期处于社会主义初级阶段。虽然我国在公有制内部建立了按劳分配制度，但我国生产力发展水平决定了公有制内部的职工所创造的大部分新价值（剩余价值）依然要被要素所有者或要素所有者的代表——企业所占有。而在公有制以外，剩余价值的大部分仍然是被要素所有者占有，工人只取得其出卖的劳动力的对价——工资。所以，我国企业收入分配改革的对象主要是剩余价值的部分。

第三节　目前我国企业收入分配制度中存在的问题

一、国家财政收入增速大大高于居民收入

根据国家统计局公布的数字，1979—2008 年我国居民收入年均增长 7.1%，低于同期我国 GDP 年均增速 9.85%，远低于同期我国财政收入年均增速 14.9%。这说明，随着我国经济的发展，居民收入增长较为缓慢，同时也说明剩余价值中的很大一部分被国家取得。

① 薛暮桥. 中国社会主义经济问题研究［M］. 北京：人民出版社，2009：7.

二、企业利润过多，挤占职工收入

根据国家统计局公布的数据，我国规模以上工业企业利润 1999—2008 年平均增长率达 37%，而劳动者报酬在这一时期的初次分配中所占的比重下降了 12 个百分点，与此形成对比的是资本报酬所占的比重却上升了近 20%，这说明，企业利润不断上升，劳动者报酬被企业利润挤占。

三、行业间收入水平差距日益显著

根据人社部统计，当前诸如电力、电信、石油、金融、保险等之类的垄断行业与其他大部分行业的平均收入差距已达 3 倍以上。各垄断行业成为收入水平增长最快的行业。垄断企业内部普通职工与领导层的收入差距也比较大。

上述我国现阶段分配制度中存在的问题归根结底是整个社会剩余价值分配的问题。我国虽然建立了公有制为主体的所有制形式，但由于我国生产力发展水平较低，新中国成立后很长一段时间处于高积累阶段，这使得我国整体工资水平偏低，虽然工资水平一直处于上升过程中，但上升幅度有限，在剩余价值中所占的比重较小。上述问题是我国经济由计划经济向市场经济转变、社会生产力由低水平向高水平发展所必然要面对的。出现问题是经济发展和制度安排转变过程中必然要面临的挑战。问题本身并不能说明我国经济性质的转变，也不能说明我国中国特色社会主义市场经济道路对社会主义公有制的背离。但这也不是维持这一现状不变的理由，正所谓“发展为了人民、发展依靠人民、发展成果由人民共享”。面对既有分配制度中存在的弊端，必须找出问题的根源，探寻解决的对策。

第四节　企业分配制度问题根源探究

一、初次分配对劳动者不利

我国改革开放之初，为了打破传统的“大锅饭”局面过分强调效率优先兼顾公平。然而效率的提高容易量化，公平的兼顾却很难被落实。此后虽然多次修正，但没有一个具体可行的方案。此外，由于我国劳动力长期处于供大于求的现实环境，这也导致我国整体薪酬水平长期较低。由于无论在公有制内部还是公有制外部，企业管理者都有降低成本（包括劳动力成本）的内在冲动，因而如果没有国家强制力的保证，初次分配中，劳动者的薪酬很难系统地、持续地提高。

二、税收制度不健全，税收的调节功能较弱

税收制度是收入再分配的关键工具，但当前我国税制不够完善，税收作为收入调节的重要杠杆没能发挥应有的作用。最新发布的福布斯全球税务负担指数显示，中国普通公民的税收负担位列全球第二，而中国的个人所得税征收却存在诸多缺陷。

三、垄断行业的不公平竞争以及腐败

垄断行业分配机制是目前行业间收入差距扩大的主要原因之一，垄断行业和企业掌握着垄断性的权利和资源，与其他一般性行业和企业相比处于有利地位。垄断企业在产品定价方面掌握着发言权，可以获得丰厚的超额利润。此外，我国行政部门相关人员以及垄断行业中高层管理人员利用自身权力寻租获得高额收入的案例屡见不鲜，这也是收入差距不断拉大的原因之一。

四、社会保障制度不健全

我国社会保障制度不健全，覆盖面窄，力度不够。目前，乡镇企业职工、进城农民工、城镇私营企业就业人员以及许多灵活就业人员大多没有参加社会保险，而这部分人员占从业人员的比例逐年增加。由于社会保障覆盖面偏窄，部分民众在医疗、养老等方面消耗了相当大部分的收入，因病致贫、因病返贫的情况时有发生。

第五节　优化企业分配制度的路径

一、提高劳动报酬在初次分配中的比重

首先，逐步提高最低工资标准，工资标准的增加是提高低收入人群生活水平的必要措施。这也是社会主义国家的优势所在。在提高工资标准的同时还应加大劳动监察的执法力度，由于我国劳资市场中劳动力供给方一直处于弱势地位，因此需要进一步加强行政执法力度，切实保障劳动者的各项权利。其次，要着力培育工会，使其在劳资议价过程中发挥更大的作用，切实完善工会在各个层面的制度建设，让工会真正成为广大劳动者的代表，以工会为媒介引导、帮助弱势劳动群体通过法律途径和谈判等手段保障自身权益，进而提升劳动群体的议价能力。

二、改革财税制度，充分发挥税收的收入分配职能，优化财政支出结构

改革税收制度首先要完善收入统计制度，要进一步强化对高收入者个人所得税的征收监管，改进申报制度，此外应逐步加大对逃税的执法力度和提高逃税的违法成本，使税收制度成为有效的调节手段。财政支出方面，应进一步明确支出责任、调整支出结构，加大对公共产品的投入，将财政支出更多地用于民生项目，做到用之于民。如应大幅度提高对城镇保障房、经济适用房建设的财政支持力度，从而承担起广大中低收入者的保障性住房的供给责任①。

三、打破垄断，维护市场经济竞争的公平性

解决行业间收入差距不断拉大问题的关键在于打破行业垄断，引入竞争机制，鼓励民间资本参与垄断行业经营。此外，政府相关职能部门应加强对垄断行业收入分配的监管，引入外部审计制度，建立透明的垄断行业利润上缴机制，将过多的收益收归国家，提高垄断行业收入分配透明度。

四、加大财政投入，建立完善的社会保障体制

我国应尽快建立广泛覆盖的社会保障制度，加大对社会保障的投入力度，包括医疗保险、养老保险以及事业保险等。尤其是对农民工的保障，根据农民工务工灵活的特点，建立统一的保障网络。通过完善的社会保障体系的建立来为广大中低收入者提供较好的生活环境，这不仅是我国社会主义制度的必然要求，也是我国化解社会矛盾的有效手段。

---

① 阮加，阮敬科. 收入分配问题现状、原因及对策探讨［J］. 经济学动态，2011（2）：62.

第五章 以国企为切入点破解收入分配问题分析

在市场化程度较高的经济体中，由于劳动力市场的各要素能够充分流动达到均衡，企业收入分配问题可以相对简单。在我国，由于经济市场化程度还不高，公有制体制下的国有企业和外部市场之间存在劳动力流动的障碍，这使得国有企业的收入普遍较高。近年来，关于国有企业收入分配问题的争议也越来越多地引起社会各界的广泛关注，问题多聚焦于对国企员工普遍较高的工资与福利以及全社会收入分配公平性的讨论上。如何解决不同体制之间的收入分配问题是我国经济转型必须面对的问题。对于上述问题，本书的基本思路是：首先，认识收入分配问题的前提是收入差异是必然存在的，就像简单劳动与复杂劳动的收入绝对不会平等一样，但这种差异一定要有其合理的经济与社会基础①；其次，分析国企收入分配问题的核心是明确国有企业各种收入的来源和归属，只有从利益产生的源头明确其归属，才能避免在具体分配时的各种矛盾与纠纷；最后，解决收入分配问题的关键是在具体收入分配时真正实现按要素贡献分配与按劳分配的有机结合，国家、企业、个人根据实际贡献获得相应的收入，使“公平与效率”的原则得到准确、有效的体现。在初次分配的基础上，本章对国企收入的再分配问题进行一定的探讨。

第一节 政府介入国企收入分配的合理性与原则

一、国有企业的收入来源与政府介入收入分配的合理性

国有企业作为一种特殊的市场经济参与群体，与其他各种类型的企业相

① 劳动者个体素质差异导致的收入分配问题本书不做进一步分析。

比，其最大的区别来自所有制基础，即由国家直接或间接投资和控制。因此，国有企业就成为国家在经济领域各种意图和目标的直接实现者和具体实施者；作为回报，国有企业的相当部分收入都是来自国家对实现其目标和意图的一种补偿和奖赏。正是存在这种利益形成的基础，国家才具备干预国有企业收入分配的资格，国有企业也为国家影响全社会的收入分配创造了可能。

（一）国有企业的收入来源

对于一般企业来说，其收入的来源主要包括：企业劳动者劳动创造的收入、经营管理者管理决策创造的收入、技术人员创新创造的收入和企业出资人投资创造的收入。对于国有企业来说，它首先是一个企业，当然具有一切企业所应该具备的共性，其收入中也必然包括这些基本的收入。但与其他企业不同的是，国有企业的特性决定了它收入中有一部分必然来自国家让渡的权益。国有垄断部门收入的秘密之一是资源要素低价，即国家把具有巨大经济价值的资源无偿或者低偿授予垄断国有企业，只是象征性地收取很少的资源税和资源使用费①。一方面是国企的成本被国家按照行政意愿降低了，另一方面国企的产品价格却由市场的客观需求决定着。在国企经营水平和劳动效率没有重大改变的情况下，其巨额收入不是来自国企的经营管理，而是来自某种国家层面的利益让渡和企业层面的利益获取。由国务院发展研究中心和世界银行联合发布的《2030年的中国：建设现代、和谐、有创造力的高收入社会》指出：国企的利润主要集中于石油、银行、电力、通信等几个主要行业，而这些行业中国企的盈利能力主要来自垄断以及对相对廉价的资本、土地和自然资源的获得②。同时该报告还指出，中国政府出于保护国民经济战略部门目的的一系列产业政策，例如确定战略性产业、基础产业和支柱产业规划，实际上已经通过行政手段造成了垄断，限制了私营企业的进入和发展，与设计之初的目的背道而驰。以中石油和中石化为例，一方面以市场原油价格六分之一的水平获取国内石油的开采和经营权，另一方面又以税前比国际价格高31%的水平向社会出售相同质量的成品油。这些国有企业在获取巨额利润的同时，与之相对应的企业管理水平和社会服务水平却没有得到明显的改善。类似情况在银行、电力、铁路、民航、通信、烟草等行业屡见不鲜，而这些部门全部都归属于国内的垄断性行业。由此我们可以得出结论：国有企业，至少是大量垄断性和资源性的国有企

---

① 张曙光. 试析国有企业改革中的资源要素租金问题：兼论重建“全民所有制”［J］. 南方经济，2010（1）：3-14.

② 世界银行. 2030年的中国：建设现代、和谐、有创造力的高收入社会[EB/OL].(2012-02-27)[2012-04-11].http://www.shihang.org/zh/news/2012/02/27/china-2030-executive-summary.

业，其收入中的很大一部分是来自国家利益而非企业经营管理的结果。正是因为这种实际情况的存在，国家自然地拥有了介入国有企业收入分配的权力。

（二）国家干预国企收入分配的合理性

国家对国企收入分配的干预是由以下三个方面的原因决定的：

1. 收入来源决定

从上文的分析我们可以看出，既然部分国企的收入是来自国家利益的让渡，那么国家当然有权参与这部分收入的分配。

2. 企业性质决定

新中国在20世纪50年代中期通过没收官僚资本和完成对民族资本的社会主义改造，建立起由国家占据绝对主体地位的经济体系，在经济构成中非国有经济和私营经济的作用几乎为零。以就业人口为例，1956年年底非公有制经济的就业人口只占当年总就业人口的0.5%，而且主要集中在以提供城镇个体劳动服务为主的一些领域。自此中国进入以国家作为投资主体的经济发展阶段，虽然也存在集体所有制，但这只不过是一个小范围的“全民所有”，其本质还是归属于国有经济的范畴。改革开放以来，虽然经过几轮重大调整后众多中小型国有企业从各行业和部门中逐渐退出，大型国企主要保留在一些国民经济的战略部门之中，但观察这些大型国企的资本形成和积累路径我们不难发现，其自有资本的绝大部分还是延续由国家投资和积累的形成模式。既然国企的资金来自国家和全体人民，那么国企运营这些资金获取的收益也理应归属于人民。政府作为全民出资人的代表，当然有权参与国企的收入分配。

3. 国家性质决定

我们是社会主义市场经济的国家，既要遵守市场经济的基本规则，让收入与效率密切联系；同时也要保持社会主义的基本要求，使收入与公平相互影响。社会主义的目标之一就是实现共同富裕，作为全体社会大众根本利益的代表，面对人人都关心的收入分配问题，国家有必要出面予以协调，这样才能更好地体现我国社会主义制度的优越性。

二、分配国有企业收入的基本原则

要公平、高效地分配国有企业创造的收入，首先要确定分配的基本原则。综合考虑应该遵循以下三个方面的原则：

（一）遵守市场经济和企业发展的原则

国企首先是企业，如果抛开企业作为市场经济中独立个体的基本行为规范而空谈对企业收入的分配，就会回到过去计划经济体制下忽视市场作用和企业主观能动性的老路，而这已经是被中国经济发展的实践否定的错误模式。因此在分配国企收入时，首先要遵循以下两个方面的要求：

1. 要遵守市场经济中要素平等参与分配原则

在市场经济的发展过程中，各生产要素平等地参与经济活动并取得相应收益是基本原则。国有企业不可能全部由国家独资设立，还需要其他社会资本和普通劳动者的参与。这里投入的要素既包括有形的物质或资本要素，也包括无形的人力资本、无形资产和其他知识产权，只有这些要素有机地联合起来并顺利地发挥作用才会为社会创造新的财富。不同的要素为产出做出了贡献就自然获得参与分配产出的权利，而具体分配的准则是依据不同生产要素对国企收入贡献的大小。多劳多得是这种分配关系的直观写照，因此保证各利益相关方都能按照经济贡献平等参与国企收入分配是基本的经济原则。这里需要强调的是对“平等”的理解和实现。在具体生产过程中要素的投入是无差别的，不会考虑这些要素从何而来的问题。因此在分配使用这些要素获得的收入时也不必理会要素的来源，只需要根据要素的贡献多少进行相应的分配，至于要素的所有权，其对国有企业的收入分配而言根本没有任何影响。

2. 要保证国企发展的原则

要求对国企获得的收入进行分配是合理的，但也不能以牺牲国企的持续、健康发展为代价。要保持国企的正常发展，就必须确立一个关于企业发展的长期战略目标以及与之相配套的内部资本积累水平，并且要以内部规章的方式明确国企自身资本积累的具体方法和规模。如果只是一味追求短期利益的获取，过度索取，就会出现涸泽而渔的现象。特别是在激烈的市场竞争的条件下，国企被分光花尽，就会失去继续发展的潜力甚至被市场淘汰。这种局面肯定不是公平、高效的分配原则所追求的。因此，在确定国企收入分配的具体指标时一定要考虑企业发展的客观要求。

（二）遵守社会效益最大化的原则

国有企业的收入分配是一个涉及方方面面的复杂问题，在追求经济效益最优的同时也要充分兼顾社会效益，确保社会效益的最大化。所谓社会效益最大化原则实际就是社会公平。而当前存在的社会“不公平”主要表现在以下方面：从国有企业的外部关系来说，当前社会对收入分配问题关注的热点之一就是国企与其他企业之间的收入差距问题。国家统计局的相关资料显示，全国七个垄断行业有职工 2 833 万人，不到全国职工总数的 8%，但其工资和工资外收入却占全国职工年工资总额的55%[①]。同样是劳动者，在付出相同劳动的情况下却有着如此悬殊的收入，而造成这种差距的原因只不过是每个劳动者所归属的企业不同。在这种情况下，对非国有企业的劳动者来说，追求在收入上的“社会公平”是合理的诉求。除了上述情况之外，我们还要看到在国有企业内部也存在着种种“不公平”。一种是基于地区、岗位和行业的收入分配不平衡问题，例如，2010年国企职工人均收入最高的金融行业其人均收入达到80 772元，而农、林、渔业部门的国企的人均工资只有16 370元[②]。同样是国有企业，这种基于部门差异带来的收入差距并不比国企与非国企之间的差距小。另一种是国企内部的“同工不同酬”现象。在大型国企内部，由于历史遗留问题和企业聘用制度的改革，在相同工作岗位上可能存在多种用工关系，有正式工、临时工和一些未签订用工合同的短期工作人员，他们从事相同的工作内容但收入水平却依次递减。而这种“不公平”由于只是在国企内部出现所以较少得到社会的关注。上述现象说明，所谓收入分配的社会公平问题在国有企业内部与外部同时存在。在对其进行调整时，在效率优先的前提下，不仅要考虑不同所有制的差异，还要考虑地区、行业、岗位的区别，使社会效益最大化的原则真正得以实现。

（三）加强外部制度建设的原则

面对现实的经济利益分配，如果没有公正、合理的制度安排，而只依靠政府、企业或者个人的理性行为也是不可能的。因此外部制度建设是保障国企收入分配的主要外部条件。这种外部制度建设应该从三个层面来设计：

1. 政府层面的制度建设

对于政府来说，参与国企的收入分配要做好以下工作：

（1）确立规范的收入分配机制与法律框架。法律框架作为分配收入的基本条件其重要性不言而喻，因此对其的确立一定要遵循公开、公平、公正的原则。公开是指对收入分配法律框架的相关讨论要做到让全社会知道、了解和参与，不能成为少部分人在封闭环境下讨论的结果。公平是指要建立相应的渠道，给社会各阶层以表达自身诉求、维护自身权益的机会和场所，而不要让政府成为掌握社会话语权的少数派维护小团体利益的工具。公正是指要坚持程序正义，框架的确立要以全社会最大利益为前提，当个体由于国家和社会利益而产生利益损失时，要通过合理的程序予以确立，并且要有相关减免、补偿和申

---

① 蔡立新，曹瑞兆. 我国中央企业利润分配政策研究［J］. 商业会计，2011（31）：7.

② 财政部财政科学研究所课题组，贾康，赵云旗. 影响收入分配关系的五个问题与八点建议［J］. 经济社会体制比较，2012（2）：17.

诉机制的配套，而且一旦形成包括政府自己也要遵守。

（2）确立约束、监督与处罚机制。所有的经济个体都有谋求自身利益最大化的冲动，如果缺乏来自外部的约束、监督与处罚机制，就会有参与分配的一方利用自身的优势获取最大收益而损害其他各方利益的情况发生。因此有必要通过完善相关法律机制来解决这个问题。我国现有的法规对参与收入分配各方的利益都有相应的约束和监督，但惩罚机制相对薄弱，往往出现惩罚造成的损失不如侵犯社会整体利益所得的情况。这就使得侵害社会利益的行为成本极低，惩罚机制起不到相应的约束作用，因此有必要对相关惩罚机制的内容、手段、数额和具体执行机关都重新进行明确和调整，使对收入分配制度的维护能够真正落到实处。

（3）确立分配制度调整的机制。任何机制的设立都有其前提条件与适用范围，没有一种制度设计是永远适用的。当具体情况和时代背景发生变化时，需要有相应的制度修正。而这种涉及分配制度的调整也要有其自身的规范，调整要求的提出和具体的调整方式和调整的内容都要有一套规范的制度作为约束。即使调整由于制度的存在而降低了效率，但这也比在没有制度约束下做出错误调整的代价小得多。

（4）完善要素市场的流动机制。要让资本、劳动力、技术在一个充分实现其内在价值、根据市场规则指导的方向流动的环境下自由地实现配置。要素追求自身利益最大化的过程实际上也是对原有收入分配方式的一种变相调整，如果资本、人员持续流出就是对现行收入分配方式不满意的直观反映，这就迫使微观经济的主体对此要做出相应调整，否则就会在长期的市场竞争中彻底丧失优势，甚至被市场淘汰。这种情况对国企同样适用，特别是国有资本的运营也要健全流入与流出机制，而不是放任国有企业的管理人员随意支配，只有这样才能保证由全体人民共同积累的国家财富不会流失，进而实现价值和数量上的积累。

2. 企业层面的制度建设

企业的制度设计主要是两方面：

（1）涉及企业发展留存基金的相关制度。企业发展留存基金是一个企业长期发展目标的具体货币体现，是企业对当前利益的远期留存，其留存比例和水平的确定是一个关键的问题。留存比例过大会给企业当期发展造成压力，留存比例过小会使企业远期发展缺乏助力，因此各企业应该从本行业发展和企业自身状况出发，参考同类企业确立一个适合自身长期发展的留存比例和水平。

（2）关于企业内部员工参与分配企业收益的分配制度。这种制度的设计有一个基本前提要遵守，即遵守企业产权制度的安排，例如股份制企业的收益分配就必须充分尊重股东的要求。企业在完成长远发展留存和股东利益分配之后可以将剩余的收益用于在企业员工中进行合理的分配。

3. 个人层面的制度建设

对于个人层面来说制度建设的内容主要涉及以下方面：

（1）合理设立最低与最高工资绩效制度。最低与最高工资绩效制度的设立，既要保护所有参与企业生产经营活动的劳动者获得合理收入的权利，也要对其所承担的责任做出约束。对于国企中的高收入群体，既不能“只奖不罚”，又要明确其工资收入与业绩之间的对应关系；对于国企中的低收入群体，既不能“只罚不奖”，又要明确其与收入对应的工作职责。只有建立起真正将奖励与处罚、责任与风险融为一体的绩效机制，才能够使收入对劳动者主观能动性的引导作用真正发挥出来。

（2）要依靠工会组织完善集体工资谈判机制。在国企内部，普通员工相对于高级管理者而言是真正的弱势群体，单个个体根本没有对分配问题和收入水平进行讨论的能力，这就需要有一个组织出面来发挥作用。我国的各级国企中一般都建立有相应的工会组织，但其往往成为从属于企业经营管理的下级机构，在涉及国企普通员工的利益问题时缺乏话语权和决策权。要解决工会对普通员工的代表性问题，就必须实现工会组织机构的事实独立、权力的真正独立和经费收支的财务独立，这才能使工会在集体工资谈判的过程中真正能够发挥出保护普通劳动者权益的作用。

第二节　分配国企收入的具体思路

这一部分对国企收入分配的论述主要从初次分配的角度进行，后文也对再次分配对收入分配的影响进行了简要分析。

一、分配国有企业收入的具体思路

根据 1993 年 12 月国务院颁发的《关于实行分税制财政管理体制的决定》，国家于 1994 年 1 月 1 日开始在“两则”（《企业财务通则》和《企业会计准则》）的基础上全面推行国企利润分配制度改革，即实行“税利分流、税前还贷、税后分利”，简称“税利分流”。企业按税法规定向国家缴纳所得税之后，税后利润再在国家和企业之间进行适当分配。当前的国企收入分配问题的研究多集中于税后红利的分配上，往往忽视税前收入的真实构成。本书试图以企业所得税为基础，从重新看待税前与税后国企收入构成出发，准确界定国企的真实收入，从而为公平、高效地实现国企的收入分配打下坚实的基础。

（一）国有企业税前成本对收入分配的影响

根据企业核算收入的会计准则要求，企业所得税要在扣除成本后征收。通过比较分析相关文献后本书认为，关于税前成本的分析要考虑以下方面：

1. 垄断与资源成本的市场化

正如前文所分析的，国企收入中很大一部分是来自国家转让的垄断或资源权益，这部分内容对国企收入的贡献很大，对其成本的影响却很小。国内很多研究都发现再分配对收入分配的影响很小①，造成这种情况的关键就是再分配的能力和水平不足，而制约这一切的前提是国家财税收入的规模。国企完全可以用某种支付的方式将其低价或无偿占有的垄断或资源收益归还给国家，这将极大地充实国家财税收入，提高国家借助再分配调整收入分配的能力和效果。同时，很多对非国有经济的研究都表明，国企与非国有企业相比，往往在垄断地位和资源获取上有着特殊的优势，这也是经济领域中一种不平等竞争的反映②。

解决这个问题要注意两点：

（1）加速垄断与资源成本的市场化。国家可以针对垄断与资源的不同情况和要求，在一定区域和行业内展开试点。对于资源的分配，一切以市场供求为基础，采取拍卖为主的方式。虽然拍卖制有其内在的不足（拍卖获得者可能会将拍卖成本转嫁给最终消费者），但至少拍卖的收入可以成为政府调节社会收入水平、弥补特定社会阶层损失的资金来源。垄断分为自然垄断、经济垄断与行政垄断。对于行政垄断要坚决予以破除，政府要彻底放弃对行政性垄断的偏好和保护，将资源配置完全交给市场竞争来进行，允许任何具有竞争资格的企业参与到竞争中来。对于经济垄断，要根据《中华人民共和国反垄断法》与《中华人民共和国反不正当竞争法》的要求，以法律的标准和要求进行操作，形成基于正常市场机制下的适度垄断与自由竞争相结合的局面。对于自然垄断要根据具体行业的特性予以对待，凡是涉及公共服务和国家安全的垄断，国家要加强对其的财务监督和审核；除此之外的自然垄断，可以参照经济垄断

---

① 杨志勇，汤林闽. 调节国有资本：促进居民可支配收入增长的新视角［J］. 社会科学辑刊，2011（2）：88.

② 盖地，梁淑红，李秀玉. 基于社会责任角度对垄断国企上缴利润的思考［J］. 河北经贸大学学报，2008（6）：47.

的处理方法予以解决。

（2）要消除市场失灵对环境的负面影响。相对于其他环境保护困境，真正核心的是环境的收益和成本难以测算的问题。我们可以简单地把环境的收益归结为全国人民的收益并由政府来受托代管，但环境的成本问题依然难以解决。想要依靠市场经济的力量和企业自身的道德约束来解决环境保护问题的思路已经被事实证明是行不通的。对此可行的解决之道是在转让资源性要素时对其环境成本进行测算，而测算过程可以通过政府主导、第三方测算、社会监督的联合机制来进行。环境成本的具体边界至少应该控制在为了恢复受到负面影响的环境而必须支付的成本水平，并且这种环境成本是所有购买资源性要素的企业都必须支付的，即使是国企也不能例外。

2. 工资成本的规范化

工资是税前国企收入分配中成本的一个重要构成，对其处理应该提倡合理、公平、可操作的原则。国家要处理好两方面的内容：一是要明确相关最低工资与最高工资的界限，特别是国企高管的薪酬与企业业绩挂钩的绩效制度，以及工资随企业利润增长的合理比例和范围，以确保基本工资水平的公平与合理；二是要完善相关员工工资集体谈判制度，以确保工资水平变化的可操作性。只要在这两点的框架之下，具体工资安排可以完全交由具体企业来执行。

将上述观点概括起来就是一种“成本控制型的收入调整”，即通过一系列的政策与措施配合，使国企在税前的成本能够真正反映企业日常活动的各项经营成本、要素与垄断成本以及工资成本，这不仅使国企的收入回归到一个真正合理的水平上，而且为测算国企应缴纳的合理利润水平提供了条件。同时这种调整还能够兼顾各方利益：国家的资源收益得到补偿，企业员工的工资保持合理水平，只有这样非国有经济才能够在相同的条件下与国企展开平等的竞争。

（二）国企税后利润对收入分配的影响

2007 年 12 月国资委会同财政部颁发了《中央企业国有资本收益收取管理办法》，明确规定国有资本收益收取对象为中央管理的一级企业。国有独资企业应缴利润的比例按照不同行业分三类执行：第一类为烟草、石油、石化、电力、电信、煤炭等具有资源型特征的企业，上缴比例为 10%；第二类为钢铁、运输、电子、贸易、施工等一般竞争性企业，上缴比例为 5%；第三类为军工企业、转制科研院所企业，上缴比例 3 年后再定。“国有控股、参股企业应付国有投资者股利股息按照股东大会决议通过的利润分配。”[①] 这标志着国家层面开始处理国企税后红利的分配问题。有鉴于此，国内学术界也将研究的重点转向国企税后红利分配的比例问题和税后红利的作用问题。苏志强等指出了分配国企红利的必要性和影响因素，以及在红利分配过程中存在的困境主要是源于国企承担的多重目标[②]。陈少晖等除了对国企分红的文献做了系统概述之外，还以钢铁行业为例对具体国有资本经营预算体系进行了建构[③]。汤吉军等则对基于资本专用性情况产生的国企分红问题从博弈论的角度进行了分析[④]。汪平等则从理财学的角度出发指出，政府作为出资人也要追求“股东财富最大化”[⑤]。也有学者发现对国企税后利润的现金分红甚至可以减少国企高管的在职消费和代理成本[⑥]。综合各位学者的看法后本书提出，对于国企税后利润或红利的分配要在按照要素贡献分配的原则指导下，准确界定参与利润创造的各方的贡献并合理予以划分。具体可从以下三个方面入手：

1. 国有企业自身的适当利润留存是分配税后利润的前提

国有企业作为一个企业，其自身的健康、持续发展是实现其自身所承担的经济和社会责任的基础，如果一味强调劳动、资本的收益而忽视企业的发展，可能当下各方的利益实现了最大化，但从长远来看则是一种短视的行为。要从兼顾企业长远发展的角度出发，在税后利润分配前先确保企业持续发展的合理利润留存。这就要求在分配机制中充分考虑企业发展的要求，在股东大会的决策过程中设计和确保相关企业发展权力和目标的实现。

2. 资本要素的合理收益获取是分配税后利润的关键

在税后利润的分配过程中所有资本的地位都是平等的，这是资本要素参与利润分配时一定要坚持的出发点。既没有特殊地位的国有资本，也没有需要额外照顾的非国有资本，有的只是以相同资本数额获取相同收益的单纯、无差异资本。这就要求在分配过程中，代表国家行使出资人角色的相关部门一定要履行好自己的职责：作为政府的代表，要确保国家利益不会受到损失；作为资本

---

① 财政部．财政部出台国有资本经营预算有关配套管理办法[EB/OL].(2007-12-11)[2019-06-20].http://www.gov.cn/gzdt/2007-12/11/content_830920. htm.

② 苏志强，万方．国有企业红利分配及其困境：文境综述［J］．财会研究，2008（8）：64.

③ 陈少晖，朱珍．国有上市公司利润分配与国有资本经营预算的建构：以钢铁行业为例［J］．东南学术，2011（6）：104.

④ 汤吉军，陈俊龙．资产专用性与国有企业收入分配的博弈分析［J］．江汉论坛，2012（3）：63.

⑤ 汪平，邹颖．国有企业、政府股东与资本成本：对国有企业深化改革的理财学思考［J］．首都经济贸易大学学报，2012，14（1）：55.

⑥ 罗宏，黄文华．国企分红、在职消费与公司业绩［J］．管理世界，2008（9）：139.

代表，要确保国有资本在利润分配过程中获得与非国有资本一样的收益。

在这里还有一个关键性的问题要予以注意：国有资本要认真审视其进入与退出的机制。国家持有资本是界定国有企业的一个关键标准，但是如果企业的发展达不到国家预期的目标，国家又不能从这类的企业中退出，那么最终受损的还是国家。因此，一定要重新考虑国家资本进入和退出的机制。以实现经济利益最大化或社会效益最优的目标作为政府投资的标准，准确评价已经接受国家投资的企业和具有潜在资格的企业。对于以经济效益最大化为目标的国企，企业的盈利水平和资本增值速度是唯一的依据；对于以社会效益最优为目标的国企，判断的标准就是环境的目标是否得以实现和社会大多数群体的公共利益是否得到维护。对于失去国家注资的所谓“国有企业”将不再会享受“国有”带来的种种好处，迫使其在市场中与其他企业一道平等地进行竞争；而对于试图得到国家注资的非国有企业也同样可以根据相关法律规定，通过正规的评估之后使其获取“国有”的资格和相关优惠。这样才能够真正使国有资本实现保值与增值，而不会被当前某些国企中的既得利益集团变相挟持。

3. 劳动要素价值的平等实现是分配税后利润的核心

对于国有企业的改革，人们曾经担心“工资侵蚀利润”现象的出现；而现在要关注的则是“利润侵蚀工资”的发生，并且有学者已经对此问题在现实中的情况做出了验证①。劳动力价值的实现一直是收入分配问题中最核心的问题之一，对于国企税后利润的分配来说也同样存在。国企中的劳动者在劳动技能、管理技能、技术和创新技能等方面存在天然差异，如何对这些存在个体差异的技能进行衡量、评价并加以量化后通过货币形式予以实现，的确是一个非常棘手的问题。对此我们只能提出一些浅显的看法以供进一步讨论：

（1）将国企中所有非货币化福利全部货币化。国企职工的名义货币收入与实际收入之间存在差距是不争的事实，也是社会大众对国企职工高收入的诟病之一。因此在解决国企收入分配问题时首先要对国企职工的工资收入有一个准确的认识。将所有非现金形式的福利以货币的形式表现出来并将其与国企职工的货币收入加总，这不仅能给认识国企职工的真实收入水平和判断工资与利润的比例提供准确的评价依据，而且可以为国企减轻不必要的社会服务职能创造有利条件。

（2）国家要健全最低与最高工资的相关机制。国家不仅要对最低工资水

① 翁杰，周礼. 中国工业企业利益分配格局快速变动的原因分析：1997—2007［J］. 中国工业经济，2009（9）：47.

平予以关注，更要对最高工资水平做出限制。特别是在国企中，企业高管往往以行政任命的方式产生，他们就具有“准公务员”的特性，怎么能够一方面享受公务员的行政待遇，另一方面又拿着和非国有企业高管一样的货币收入？此外，国家要建立最高工资与最低工资之间的比较和联动机制，将企业内部的工资收入差距控制在一个大部分职工都能够认可的范围之内。

（3）完善集体工资谈判制度和工会制度的法律构建。在国企内部，普通劳动者的地位与非国有企业中的劳动者一样，都是在签署劳动合同之后履行劳动义务的雇佣劳动者；在收入谈判的过程中，单个个体几乎没有与管理层议价的能力。要确保普通职工的基本收入权利，完善集体工资谈判和工会的法律制度构建就显得非常重要。要在相关法律条文中明确相关制度和保障措施，使工会在实现政治地位与经济地位的事实独立的前提下，在集体工资谈判过程中真正发挥保护普通劳动者权益的作用。

（4）从法理上明确工资与利润联动的机制。社会主义国家是保障全体劳动者利益的最后屏障。国家在立法过程中要有意识地保护劳动要素在分配利润过程中的利益，要确保劳动要素具有和资本要素一样的平等参与分配的地位，并在法理上予以明确。在具体细节上更要明确一个工资与利润联动的机制，即伴随着利润的上涨，工资也必然上涨一定比例的规则。当然政府只是需要明确分配规则，而不是要规定具体的数据与比例，这些需要不同企业根据其发展的状况自行通过内部协商来确定。

二、对国有企业收入再分配的简单探讨

任何一个劳动者的名义收入就是他的实际收入吗？这个问题的答案肯定是否定的。对于国企员工来讲，同样存在名义收入与实际收入之间不对等的情况，而且这种情况往往意味着国企职工在相同的名义收入的水平下获得了比其他劳动者更高的实际收入。这也正是近年来众多垄断型国企成为就业市场上热门选择之一的原因。归根结底，国企职工实际收入高于名义收入是国民收入再次分配的结果。从微观层面来说，收入分配是企业的内部问题，遵循的是效率原则，即参与生产的不同要素按照贡献大小来参与企业最终收益的分配；从宏观层面来说，收入分配是国家基于公平的原则，在全社会范围内对不同收入主体进行实物和货币的再次分配调节。政府进行国民收入再分配的主要手段有财政手段、价格工具、金融手段等。其中价格工具主要是指政府通过指令性价格、指导性价格和市场调节价等多种形式对商品和劳务的价格予以引导，从而达到调节最终实际收入的目的。金融手段主要指政府通过对贷款投向和利率水

平变化的影响，控制、调节不同行业的发展水平和效益，进而实现对最终收入产生影响的目的。对于政府的财政手段可以有多种解释，但最形象和直观的解读就是：政府收了多少钱，又花到哪里去？前者就是税收问题，后者就是转移支付问题。下面主要分析财政手段对国企收入分配产生的影响。

（一）现行再分配中的不合理之处

1. 现行个人所得税制度的漏洞对再分配的负面影响

个人所得税是国家对本国公民来源于本国的所得征收的一种所得税，其本意是通过对个体收入差异的政府调节达到缩小社会收入差距的目的。但在我国由于税收体系的不完善和税收专业人才的缺乏，对个人所得税的征收主要采取课征和代扣代缴为主的制度。从对征税的管理来说的确方便不少，但在实际操作过程中却出现以下两种情况：一是从课征的角度来看，由于我国对达到课征标准的纳税人采取的是自主申报制度，就会出现纳税人不报或者少报的现象；而这部分人往往收入来源多样，具有隐瞒收入和避税的条件，结果是部分相对高收入群体少纳税或不纳税。二是从代扣代缴的角度来看，国有企业相对完善的财务规章使得每个国企员工的货币收入相对明确，个税的核算相对简单；企业在计税的同时也完成对税务机关的缴税任务，方便了征税的管理。但具体到个人来说并未考虑到每个人及其家庭的特殊状况，存在税负过重的可能。综合两方面的情况，高收入群体不纳税或少纳税，工薪阶层的税负反而有所加大，个人所得税在中国正在逐渐向“工薪税”过渡。2012 年全国个税总收入为 5 820亿元，而工薪所得税为 3 577 亿元，占个税总收入的 61.46%；2011 年的比例是 62.66%。这组来自财政部的数据就是对个税制度负面影响的最好注释。这就是一种再分配对收入的不合理影响。

2. 企业福利差异对再分配的负面影响

上面谈的是政府收的钱从哪儿来，下面再看看政府的钱花到哪儿去。国有企业的平均福利水平远高于一般私营企业，这是全社会的共识，而造成这种差异的原因之一就是国家每年会从财政收入中拿出相当大的一部分用于补贴国有企业。这些补贴的形式多样，数额巨大。根据天则经济研究所 2011 年发布的报告，2001—2009 年，国有企业从国家财政中获取的利益包括：少支付利息 27 539 亿元，节省地租 25 787 亿元，未支付资源租 4 977 亿元，获得亏损补贴 1 943 亿元，总计 60 246 亿元，远大于 40 517 亿元的企业利润总额[①]。国企拿

① 天则经济研究所课题组. 国有企业的性质、表现与改革 [C]. 北京：北京天则所咨询有限公司，2011.

到巨额的财政转移之后，其中相当大的一部分用于发放内部职工福利。在这种情况之下，国企员工的实际收入与其他非国有且无法获得巨额财政补贴的企业的员工相比是明显增加的。而这又是一种再分配对收入造成的不合理影响。

（二）对再分配过程的补充

1. 对现行个人所得税制度要进行调整

由于个人所得税的征收对象是每个劳动者，其税额的大小直接对不同劳动者的实际收入产生影响，因此在个税的征缴上“公平”应该是最为重要的准则。这一准则对持有固定工资和收入的工薪阶层，包括国企的员工来说都是至关重要的。具体可以从以下四个方面入手：

（1）将以个人收入为基础核定税额的做法改成按家庭征税。公民的基本生活费用不纳税是西方国家通行的税收原则，而公民的基本生活费用是与家庭连接在一起的，包括医疗、养老、住宅、教育、养育下一代等方面。对于任何一个劳动者来说，其实际的生活水平和收入状况往往在家庭生活中得到体现，相同的货币收入在不同的家庭中会产生不同的实际效果。如果再考虑到家庭对社会发展的其他积极效应，那么用家庭来取代个人作为确定税额的依据将会更加合理。

（2）完善和扩大收入所得的征收范围。完善对已有的财产租赁所得和财产转让所得征税比例的管理，使持有多套房地产的人员承担更多的税负，这将对平抑中国的楼市具有积极作用。

（3）明确惩罚机制和减免机制。对于恶意偷、逃个税缴纳的个人要采取严厉的惩罚措施，通过使其付出巨额经济和社会成本的方式来引导正确的纳税观念。同时还要对合理的减免机制予以明确，特别是对部分含混不清的条文做出具体解释，使合理的避税举措能够公开、公正地得以实现。

（4）加强政府各部门间的沟通和协调。个人收入的来源多种多样，但主要形式还是货币和不动产。通过政府的协调，只要加强税务机关与银行、证券机构、房地产登记、公安等部门的合作，就能够掌握真实的数据并据此收缴个税，从而使包括国企职工在内的全体劳动者的个税征收更加合理。

2. 对政府转移支付要酌情处理

在参与市场经济活动的过程中，同非国有经济相比，一方面，国企具有和私营企业相同的追求成本与收益最优的共性；另一方面，国企作为国家意志在特定经济领域的具体表现，具有兼顾国家长远利益和社会利益的特性，因此对国企缴纳利税和获取补贴应该分开讨论。以利润为目标的国企缴纳利税是其基本义务，但由于承担国家和社会职责而亏损的国企获得政府的转移支付也是其基本权利。因此有必要根据政府转移支付的具体内容予以明确。

（1）亏损补贴的发放要在明确责任的前提下进行。对于国企自身管理的问题造成的亏损是绝对不能发放补贴的，而对于基础性和战略性企业的亏损也要明确政府与国企各自的责任，做到有针对性地发放补贴。

（2）对于地租的处理。对于地租，除关系到国家利益的情况之外，所有的国企都应该平等地缴纳相关的费用，特别是国企要从房地产副业中完全退出，将土地收益完全归于国家。

（3）国家是资源租的征收主体。对于资源租而言，在中国版图内的所有资源都归属于全国人民，这种由此产生的经济利益的代表是国家。因此无论是什么所有制的企业，在使用各种资源时都应该平等地缴纳相关费用。对以稀土为代表的全球性战略资源更要加强监管，国有企业在这个过程中要充当缴纳相关资源使用费用的表率。特别是在环境问题日益受到重视的当下，收取资源租是解决环保资金不足的重要手段。

（4）对于利息要做到区别对待。对于由中央和各级地方政府出台的，具有刺激经济发展，特别是引导产业发展和结构升级作用的优惠金融安排，国企完全可以合理运用；但对于部分地区为了吸引投资而做出的利益让渡则要坚决制止，并要求相关企业补偿有关利息的费用。

3. 对国企员工的正常福利要予以保护

国有企业不仅包括银行、石化、电力、通信等营利部门，还包括一些关系到国家安全和社会基本生活的公共服务部门。对于这些部门来说，企业的特殊性质使其利润、工资与福利水平明显不如前者；对于这些部门内部的员工而言，政府的转移支付是他们基本收入和福利中必不可少的内容。以部分地区的公共交通部门的改革为例，在经历了一段时间的私有化进程之后这些地区的公共交通部门又纷纷收归国有，究其原因就是对于公交部门来说，保障社会的绿色、安全、便捷、低价的出行比追求经济利益更为重要。而此类国有企业对社会来说又是无法被私营企业所替代的，因此这些特定部门员工的正常工资和福利也就理应由政府的转移支付买单。

第三节　本章结语

收入差距是经济生活中的客观现象，关键是这种差距能否被社会大众所认可。在初次分配领域存在的收入分配问题只能在遵循基本经济规律的原则下予以部分调整，而我国当前能够真正发挥效力的再分配领域却由于政府财政支出能力较弱而难以发挥效力。通过分析可以发现，只要政府借助国有企业这个平台，一方面控制国企各类员工工资的合理水平，实现初次分配的基本合理；另一方面通过税前垄断和资源权益转让的收入与税后国有资本对红利的分配份额增加政府财税收入，同时配合各种法律和政策的制度保障，就能够借助强大的转移支付能力在再分配领域实现对社会全体成员的公平收入分配。

第六章　调结构背景下的宏观经济政策选择

中国经济的态势从短期看，经济增长面临总量失衡的矛盾；从中长期看，经济增长面临深层次的结构性矛盾。我国“十二五”发展规划提出“坚持把经济结构战略性调整作为加快转变经济发展方式的主攻方向”。进行经济结构的战略性调整，解决这些矛盾和问题，需要客观审视已有的宏观经济政策并对未来政策的走向进行优化和选择，这些政策包括财政政策、货币政策、产业政策以及汇率政策等。

第一节　中国经济结构失衡的表现

一、追根溯源

2008 年以前，中国宏观经济处于过热的状态，宏观经济政策以调结构为主调。但由于 2008 年爆发了全球性的金融危机，我国外需急剧减少，为了保持既定的增长目标，政府改变了原来调结构的基调，转而采取了大规模刺激计划，以期抵消外需的崩塌。货币供应量剧增，财政主导下的基础设施建设大面积铺开。房地产价格迅速上涨，泡沫开始聚集，不过中国在这一轮全球经济危机中，率先实现了逆势反弹。虽然大规模刺激政策保住了 GDP，但刺激政策带来的负面效应却成为中国经济的长期困扰：资产价格暴涨倒逼工资上涨，人工成本越来越高，实体企业利润越来越薄。对于以制造业为主业的中国经济来说，人工成本的上涨无疑将降低中国产品的整体竞争力。此外，大量中小企业由于成本的提高，纷纷陷入困境。民营资本的抗风险能力本来就弱，在实体企业利润越来越薄的情况下，民营资本纷纷转入金融领域和房地产领域，这又加剧了资产价格的上涨，形成恶性循环。

二、投资和消费的不协调

我国经济结构中投资和消费比例失调的问题早已被人们诟病。一种被人们广泛接受的观点是，我国经济增长主要依赖要素投入，投资需求非常强烈，但消费需求尤其是居民消费需求相对较弱。其主要表现就是投资需求占社会总需求的比重逐年增加，2010 年全社会投资率超过了 45%；相反，消费需求尤其是居民消费需求自 20 世纪 90 年代中期就开始呈总体下降趋势，2010 年居民消费率已下降到 35%以下。最近几年，一些学者和研究机构通过跨国数据比较，为上述需求结构失衡推断提供了更为充分的经验证据。也有学者根据社会最优积累率理论对我国投资率和居民消费率的适度水平做出估算，其结论也在某种程度上支持了前述经验推断。从以上分析可以看出，中国经济增长过于依赖投资需求。反观美国，其内需不足主要表现为投资需求不足。而中国的内需不足则是由消费需求长期乏力，尤其是居民消费疲软造成的。从宏观上看，中国政府掌控的资源比较多，尤其是地方政府在“GDP 考核”模式下具有强烈的投资冲动。这两种因素的合力造成了中国经济投资需求旺盛的局面。整个经济增长过度依赖投资拉动，国民经济带有极其强烈的拉动型的结构特征，形成了高污染、高消耗、低效率的增长模式。

三、居民收入增长速度与经济增长速度不匹配

目前国民收入分配不合理集中表现在以下两个方面：首先，居民收入增长缓慢，居民收入在国民收入中所占比重持续下降。其次，居民收入差距逐年扩大，贫富差距有继续扩大的趋势。

四、现代服务业发展滞后于工业制造业发展的矛盾

我国工业制造业的发展总体上已经到了工业化的中后期，但是现代服务业的发展是比较落后的。当一个国家服务业严重滞后的时候，整个国民经济增长带来的就业弹性肯定降低，就业弹性降低意味着需要更高的增长才能解决失业问题，但更高的增长就会带来更高的膨胀；靠工业制造业拉动经济增长，就业机会会减少，所以高增长的同时可能是高风险①。

---

① 刘伟. 中国经济增长面临的突出矛盾及宏观经济政策调整 [J]. 理论学刊，2010 (7)：6.

第二节　调结构背景下关于宏观经济政策选择的建议

一、财政政策

“十二五”时期世界经济处于缓慢复苏阶段，积极的财政政策对中国经济“调结构、扩内需、保增长”的支撑作用仍然是无法替代的。预期未来的财政政策仍将以积极的财政政策为基调，在此基础上根据经济发展情况做出适当调整。

1. 通过持续公共投资，帮助经济实现平稳增长

由于未来外部需求疲软，经济增长动力主要来自内部需求。在居民消费对经济的拉动作用有限的情况下，政府通过对重大基础设施及科教文卫等社会事业进行持续投入，可以有效防止经济发展大起大落，实现平稳增长。

2. 利用财政手段，推进经济结构调整

政府通过贴息、税收优惠、直接资金支持等财政手段，可以有效地引导企业按照国家制定的产业发展政策进行调整，解决经济结构长期存在的不合理问题。通过扶持发展前景好、附加值高及环境友好的产业，提高产业整体水平。

3. 通过减税、调整收入分配结构提高企业投资能力和居民消费能力

在后危机时期，企业普遍面临经营困难、盈利能力差的问题。通过结构性减税和降低税率水平可以极大减轻企业负担，提高企业生产活力。另外，调整目前在国民收入分配中居民收入分配比例偏低的不合理格局，提高居民的收入水平，可以提高居民消费能力。这将为经济进入自主性增长提供基本动力。

4. 通过税收调节，优化出口结构

政府通过税收调节，促进高附加值、高技术产品出口，抑制“两高一资”型产品出口，优化出口产品结构。通过这种方式，一方面可以增加中国产品技术含量，增强中国产品在国际市场上的竞争力；另一方面可以通过税收的调节来促进国内产业结构升级。

二、货币政策

货币政策配合财政政策对当前经济保增长起到了重要作用。“十二五”时期中国仍执行相对宽松的货币政策，根据通胀情况进行适当调整。货币政策未来执行需要配合经济发展形势变化和经济增长的需要进行相应调整操作。具体要把握以下几个方面：

1. 把握信贷投放节奏、力度，实现经济发展平衡、稳定

通过调节信贷投放时机与规模，达到稳定经济发展“逆周期”的效果。这需要银行等金融机构一方面根据政府公共投资安排，按计划投放中长期贷款；另一方面根据实体经济发展需要调整信贷规模。

2. 优化信贷结构，支持经济结构调整

根据国家产业政策要求，通过优化信贷结构，实现信贷调控目标。对未来战略性新兴产业要进行重点扶持。对产能过剩和“两高一资”型项目信贷要进行严格控制。通过信贷手段，促进经济结构调整。

3. 根据经济发展变化，及时调整信贷重点

当前经济运行处于复苏阶段，信贷投放重点是政府公共投资。当经济进入自主性增长阶段时，应当将信贷重点转向经济发展的重点产业部门。及时调整信贷重点，将有助于经济发展由投资驱动型向自主增长型的顺利转换。

4. 采取多种手段，渐进提升人民币国际地位

目前央行在提升人民币国际影响力方面做出了许多积极的尝试。2008 年 12 月以来，中国人民银行先后与韩国、马来西亚等多个国家，以及中国香港特别行政区金融局签署了总额为 6 500 亿元人民币的货币互换协议。2009 年 4 月，国务院决定在上海与广东省的 4 个城市进行跨境贸易人民币结算试点工作。2009 年 9 月，中国人民银行正式公布了相关实施细则。预计未来中国人民银行会采取多种手段不断提高人民币的国际地位。

三、关于人民币汇率的问题

近年来，国际社会要求人民币升值的呼声较高，人民币也确实有升值的空间和可能，但是，可能性是否能够成为现实取决于国家宏观调控的根本目标。一方面，我国经济实力的提升及外汇市场的供需变化使人民币存在升值的空间；另一方面，由于我国对外贸易的快速发展及全球一体化程度的不断提高，世界各经济体为自身利益考虑也通过各种手段给人民币施加升值压力。但人民币是否升值最终还是取决于国家宏观调控的根本目标。本书将在第九章重点讨论汇率和外贸的相关问题，此处不再赘述。

第七章　转型时期财政政策的职能分析及优化

传统宏观经济学理论认为，国家实施财政政策主要是为了保持经济平稳运行、减小波动，稳定物价、实现充分就业，促进经济增长、平衡政府收支。财政政策干预经济被称为“看得见的手”，与市场调节经济即所谓“看不见的手”相对应。西方工业国家经济发展的历史表明，随着市场经济的发展，政府职能作用不断扩大，同时，财政分配范围也不断拓展，财政政策在政府宏观调控中的地位愈加重要①。由于我国经济处于由计划经济向市场经济过渡的阶段，我国市场经济发展较晚，市场机制不健全，在我国市场经济体制改革深入的过程中，财政政策必然扮演重要的角色。其承担的职能不仅限于传统经济理论所认定的上述典型职能，还必然带有我国特色，这种特殊性是我国的经济形势的客观要求，但也为经济转型本身带来了很多潜在阻力。因此，如何发挥好财政政策的积极作用来推动中国经济的转型值得研究。

第一节　财政政策的一般讨论

现代经济生活，无论是发达国家还是发展中国家，财政政策都发挥着巨大的作用。通常认为，财政政策是指国家根据一定时期政治、经济、社会发展的任务而规定的财政工作的指导原则，国家通过财政支出与税收政策来调节总需求。增加政府支出可以刺激总需求，从而增加国民收入，反之则抑制总需求，减少国民收入。财政政策的主要工具包括财政收入、财政支出、国债和政府投资等。

新古典宏观经济学认为，市场机制具有自动维持和恢复均衡的作用，因

---

① 苏明. 财政政策与政府宏观调控 [J]. 湖北财税，1999 (18)：4.

此，政府的干预是不必要的。以罗伯特·卢卡斯为代表的理性预期学派认为：政府在各个时期重复的货币活动和财政活动将会使人们形成一种对政府行为进行预期的观念。因而，政府干预经济的政策在人们对政策还没有做出正确预测的时候，可以收到一定的效果；当人们对政府的政策熟悉之后，人们便将以自己的特殊行为来抵消政府的影响，从而使政府的政策作用减至最小。同时，理性预期学派还提出了“自然率假说”，认为在既定经济的微观经济结构中，经济活动的当事人对通货膨胀率的正确预期的经济行为，会形成唯一的总产量、就业和失业的水平，亦即其“自然水平”。理性预期学派基于上述观点认为，政府应让市场机制充分发挥自发调节作用，使经济处于稳定状态。在理性预期学派看来，自由市场制度能使总产量和就业水平长期保持在自然水平之上，因而反对政府通过财政扩张和货币扩张来提高产量和增加就业。2004 年诺贝尔经济学奖得主基德兰德和普雷斯科特认为，经济周期在很大程度上表现为经济基本趋势本身的波动。经济的周期性波动是在完全竞争条件下生产者和消费者对技术冲击进行调整的最优反应。也就是说，经济周期不是对均衡的偏离，而是均衡本身的暂时波动。既然是均衡，便具有帕累托效率，不存在市场失灵，也不需要政府干预。所以，宏观经济的周期性波动是正常的，它不是市场机制失灵的表现，也不是政府干预经济的理由，更不可能由宏观经济政策来熨平。由于种种原因，宏观经济政策不仅不能熨平经济周期，相反，宏观经济政策的失误反而还有可能加剧宏观经济的波动①。因此，可以看出对财政政策的职能理论界存在一定的争论，如果要将西方财政政策理论运用于中国实践，则必须对西方财政政策理论进行批判的吸收。

第二节　中国财政政策职能分析

我国经济学界对财政调控的职能也有一种较流行的观点，认为随着市场经济新体制的建立，我国财政的建设性职能将会消失，主张财政只管公共开支，退出经济建设领域，也就是说，政府这只“看得见的手”应当逐步地让位给市场这只“看不见的手”，而不是相反②。此外，由于我国在宏观经济政策领域还存在一些认识上的误区，认为政府这只“看得见的手”天生就存在许多

① 魏加宁. 对宏观调控的反思与探讨 [J]. 经济界，2005 (4)：35.

② 同①.

制度上的缺陷，这也成为财政政策职能逐渐让位的一种理由。

笔者认为，上述观点具有一定的合理性，但如果要用于我国经济活动还需要对其进行批判的吸收。理由如下：

（1）二战后西方主要资本主义国家的发展历史表明，随着经济活动的深化以及生产力的发展，各国政府为了实现经济的平稳快速增长，不断加强对经济的干预，财政的职能早已突破了传统的公共开支的范围。以 1986 年为例，西方发达国家经济建设支出占财政支出的比重平均为 18%，其中美国为 17%，英国为 15%，法国为 12%，加拿大为 25%。这标志着在现代经济条件下，西方政府财政干预经济的力度显著增强。此外，在那些采取政府主导型经济发展模式的发展中国家，财政参与经济建设投资的力度往往更大。如 1986 年发展中国家经济建设支出占财政支出的比重平均高达 42%，其中印度 36%，韩国 35%，泰国 42%，巴西 31%。这是发展中国家强化财政干预经济的一个显著标志，也是一些发展中国家实行政府主导型经济发展战略的必然结果①。我国采取的是政府主导型经济发展模式，因此财政的地位无可替代。

（2）我国的市场经济具有一定的特殊性，即它建立在公有制基础之上，国有经济在宏观经济总量中占据主导地位。因此，政府调控经济的职责比西方市场经济国家要大得多，由此决定我国在向社会主义市场经济体制转轨的过程中，国家宏观调控的作用不仅不能被削弱，而且还需要被强化②。这就要求政府充分利用财政支出手段对经济活动进行干预。

（3）从当前和今后长时期看，我国在经济体制转变的同时，还承担着经济转型和结构调整的任务。而由于我国市场经济体制尚不健全，市场化程度不高，如果仅仅依靠市场机制是无法实现上述目标的。财政政策是政府宏观调节资源流量和流向、调整分配关系、保持经济稳定与增长的重要手段。因此，财政职能在政府宏观调控体系中，占有十分重要的地位。

（4）现阶段，我国市场经济发展程度较低，市场机制发挥作用的各项配套制度尚不健全。比如，我国的农村土地流转制度尚处于探讨和试验阶段，我国非公有制经济在总体地位上仍然无法和公有制经济对等竞争等。可以说我国市场经济仍然处于发育阶段，因此无法充分实现对资源的配置功能，很多方面依然需要依靠财政手段来调节，以达到稳定和发展经济的目的。

（5）我国现实社会中存在的收入分配差距过大问题、经济结构调整问题、

---

① 苏明. 财政政策与政府宏观调控［J］. 湖北财税，1999（18）：5.

② 同①6.

可持续发展问题以及市场经济本身所面临的“市场失灵”问题，均需要通过国家宏观调控和统筹来解决。财政政策本身是宏观调控的重要手段，在我国这种以公有制为主体的国家，其作用更应该被加强，目前的问题是如何使我国财政政策科学而有效地发挥作用，而绝不能是被削弱。

（6）我国二元经济结构特征明显。所谓二元经济结构，是指以边际劳动生产率较高而劳动力相对紧缺因而个人收入较高的工业经济为一元，以边际劳动生产率较低而劳动力非常充足因而个人收入很低的农业经济为另一元[①]。二元转化如果完全依靠市场调节可能是一个极其缓慢的过程，甚至还有可能使得二元经济结构的差距越拉越大。要改变上述现状必然要依靠强大和持续的财政投入和政策配套。

第三节　关于我国财政政策的调整方向

虽然现阶段我国财政政策的职能不应被弱化，但这并不代表我国现行财政政策不需要调整。笔者认为，我国财政政策未来调整的主要方面在于对经济干预对象的选择。众所周知，我国目前经济增长是典型的政府主导下的投资拉动型增长，这种增长模式虽然给中国经济带来了巨大的动力，但同时，其负面效应也同样存在。政府对经济的干预过于全面，使得在很多本来应该由市场来完成的领域，市场不能有效地发挥作用。今后我国财政政策的职能应该是推动政府主导的投资型向放权让利扶持市场机制型的转变，这就要求政府的财政支出重点应该在给予市场主体更多的利润和发展空间上。这样既能保证政府大规模刺激政策退出后经济能够培养出新的增长点，又能提升我国市场经济自身的生存能力。此外，政府直接投资退出后，可以为我国市场的发育提供广阔的空间，如何培育市场将是我国财政政策职能的重要组成部分。这也符合中央政治局会议提出的“宏观要稳、微观要活”的施政纲要。

---

① 邹东涛. 社会主义市场经济学［M］. 北京：人民出版社，2004：83.

第八章　金融脆弱性及其防范

金融脆弱性是指金融业由于其高负债经营的特性而具有的不稳定、易受破坏的本性。由于金融脆弱性是由金融业的自身特点决定的，因此中国的金融业也概莫能外。在经济转型的大背景下，中国金融的市场化和国际化程度将不断提高，这就对如何防范金融的脆弱性提出了新的挑战。

第一节　金融脆弱性概述

金融脆弱性是指金融体系在其运转过程中，风险逐步聚集从而形成的一种与稳定、不易受到破坏相对立的状态。金融脆弱性是由金融行业自身特点，即高负债经营所决定的。关于金融脆弱性的研究比较有代表性的研究范式有三种。

第一种是从企业的角度来研究金融脆弱性，以明斯基（H. Minsky）的金融脆弱性假说为代表。明斯基[①]认为，私人信用创造机构，特别是商业银行和其他相关贷款者，它们的内在特点迫使它们不得不经历周期性危机和破产浪潮，而它们的困境又被传递到经济体的各个组成部分，从而造成经济危机。明斯基将借款企业分为三类。第一类企业的预期收入不仅在总量上大于债务额，而且每一期的收入也大于到期该还的债务本息（最安全的借款人）。第二类企业预期收入在总量上大于债务额，但借款后的前一阶段收入只够付息，过了这一阶段，收入可以覆盖本息。问题是，前一阶段其收入不足以归还到期应付的债务本金，为了应付到期应还的本金，企业要么重组债务，要么变卖资产。由于市场条件可能发生变化，该企业将承担不确定性风险，财务状况有可能恶化。第三类企业的预期收入在总量上也大于债务额。但直到最后还款期的前一期，其每一期的收入仍无法覆盖贷款本息。这类企业比第二类企业承担了更大

① 黄达. 金融学［M］. 北京：中国人民大学出版社，2003：782.

的不确定性风险。在明斯基看来，在一个新的经济周期开始时，绝大多数融资的企业属于第一类企业。但随着经济的进一步繁荣，企业预期收入上升，纷纷扩大借款，第二类、第三类企业迅速增多，于是金融的脆弱性越来越严重。任何打断信贷资金进入生产部门的事件都将引起违约和破产，进而影响金融体系。然而，金融危机一次又一次地发生，难道银行家不能从中吸取教训吗？对此明斯基给出了两种解释：一是今天的贷款人忘记了过去的痛苦经历；二是出于竞争压力，为了挽留客户，贷款人被迫做出不审慎的决策。

第二种是以克瑞格（J. A. Kregel）[①] 为代表的安全边界推理，即从银行的角度来研究金融的脆弱性。克瑞格在研究金融脆弱性时引入了安全边界概念。所谓安全边界是指银行收取的利息之中包含必要风险报酬的边界，它能给银行提供一种保护。显然，无论是对于贷款人还是对于借款人，确定双方都可以接受的安全边界至关重要。然而，银行家对未来的把握并不比一般人好，决定是否贷款的主要参照指标仍然是借款人过去的信用记录。在经济繁荣时期，多数较高风险的项目不会出现违约，这就使得借款群体容易获得较好的信用记录，而根据信用记录来判断借款人违约风险的银行自然会降低相应的安全边界。对于借款企业来说过程也比较类似，在繁荣时期，证券投资收益超过预期的客观现实使得借款人对自己的投资信心越来越足。结果，借款人和银行家都变得很自信，相应的安全边界就会被逐渐降低。另外，由于整个市场的预期都趋于乐观，即便单个银行采取审慎的态度，其也会因为整个市场的乐观预期而被迫放弃审慎的态度，否则会被其他银行抢占市场份额，甚至破产。当经济现实偏离预期，就会引起借贷关系紧张，信贷规模开始收缩，资金链绷紧，进而引发危机。

第三种是以斯蒂格利茨为代表的信息不对称理论，即从借贷双方的角度来研究金融的脆弱性。斯蒂格利茨认为，金融机构作为零散储蓄者的受托人（代理人）来对不同借款人进行筛选和定价。但金融机构对借款人的筛选和监督也不能保证高效、低成本。因为借款人总是比金融机构更了解其项目的风险与收益的特征。一旦出现意外，储户信心被打击就会出现挤兑。也就是说，作为为解决信息不对称问题而存在的金融机构，仍然会由于信息不对称而难以解决资产选择和储户信心问题，从而造成金融脆弱性。

国内学者关于金融脆弱性的研究主要有：

---

① 黄达. 金融学［M］. 北京：中国人民大学出版社，2003：783-784.

巩云华、张若望（2009）[①] 将金融脆弱性的原因归为三个方面：①金融体系内在的不稳定，包括货币机制不稳定及金融系统特殊性产生的不稳定。②信息不对称的影响，包括货币市场信息不对称和资本市场信息不对称。③经济周期的作用结果。杜朝运、林智乐（2007）[②] 沿用国外关于金融脆弱性的理论认为，以银行为代表的金融中介机构正常营运需要满足两个前提，即储蓄者不能同时提现和银行能够有效地进行资金投放。但由于现实中广泛存在信息不对称，银行难以绝对满足这两个条件，由此产生了金融中介机构的内在脆弱性。此外，黄金老（2001）[③] 认为金融的脆弱性主要源于资产价格的波动性及波动的联动效应，而信息不对称对银行体系和金融市场的稳定性起着根源性作用。

从既有研究可以看出，虽然学术界对金融的脆弱性研究的视角有所不同，但关于金融脆弱性的形成机理学界还是比较一致地认为其主要是由金融自身特点造成的。既然金融脆弱性是金融的共性，那我国的金融机构也就必然也存在这一特性。但是，由于我国金融发展起步较晚，且我国的金融市场是在由计划经济转向市场经济的转轨经济中逐渐形成的，因此，我国金融的脆弱性必然带有一定特性。

第二节　中国的金融脆弱性的特征

根据共性和个性的原理，中国的金融脆弱性除了金融脆弱性的普遍原因外必然存在自身特有的形成机理。中国的金融脆弱性主要有三方面原因。

一、转轨经济必然造成金融脆弱性

笔者认为，必须在中国经济转型这个大背景下考察中国的金融脆弱性。众所周知，中国经历了计划经济向市场经济转型的过程，这使得中国的金融脆弱性带有明显的体制特征。这些特征包括：

（1）市场机制不健全与金融脆弱性。由于中国处于市场经济形成和发展阶段，市场机制还不健全，这导致金融市场的信息反馈不真实，或者信息缺失，金融管理上必然会带有强烈的行政色彩。加上我国政府主导的以投资依赖

① 巩云华，张若望．发展中国家的金融脆弱性及其防范［J］．国家行政学院学报，2009（6）：15-19.

② 杜朝运，林智乐．关于我国金融脆弱的若干分析［J］．上海经济研究，2007（2）：48-51.

③ 黄金老．论金融脆弱性［J］．金融研究，2001（3）：41-49.

为特点的经济增长方式，必然会影响金融的管理。实际上，我国金融的管理普遍存在为政府服务的情况，如银行机构在扩张时期加大信贷投放，而在紧缩阶段又大幅缩减信贷规模。这种管理模式使得金融机构主要为配合政府决策而行动，很少考虑市场本身的规则，而政府的决策一般来说缺乏理性，这就为中国金融脆弱性增加了复杂的因素。

（2）公司治理结构不完善、大陆法系制定法落后以及现实经济的必然性与金融脆弱性。我国国有资产管理中普遍存在所有者缺位现象，这使得国有银行的经营自主权往往脱离了实际所有者的控制。虽然我国企业表面上建立了现代企业制度，公司治理结构也通过《中华人民共和国公司法》得到确认。但是由于我国市场经济体制发展时间较短，没有形成相应事实上的配套约束机制，因此无论是国有金融机构还是股份制金融机构都存在着治理结构不完善的经营风险。此外，由于我国的法律体系属于成文法，法律规范必然滞后于现实发展，这就为金融监管提供了钻空子的机会。尤其是在全球金融一体化和金融创新日新月异的今天，成文法律规范在金融领域越来越显得滞后。

二、金融自由化加剧金融脆弱性

关于金融自由化引发金融脆弱性的研究始于 1985 年 Carlos Diaz Alejandro 的著名论文《送走了金融压制，迎来了金融危机》。国内外的相关研究表明，金融自由化在相当程度上激化了金融的脆弱性[①]。由于篇幅有限，本书在此不做一一列举。就中国而言，随着市场化程度的不断提高，金融的自由化趋势也越来越明显。中国金融自由化的中心是利率自由化，同时还包括混业经营和金融创新等方面。随着利率自由化程度的提高，利率水平的变动也越来越频繁，这无疑增加了金融企业的利率风险，众所周知，以银行为代表的中国金融机构长期在利率管制的状态下经营。而存贷利率点差是银行的主要利润来源。利率自由化程度提高导致利率波动加剧，这必然让银行难以在短时间内适应并学会较为准确地预测利率动向，进而改变经营策略。这就使得银行的经营风险增大。而银行作为现阶段中国货币的主要媒介，其经营风险必然传导至其他金融企业和实体企业，所以利率市场化会加重我国的金融脆弱。

金融自由化还体现在放松对金融机构业务范围的限制，使分业经营逐步转变为混业经营。银行业与证券业、保险业、房地产业以及其他实业之间的交叉，一方面提高了金融企业的实力，另一方面又会使脆弱性在不同行业之间的

---

① 黄达. 金融学 [M]. 北京：中国人民大学出版社，2003：786.

传递加快。繁荣时期，由于有银行业的大量资金支持，其他行业可以快速扩张；然而，一旦市场出现波动，资金链绷紧，那么前期的过分扩张必然会使资金更加短缺，这就加速了经营的恶化。加之我国金融体系尚未建立良好的内外部约束机制，监管机构监管水平和监管手段有待提高，因此混业经营将加剧我国的金融脆弱性。

金融自由化必然伴随着金融创新，尤其是金融衍生产品创新，金融创新集中了分散在社会经济中的各种风险。此外越来越多的金融衍生产品吸收了大量的社会流动性，使得货币需求的利率弹性下降，在预期悲观的情况下，这些流动性有可能会从金融领域释放出来，加剧货币政策效果的复杂性，使得部分货币政策工具因为金融创新而失灵，这些都削弱了中央银行的货币控制能力，进而引发宏观金融不稳定。

三、金融开放造成国内金融易受国际冲击

随着我国金融对外开放的步伐不断加快，国际资本的大量、快速流动是我们不得不面对的一个问题。现阶段我国对资本项目下的外汇进出仍保持着比较严格的限制，这使得国际资本流动的影响并不十分严重，但随着我国金融自由化程度的加深，国际资本流动将可能给我国带来较大的金融风险。由于我国金融体系成熟程度低，金融调控经验和心理承受能力都无法和发达国家的金融体系相比，这就导致资本自由流动所造成的冲击更加严重。

第三节　基于中国金融脆弱性的政策建议

一、减少政府干预，健全市场机制

中国以银行为代表的金融机构的经营决策受到太多外界尤其是政府的干预，有些甚至是行政命令式的“指导”。这使得中国的金融机构很难按照市场规律来进行决策和经营。这也导致了中国金融机构尤其是银行一直处于温室当中，缺乏忧患意识，更没有应对忧患的手段和经验。银行出现“钱荒”就是有力的佐证。由于市场缺乏流动性，商业银行普遍出现兑付困难，这本来就是商业银行自身经营上的失误，居然还将兑付困难的原因归为中央银行不救市。而新一届政府的经济政策也表明，中央将下决心理清政府和市场的关系。精心呵护商业银行多年的“央妈”将打破市场关于出现流动性紧缺时中央银行就会救市的惯性思维模式，从而让商业银行学会遵守市场规律。

二、完善金融企业公司治理结构

公司治理结构包括内部治理和外部监管。经过股份制改革，中国几乎全部大型商业银行都完成了股份制改革并成功上市。从机构设置、职权划分等方面看，商业银行现行治理结构都符合现代企业制度的要求。然而在现实中，这些企业的股东会、监事会往往是“聋人的耳朵”，仅仅是个摆设，这里面有产权制度存在缺陷的问题，也有政府行政干预的因素，但不管怎样，要使金融企业的公司治理结构完善，必须要形成配套的制度和体制，如经理人制度。我国银行业，尤其是国有商业银行的董事、经理大都由行政任命产生，很难体现市场调节的作用。这也导致以这种方式上台的董事、经理且不说其经营能力如何，至少很难独立地进行经营和决策。要改变这种局面，必须建立现代经理人制度，让中国的人力资源重新回到市场的轨道上来。

三、努力提高金融监管水平

由于我国处于发展中国家的现实情况短时间内不会改变，而金融自由和金融开放的步伐也不可能停止，因此加强监管即成为对抗我国金融脆弱性的关键。但这种监管必须建立在科学合理的基础上，绝不能因为监管而放弃金融自由和金融开放，这就对监管的水平提出了极高的要求。关于金融监管，主要需要完善两个方面：

（1）构建科学合理的金融风险预警机制。由于我国金融体系内部管理和外部监管制度都处于一个完善的过程中，因此金融风险预警机制的建立就显得尤为重要。要通过多种金融指标参数的设计来合理预警风险，包括巨额经常项目逆差、预算赤字、资本流入构成、利率水平、汇率水平、利率波动、汇率波动等。这一工作量十分巨大且技术含量高，需要国家集中人力物力攻坚克难，这关系到中国金融安全甚至国家安全。这一预警体系的建立和运用可以提高我国应对金融冲击和金融危机的能力。

（2）加强金融机构监管力度。目前我国金融监管的模式主要是发现问题后集中整治，再出台相应政策规范，监管效率较低。我国应当逐步提高金融监管的预见性。这就要求金融监管机构深入金融一线调查了解金融市场和金融产品。此外，由于我国成文法法律体系的制约，加强金融立法、及时填补法律和监管的空白成为我国金融监管的重点。

四、加强国际金融的交流与合作

学习西方发达国家的金融体系运作理念和手段是提高我国金融体系整体水

平的有效途径。此外，在金融开放步伐不断加快的今天，国际金融合作也是提高金融稳定性的重要手段，毕竟在开放经济条件下，单靠国内努力是很难有效降低一国金融脆弱性的。

第九章　汇率波动对我国进出口贸易的影响

中国经济转型的一个重要目标是要扩大内需。这一目标的现实意义在于，改革开放以来，我国外向型经济发展模式容易受到国际经济环境和外贸环境两方面的制约。其中人民币升值压力过大就是上述矛盾的集中体现。人民币升值对于我国出口影响巨大。一旦我国出口受限，那么本国的产能将难以在国内消化，这必然造成经济的不稳定。由于经济转型无法在一夜之间完成，所以外汇汇率对我国出口的影响究竟如何将直接影响我国的宏观经济政策。本章将对我国 2009 年 1 月至 2012 年 12 月进出口额和实际有效汇率指数的月度数据进行实证分析，并根据实证分析的结果提出相应的对策和建议。

第一节　概论

汇率作为对外贸易理论的重要内容和调整对外经贸关系的重要工具，其向来被理论界和政府所重视。一般理论认为，汇率的变动会通过影响进出口商品价格而使进出口数量发生变化，从而改变贸易收支条件。如果本币升值，就会提高本国出口商品的价格，降低本国出口商品的国际竞争力，反之则会提高本国出口商品的竞争力，促进本国出口。凯恩斯在《就业、利息和货币通论》中就强调了汇率改善贸易收支的重要性。伊藤隆敏等的研究认为实际汇率是决定进出口的关键因素之一。Maurice Obstfeld（2002）通过研究认为，汇率对双边贸易的影响很重要。Valerie Cerrah 通过对中国改革开放以来的贸易与汇率关系的研究，发现中国的进出口对实际有效汇率的反应变得富有弹性。

就国内学者的研究而言，早期主要通过贸易条件来探讨汇率的影响。厉以宁（1993）认为，中国进出口弹性不足，本币贬值不但不能改善收支，而且会恶化出口贸易；戴祖祥（1997）认为我国的进出口价格弹性大于 1，人民币贬值可以改善贸易收支；童家栋则认为本币贬值既能鼓励出口，同时也会增大出口受阻的威胁。谢建国和陈漓高（2002）认为，人民币汇率变动对贸易收支影响很小；沈国兵、任兆璋（2005）分别对中美贸易与汇率关系进行了实证分析后认为，汇率变动和贸易不存在长期稳定的均衡关系；许和连、赖明勇则认为我国的制成品贸易与实际有效汇率之间存在长期稳定的均衡关系。

蔡强、李艳、何建军在《中美汇率波动对中国分类进出口产品的影响》中认为，汇率波动对不同类别的产品影响是不相同的，不能一概而论。一国实际汇率水平与贸易收支的关系并不确定。王磊、曹显兵在《人民币汇率对我国进出口的影响研究》中认为，人民币升值对我国进出口没有造成显著影响。姜星、邢曙光、杨胜刚在《汇率波动对我国进出口影响的门限效应》中运用Hansen的门限面板模型对我国主要贸易伙伴的年度数据进行了实证研究，认为在不同的汇率区间，马歇尔-勒纳条件均不成立，不存在门限效应；在不同的汇率波动幅度下，马歇尔-勒纳条件成立情况不同，存在门限效应。毕玉江在《实际有效汇率对我国商品进出口的影响——基于标准国际贸易分类的实证检验》中认为，我国商品出口受世界需求水平的影响较大，对实际汇率的弹性存在较大差异。我国商品进口受我国经济发展水平影响较大，对实际汇率变动的反映与理论预测并不完全一致。徐明东在《人民币实际汇率变动对我国进出口贸易影响：1997—2006》中认为，人民币实际有效汇率的变动显著影响了我国贸易收支，汇率变动对进出口贸易影响的同向性明显。杜江、潘滢在《贸易环境对我国出口影响的实证分析》中，通过对汇率和出口的关系进行实证分析并在对出口产品种类细化后研究认为，实际有效汇率的上升（人民币贬值）对我国一般贸易出口、加工贸易出口和制成品出口具有正面作用。可见我国学者对汇率与进出口之间关系的研究结论尚不统一，这主要是由于学者们采用的研究方法和构建的模型不尽相同，此外由于我国尚没有建立科学、可靠的统计数据库，学者们用于研究的数据来源也不尽相同，这也可能造成结果上的迥异。

自从2005年中国人民银行提出完善人民币汇率形成机制的改革意见以来，以市场供求为基础、参考一篮子货币进行调节、有管理的浮动汇率制度开始逐步建立。这就意味着我国的汇率波动将比原来要大。随着全球经济一体化进程的深入，我国经济对世界经济的依赖程度也越来越深，其中进出口贸易对我国国内经济有着举足轻重的影响。目前世界主要经济体对人民币升值的压力也越来越大，我国政府亦将汇率作为调控经济尤其是进出口贸易的主要手段，因此汇率波动对我国进出口贸易的影响就显得尤为重要。本章将通过实证分析的方法，对我国2009年1月至2012年12月的汇率和进出口额的月度数据进行分析，从而找出汇率波动对我国进出口贸易的客观影响，进而为我国经济转型时期的外贸政策提供参考依据。

第二节　汇率波动对我国进出口贸易的影响的实证分析

一、变量的设定

影响我国进出口贸易的因素较多，根据相关理论，影响进出口额的主要因素是价格。进出口商品的价格直接影响了我国的进出口额，进出口数量随着进出口商品价格的上涨而下降，随着价格下跌而上升。度量进出口商品价格最常用的指标是汇率。笔者认为，单一的汇率指标由于其本身的局限性很难真实地反映进出口商品的实际价格波动，而实际有效汇率指数相较于汇率来说更有说服力。因为实际有效汇率不仅考虑了一国的主要贸易伙伴国货币的变动，而且剔除了通货膨胀因素，能够更加真实地反映一国货币的对外价值。当一国的实际有效汇率指数下降时，意味着该国货币的贬值幅度较之其主要贸易伙伴国货币贬值的幅度更大，该国商品的国际竞争能力相对提高，有利于出口而不利于进口，贸易收支容易出现顺差，反之则相反。本书采用人民币实际有效汇率指数作为度量我国汇率波动的指标。实际有效汇率指数相对于名义汇率而言具有以下两方面的优势：一是名义汇率的变动并不一定引起实际汇率的同方向变动，而实际汇率变动才是引起经济变量变动的主要原因。二是人民币实际有效汇率的数据来源于国际清算银行（BIS），具有一定的权威性。

二、模型的设定及参数的含义

本书选取实际有效汇率指数作为影响进出口额的主要因素。为了分别确立实际有效汇率指数对进出口额的影响，同时为了消除或降低异方差，各变量都取对数值，将模型设定为：

$$\ln ex_i=\beta_0+\beta_1\ln r_t+e_i \tag{9-1}$$

$$\ln im_i=\beta_2+\beta_3\ln r_t+e_i \tag{9-2}$$

其中 ex_i表示贸易出口总额、im_i表示贸易进口总额，β_1和β_3分别表示出口和进口对于实际有效汇率指数的弹性。

本书选取2009年1月至2012年12月我国进出口额和当期的实际有效汇率指数，其中进出口额数据来源于商务部网站，实际有效汇率指数来源于国际清算银行。

三、实证分析与检验

（1）平稳性检验

为了检验我国进出口贸易、实际有效汇率指数之间是否存在长期稳定的均衡关系，防止伪回归现象的发生，首先要对每个变量进行平稳性检验，笔者采用 ADF 单位根检验方法，其平稳性检验结果如表 9-1 所示。

表 9-1　平稳性检验结果

变量	ADF 统计量	ADF 临界值			是否平稳
		1%	5%	10%	
ln*ex*	-4.873 99	-4.165 76	-3.508 51	-3.508 51	平稳*
lnim	-3.463 58	-3.588 51	-3.588 51	-3.588 51	平稳**
ln*r*	-3.924 92	-4.170 58	-3.510 74	-3.510 74	平稳**

注：* 表示显著水平为 1%，** 表示显著水平为 5%，*** 表示显著水平为 10%；检验结果由 Eviews5.0 计算而来。

从表 9-1 的检验结果可以看出，所有变量都是平稳序列。对于平稳序列可以直接应用普通最小二乘法对模型进行回归，得到的方程不存在伪回归，是真实的方程，不需要进行协整检验（杜江 等，2006）。

（2）实证分析结果

运用 Eviews 5.0 对设定模型进行估计得到回归结果如下：

$$\text{lnex} = -3.382\,405 + 2.287\,022\ln r \qquad (9\text{-}3)$$

$$t = -0.847\,18 \qquad 2.654\,286$$

$$R^2 = 0.132\,816$$

$$\text{lnim} = -3.660\,132 + 2.319\,654\ln r \qquad (9\text{-}4)$$

$$t = -0.834\,152 \qquad 2.449\,620$$

$$R^2 = 0.115\,395$$

第三节　结论和解释

由以上分析可得出，人民币实际有效汇率指数对我国出口和进口总额有一定实际影响。其中人民币实际有效汇率指数每上升 1%，我国出口额将上升 2.29%，而进口额将增加 2.32%。此外，由于上述两个方程的 R^2 分别约为

0.13 和 0.12，说明模型的拟合优度不高。就出口而言，模型的结果与传统价格理论不符。因为，模型中 ln*r* 代表实际有效汇率指数。实际有效汇率指数上升代表本国货币相对价值的上升，从而造成我国产品的相对价格提高，理论上会导致出口的减少。由本书所选取的数据来看，我国实际有效汇率从 2009 年以后具有明显的上升趋势，而同时期我国出口额虽然有几次波动，但依然有明显的上升趋势。笔者分析，造成这种现象的主要原因是在上述时期内，促进我国出口增长的其他因素效果较强，从而抵消了实际有效汇率上升而带来的出口下降的影响。就实际有效汇率指数与我国进口额的模型来看，虽然模型的拟合优度不高，但基本符合了价格降低、需求增加的理论。根据模型结果：无论是从进口还是从出口与实际有效汇率的关系来看，实际有效汇率指数的影响都比较有限。结合我国实际做出以下分析和解释：

首先，本书研究的重点是实际有效汇率指数的波动对我国进出口的影响，研究本身并没有包含汇率波动频率对进出口的影响。因为，如果汇率波动过于频繁，交易个体在无法预计汇率波动带来的影响的情况下，为了规避风险将减少交易，尤其是在我国推行汇率改革的背景下，人民币的汇率较以往波动的幅度更大，这对我国进出口贸易均造成一定的影响，加上国际金融危机的影响进一步增大了实际有效汇率的波动，而本书模型中并未将汇率波动频率作为解释变量，因此模型的解释程度偏低。

其次，我国的对外贸易是典型的政策主导型。政策对我国进出口贸易的影响深远。如我国的出口退税政策就是一项我国惯用的鼓励出口的政策。虽然随着我国加入世界贸易组织（WTO）和实施汇率改革后取消了部分出口退税的商品，同时下调了部分商品的出口退税率，但由于我国的国际分工依然处于较为不利的地位，出口商品的附加值和技术含量均不高，加之出口又是拉动我国经济的重要增长点，因此我国也不能完全放弃政策因素对进出口的影响，部分政策虽然取消但仍然在暗中变相执行。这也对本书模型的估计产生了不利影响。

最后，本书选取的样本数量有限，加之本书所搜集的数据均非第一手数据，因此也难以避免数据本身与真实值存在偏差的问题。

第四节　研究的启示和政策建议

笔者通过实证分析得出的结果显示：实际有效汇率指数的波动对我国进出口总量具有一定程度的影响，但影响程度不大，其影响结果也由于其他因素的干扰而产生不确定性。基于以上研究结论，为保持我国经济的稳定增长和对外贸易的持续发展，本书提出如下政策建议：

1. 加快我国产业结构调整和出口结构调整

由于我国目前出口产品多为劳动密集型产品，国际竞争力较低，价格敏感度较高，因此价格波动对我国出口额的影响较大，此类产品对实际有效汇率的敏感度较高。因此将来要积极促进我国的产业结构的转变，走技术创新的道路，加大资本投入和技术创新，提高产品的附加值，变中国制造为中国创造，才能使我国在对外贸易中处于有利地位。

2. 加快进口商品关税的改革，通过建立合理的税收制度来引导进口

随着我国经济的飞速发展，我国国民收入增加得也较快。由于我国商品在品牌知名度和质量等方面与国际著名品牌存在一定的差距，因此富裕的人往往希望通过购买进口商品来提升生活品质。由于我国宏观经济政策选择倾向于保护国内产业，因此我国进口商品的关税往往较高，这抑制了我国进口额的增长。然而，随着我国经济与世界经济的不断融合以及贸易保护政策易遭受国际舆论的诟病等原因，我国应该采取细分进口商品种类进而进一步差异化关税额的方法来向世界扩大中国市场，当然这种扩大必然是选择性的，这样不仅能够通过进口商品的丰富来满足我国消费者的需求，也能够通过引入竞争来迫使我国产业结构升级，同时还能为我国出口提供积极帮助。

3. 始终以维持汇率稳定为主要调控目标

通过上述分析可以看出，汇率的波动对我国出口和进口均有一定影响，但影响并不强烈，因此通过汇率来调整我国进出口额的手段效果有限。然而汇率的大幅波动却会加大进出口贸易的不确定性，因此必然导致经济个体为规避风险而选择减少相关的进出口贸易，进而造成我国进出口额的非规律性波动，提高我国整体经济的不确定性。

4. 加强本国经济的建设，不断促进我国经济质的提升和量的增长

通过前文的实证分析可以看出，汇率对我国进出口额的影响并不明显，而笔者认为，只有我国商品国际竞争力不断提升才能从根本上确立世界对我国产品的需求，同时，我国经济发展水平的提高必然会使我国居民收入提高，进而促进我国进口额的增加。因此，现阶段我国应当通过努力提高本国经济自身的质和量，才能在国际竞争中逐步占据有利地位。

5. 应谨慎面对人民币持续升值问题

中国是一个外向型经济体，出口在中国经济中占有很大比例，虽然本书的实证研究表明汇率变化对我国进出口的影响并不显著，但人民币持续升值已经

给我国相当部分产品的出口造成了一定的压力，企业面临的汇率风险增大。人民币快速大幅升值最终可能引发我国的贸易结构改变，进而影响我国经济的整体发展。

下篇（“三农”篇）

第十章　农业规模经营的必要性

第一节　关于农业规模经营的理论探讨

一、农业规模扩大的内在逻辑

从世界范围来看，农业现代化发展是伴随着农业规模扩大的趋势的。正如陈丹等（2008）[①] 所指出的，世界各国农地制度变迁大多经历了两个阶段，即耕者有其田阶段和农地规模经营阶段。在第一阶段，土地制度改革的任务是平均地权，将土地进行均分化，形成一个广泛的小自耕农阶层；小自耕农制度的建立缓和了农村阶级对立，改善了农户的经济状况。但经济发展到一定阶段，各国都普遍经历了一个农地规模扩大的过程。显然，农业规模扩大有其自身内在的逻辑，所以农业规模才在世界范围内呈现出扩大的趋势。

（一）农业规模扩大是农业竞争力提高的内在要求

农业作为一个产业，其运营过程中自然要耗费各种生产要素，包括劳动力、资本、技术等。在市场经济条件下，要素在各个产业间流动相对容易，从而形成了产业间的竞争。农业要在与工商业、服务业等产业的竞争中获得要素投入就必须不断提高自身的竞争力，否则要素将会从农业流出而进入其他产业。规模的扩大有利于农业的竞争力的提高。正如周应恒、胡凌啸等（2015）[②] 所指出的，近年来我国农产品生产成本攀升，国际竞争力下降，政府部门因地制宜、因时制宜地推进适度规模经营，希望通过扩大规模来提高产

---

① 陈丹，唐茂化．国外农地规模经营的基本经验及其借鉴［J］．国家行政学院学报，2008（4）：106-109.

② 周应恒，胡凌啸，严斌剑．农业经营主体和经营规模演化的国际经验分析［J］．中国农村经济，2015（9）：80-95.

品竞争力。国内外不少研究的结论都支持了这一观点，例如，胡初枝和黄贤金(2007)① 以对江苏省铜山县（今铜山区）104户农户的调查为例，分析了农户土地经营规模与农业生产绩效之间的关系，发现土地经营规模的扩大能实现土地与资金、土地与劳动力的优化配置，并带来全要素的节约，提高农业生产绩效。而张晓恒、周应恒（2018)② 也提出，我国粮食进口量和库存量同时增加，国内粮食被迫进入仓库造成库存“堰塞湖”的主要原因是我国粮食缺乏竞争力。农业竞争力的提升主要体现在生产成本的降低和规模经济的获得。从生产成本来看，很多研究认为农户的成本曲线呈现“L”形特征，包括Sumner(2014)③、Alvarez等（2003)④ 以及Bruce F. Hall等（1978)⑤ 等，这意味着小规模农户扩大规模能获得规模经济。而规模经济产生的原因可以进一步概括为内部和外部两个方面：内部规模经济的产生主要是由于农业生产中生产要素投入同比例变化、经营土地面积扩大和零散土地整理三种情况（张晓恒 等，2018)⑥；外部规模经济主要是由直接生产过程之外的公共设施、市场集聚、产业关联等规模变动的效益流入情况所带来的（许庆 等，2011)⑦、(蔡昉 等，1990)⑧。

（二）农业规模扩大有利于提高农民务农收入

当前，农民仍然是农业经营的主体，如果农民务农收入无法随着经济发展水平的提升而提高，那么农业的弱质化、边缘化将难以避免。正如何秀荣(2009)⑨ 所指出的，如果农场规模远在现代生产力水平所要求的底线之下，那么，以其为基础的科技应用、市场准入、维生收入、从农热情等都日益变得

---

① 胡初枝，黄贤金. 农户土地经营规模对农业生产绩效的影响分析：基于江苏省铜山县的分析［J］. 农业技术经济，2007（6）：81-84.

② 张晓恒，周应恒. 经营规模决定因素及其对农业生产的影响：一个文献综述［J］. 新疆农垦经济，2018（5）：83-92.

③ DANIEL S A. American Farms Keep Growing：Size，Productivity，and Policy［J］. Journal of Economic Perspectives，2014，28（1）：147-166.

④ ALVAREZ A，CARLOS A. Diseconomies of Size with Fixed Managerial Ability［J］. American Journal of Agricultural Economics，2003，85（1）：134-142.

⑤ HALL B F，LEVEEN E P. Farm Size and Economic Efficiency：The Case of California［J］. American Journal of Agricultural Economics，1978，60（4）：589-600.

⑥ 同②.

⑦ 许庆，尹荣梁，章辉. 规模经济、规模报酬与农业适度规模经营：基于我国粮食生产的实证研究［J］. 经济研究，2011，46（3）：59-71，94.

⑧ 蔡昉，李周. 我国农业中规模经济的存在和利用［J］. 当代经济科学，1990（2）：25-34.

⑨ 何秀荣. 公司农场：中国农业微观组织的未来选择？［J］. 中国农村经济，2009（11）：4-16.

难以为继了，现代农业也就因此成为一个可求不可得的奢望。随着市场化和全球经济一体化的加深，国内农产品市场价格不断下降，单位土地创造财富的能力也呈现下降的趋势。如果不能维持农业中各要素投入的比较收益，农业生产要素必然外流至其他比较收益更高的产业，尤其是农业生产要素中灵活性最大的劳动力，如此一来农业就只能被边缘化。类似地，倪国华、蔡昉（2015）①也指出，之所以在单位面积产量下降的情况下土地经营规模还是不断集中，是因为随着工业化和城镇化的逐步深入，在土地、劳动力和资本三要素的流动壁垒消除的情况下，必须增加农业劳动的回报率，才能够确保农业作为一个产业的存在。

实际上，当前中国农村大面积土地撂荒的现象正是这一逻辑在现实中的演化。根据《中国农村统计年鉴》的数据，2015 年我国农村居民可支配收入为 10 488.9 元，其中第一产业净收入为 2 998.6 元，占比为 28.6%。而同年我国农村居民消费支出为 8 382.6 元。第一产业净收入为农村居民消费支出的 35.8%。由此可以看出，如果没有其他收入来源，依靠现有的务农收入水平是不可能维持农村居民现有生活水平的，即便农村居民现有生活水平并不高。然而，由于国际粮食价格不断降低以及中国农产品市场化程度的不断加深，通过适当提高粮食价格的手段已经难以奏效。显然，扩大农户的经营规模从而提高农民务农收入不仅是可行的办法，同时也是农业内在逻辑的必然驱动，正如何秀荣（2016）② 所指出的，农民关注的是务农的最大净收入，因此农场规模应该是动态的，其基本衡量准则应该是具有与离农经营者可比较的务农收入，这也是欧美农场规模一直扩大的原因之一。

（三）农业规模扩大有利于提高农产品质量和国家粮食安全保障能力

习近平总书记在参加十二届全国人大五次会议四川代表团的审议时指出，我国农业农村发展已进入新的历史阶段，农业的主要矛盾由总量不足转变为结构性矛盾，矛盾的主要方面在供给侧；并提出在深入推进农业供给侧结构性改革时要围绕“需求导向”和“供给质量”这两个关键点，可见提高农产品质量已经成为我国农业发展的这一阶段的内在要求。农产品质量和粮食安全实际上是同一个问题的不同方面，国家主要从宏观层面关注粮食安全，这当中除了供给数量以外当然还包括供给的质量；而农产品的供给方和需求方在微观层面也会关注农产品的质量，一方面农产品质量影响其市场竞争力，另一方面农产

① 倪国华，蔡昉. 农户究竟需要多大的农地经营规模?：农地经营规模决策图谱研究［J］. 经济研究，2015，50（3）：159-171.

② 何秀荣. 关于我国农业经营规模的思考［J］. 农业经济问题，2016，37（9）：4-15.

品质量关系着老百姓“菜篮子”的安全，是人民的基本需求之一。

而农业经营规模主要在以下方面影响农产品质量进而影响国家粮食安全：

首先，分散经营的小农户难以在农产品质量上达到相对的标准化。其次，分散经营的小农户使得农产品质量追溯机制的运行成本畸高，造成农产品质量追溯在事实上的不可能，这就使得农产品质量甚至国家粮食安全丧失一道防范机制。再次，分散细小的农业经营规模导致务农收益的重要性不高，因此务农人员在劳作时自然不可能把质量作为考察的重点，往往是如何省事就如何操作，这也是当前我国农业经营中化肥、农药使用量过高，农膜滥用，农业生产污染严重的一个原因。最后，农业规模的分散细小导致国家助农、扶农的各项政策在微观层面无法实现其政策目的。以粮食补贴为例，国家为了鼓励、引导农民进行粮食生产，引入了粮食补贴制度，按照播种面积进行补贴核算，每亩（1 亩≈666.67 平方米）补贴200~300 元。然而由于我国农业经营普遍建立在分散、细碎的土地上，至 2007 年年底，我国农户平均拥有耕地面积 7.4 亩①，户均补贴 2 000 元左右，不及农村劳动力进城务工一个月的收入，难以起到对农户行为的引导和鼓励作用。将这一机理推而广之，农业技术、环保政策亦难以在农业经营中得到普遍推广，这显然不利于国家粮食安全保障能力和农产品质量的提高，降低了农产品的市场竞争力。正如何秀荣（2016）② 所指出的，现代农业作业规程化和产品标准化在千家万户的小农基础上很难实现，政府监管也很困难；此外，政府针对农业的补贴在面对千家万户的小农时效果也大打折扣，一方面补贴发放要耗费巨大的行政资源，另一方面户均补贴金额太小，难以起到刺激、引导等政策作用。而要扭转这一局面，从根本上改变农业经营建立在分散、细碎的地块上是必要的前提。

（四）农业规模扩大有利于农业技术的进步

农业规模扩大的另一个内在动因是满足农业技术进步的需要。实际上一切有利于农业经营的行为都需要一个值得投入的价值底线，农业技术的应用也不能例外，农业规模过小使得农业技术的应用落在了这个价值底线之下，从而阻碍了农业技术的进步③。Fan 和 Chan-Kang（2005）④ 指出，在很多亚洲国家，小规模农户很难获得贷款和技术服务，这表明农业技术的运用需要一定的经营

---

① 数据来源：农业部农村固定观察点办公室。

② 何秀荣. 关于我国农业经营规模的思考［J］. 农业经济问题，2016，37（9）：4-15.

③ 同②.

④ FAN S, CONNIE C K. Is Small Beautiful? Farm Size, Productivity, and Poverty in Asian Agriculture［J］. Agricultural Economics, 2005, 32（S1）：135-146.

规模作为基础。类似地，Rasmussen（2012）[①] 也指出技术发展与创新可能以提高成本效率或者增加产量的形式带来成本优势，但新技术一般以支持大规模企业或农户为主，这也从侧面反映出了农业技术进步对农业经营规模的内在需要。而农业技术进步本身又是农业效率提高和农业与工商业竞争的内在需要。

二、中国农地规模扩大的目标价值选择

农业经营规模在不同的语境下有着不同的含义。在传统农业中，由于同一区域内的农业生产在技术水平、土地肥力、劳动力农业技能熟练程度等方面趋同，因此这种情况下农业经营规模主要体现在经营主体所经营的土地规模上，所以这时土地规模的大小就是农业经营规模大小的指示指标。随着资本主义的兴起以及工业革命的发生，资本与技术在农业生产中所发挥的作用越来越突出，而土地要素的作用相对变小，这样如果仅仅依靠土地规模来指示农业经营规模显然就可能存在一定的片面性，这时通过产出量来衡量农业经营的规模是相对合理的。随着市场经济的发展以及全球一体化进程的加深，农业生产受市场规律的影响逐渐加重，因此单一的产量指标对于农业经营规模的衡量就无法完全表达其规模在数量方面的规定性，这时发达国家逐渐开始采用投入（农地规模）和产出（销售额规模）两个指标来衡量农业经营的规模[②]。当前，在讨论中国农业经营规模时，主要还是以农地规模为指代指标，这体现了中国农业具有传统农业的特征（何秀荣，2016）[③]，也符合当前中国农业发展阶段的客观现实。因此，本书在没有特别说明的情况下并不刻意区分农业经营规模和农地规模这两个概念，并将农地规模视为农业经营规模。

前文讨论了农业经营规模扩大的内在激励和动因以及农业经营规模扩大对于农业、农民的益处，农业经营规模的扩大在中国农业发展的现状下就是指农地规模的扩大。有别于企业规模的扩大，农业经营规模尤其是农地规模的扩大难以通过市场自发的调节来完成。这就必然需要政府通过政策、行政手段等来予以推动，所以现实中在对待农地规模扩大这一问题上，虽然各方目标较为趋同，但在价值选择上存在差异，而不同的价值趋向必然会影响政策的方向和力度，因此有必要对农地规模扩大过程中各方的目标价值选择进行一个简略的梳理。

---

① Rasmussen S. Production Economics, the Basic Theory of Production Optimisation [M]. Berlin: Springer, 2012.

② 何秀荣. 关于我国农业经营规模的思考 [J]. 农业经济问题, 2016, 37 (9): 4-15.

③ 同②.

实际上关于农地规模扩大的目标选择的问题长期以来一直存在一定的争议。由于在农地规模扩大之于农业经营效率提高的作用上学术界和决策部门早已达成了一定程度的共识，而农业经营效率的提高必然关系到土地产出和农民增收等方面的问题。所以农地规模扩大的目标价值到底是粮食产量的提高还是农民收入的增长抑或两者兼有？显然，这个问题关系到农业适度规模经营的发展方向，而这又是一个迄今仍含混不清的问题（农业部农村改革试验区办公室，1994）①。

中国农业科学院（1989）② 提出，适度规模指在既定生产力水平下，能够充分发挥劳动力和其他生产要素作用的土地经营面积；最低限度要使从事较大规模经营的人，从所种土地中能获得高于从事其他产业所获得的平均收入，最高限度不要超出其耕作能力。阮文彪（1992）③、杨雍哲（1995）④ 认为应以追求土地产出率为基本目标。此外也有学者认为要以提高劳动生产率和土地生产率为目标（邵晓梅，2004）⑤。郭剑雄（1996）⑥ 提出了农业规模经营的三大目标：其一是实现农户收入增长；其二是提高农业机械化装备程度；其三是提高农户粮食生产商品化率。由此可见，国内理论界对于适度规模经营的目标及评价标准进行了大量研究，但未取得一致意见（许庆 等，2010）⑦。而对农地规模经营效率的评价在很大程度上要取决于目标和评价标准的选择（王昉，2003）⑧。讨论问题的出发点往往决定了价值选择的取向，这也体现了对于农地经营规模扩大这一问题不同主体的不同价值考量，甚至是价值冲突。正如何秀荣（2016）⑨ 所指出的，理论上可以列出数十个决定“适度”规模的因素，但事实上，不同时期、不同地区的决定因素往往没有几个，并且决定因素是遵循“木桶原则”的。对适度规模的理解一般有两个角度：①技术视角的适度

① 农业部农村改革试验区办公室. 从小规模均田制走向适度规模经营：全国农村改革试验区土地适度规模经营阶段性试验研究报告［J］. 中国农村经济，1994（12）：3-10.

② 中国农业科学院. 农业适度规模经营问题［M］. 北京：农业出版社，1989：15-16.

③ 阮文彪. 论中国农业规模经济中几个问题［J］. 农业现代化研究，1992（5）：278-281.

④ 杨雍哲. 规模经营的关键在于把握条件和提高经营效益［J］. 农业经济问题，1995（5）：15-18.

⑤ 邵晓梅. 鲁西北地区农户家庭农地规模经营行为分析［J］. 中国人口·资源与环境，2004（6）：122-127.

⑥ 郭剑雄. 农地规模经营三大目标的背后［J］. 经济理论与经济管理，1996，(4)：76 - 79.

⑦ 许庆，尹荣梁. 中国农地适度规模经营问题研究综述［J］. 中国土地科学，2010，24（4）：75-81.

⑧ 王昉. 农村土地规模经营：目标与评价［J］. 农业经济，2003（1）：2-4.

⑨ 何秀荣. 关于我国农业经营规模的思考［J］. 农业经济问题，2016，37（9）：4-15.

规模，以求取最佳技术效率为目标，比如一台55马力的拖拉机所匹配的适度耕地规模，这种“适度”是可以用技术参数来客观计量和评价的；②经济视角的适度规模，以求取最大经济收益或最佳经济效率为目标。而不同利益相关者对适度规模的判断会不同，农民、政府或独立研究者关注的目标时常不一致。类似地，彭克强（2009）[①] 也指出，长期以来，粮食生产的比较效益低下，粮食增产与农民增收目标未必一致。

本书认为，虽然再丰富的理论探讨也不能消除农地规模扩大在目标价值选择上的主观性，正如郑少锋（1998）[②] 所指出的，由于土地经营规模是否适度是针对一定的评价目标而言的，不同的目标就会出现不同的判断依据，从而也会有不同的土地经营适度规模，但这并不妨碍经济个体在具体决策中遵循客观经济规律。如果将视角集中到具体的农业经营个体的角度，那么问题的答案似乎就比较清晰了。显然，推动农业、农村发展的主体只能是农民，因此基于农户（农业经营者）的视角进行政策制定时的价值选择更具有合理性和可行性。那么农户（农业经营者）的价值取向是什么呢？或者说微观个体参与经济活动的目标是什么呢？可以简单地概括为追求自身利益的最大化。原因很简单，作为商品经济的细胞的农户（农业经营者）必然会受到商品生产的基本规律——价值规律的支配，其如何看待土地这个问题，与其说他考虑的是保障就业，不如说他盘算的是收益[③]。正如李文明、罗丹、陈洁等（2015）[④] 所指出的，农户扩大经营规模的动力源于能获得更多的生产性纯收入，既不是单纯为了提高粮食单产，也不是一味追求单位产品成本的降低。类似地，刘凤芹（2011）[⑤] 提出，确定土地规模的标准之一是农业生产的机会成本，即对于农民来说，如果经营农业生产的机会成本与从事他业劳动的机会成本一样，那么该经营规模是有效率的。许庆、尹荣梁等（2011）[⑥] 也认为对农户而言，扩大经营规模并不只是为了降低单位农产品的生产成本或是增加农产品产量，增加

---

① 彭克强．中国粮食生产收益及其影响因素的协整分析：以1984—2007年稻谷、小麦、玉米为例［J］．中国农村经济，2009（6）：13-26.

② 郑少锋．土地规模经营适度的研究［J］．农业经济问题，1998（11）：9-13.

③ 陈永正．论农村问题［M］．北京：中国农业出版社，2006：187.

④ 李文明，罗丹，陈洁，等．农业适度规模经营：规模效益、产出水平与生产成本：基于1552个水稻种植户的调查数据［J］．中国农村经济，2015（3）：4-17，43.

⑤ 刘凤芹．农地规模的效率界定［J］．财经问题研究，2011（7）：109-116.

⑥ 许庆，尹荣梁，章辉．规模经济、规模报酬与农业适度规模经营：基于我国粮食生产的实证研究［J］．经济研究，2011，46（3）：59-71，94.

经营的收益才是最终目的。倪国华、蔡昉（2015）[①] 用理性经济人假设分析农户行为，指出在要素市场和产品市场都充分发育的情况下，农户作为理性经济人，其追求的目标是以货币衡量的收入最大化。也有学者对于现实中目标价值冲突时农户的决策过程进行了分析，例如，朱希刚、钱伟曾（1989）[②] 的研究就指出，如果单位产品成本没有降低，甚至有所提高，但总的纯收益增加了，农民还是愿意继续扩大规模的。而倪国华、蔡昉（2015）[③] 在实证分析农户最优规模选择时，也指出了在单产下降的情况下土地经营规模还是不断集中的原因，即在土地、劳动力和资本三要素的流动壁垒逐渐消除的情况下，必须增加农业劳动的回报率，才能够确保农业作为一个产业的存在，而要增加农业劳动力回报率则需要不断增加土地和资本两种要素的投入量。可见，对于农地规模的扩大，首先应当考虑农户（农业经营者）的价值取向，而这也是中央在制定农业适度规模经营时的主要政策考量。2014 年 11 月，中共中央办公厅、国务院办公厅印发的《关于引导农村土地经营权有序流转发展农业适度规模经营的意见》提出："现阶段，对土地经营规模相当于当地户均承包地面积 10 至 15 倍、务农收入相当于当地二三产业务工收入的，应当给予重点扶持。"这表明，国家在制定相关政策时也是以农户收入为主要指标来设计的。

三、农地规模是否越大越好?

刘凤芹（2011）[④] 指出，按照斯蒂格勒的市场生存检验法，一种有效的生产组织形式或经营规模是由市场决定的，而存在于市场的经济组织形式是多样化的，经营规模是不等的。这说明，无论是从理论上还是从实践上，均不能确定土地规模经营的界限或内涵，或者说土地规模经营界限是市场依据不同的条件确定的，有效率的土地经营规模是不统一的。何秀荣（2016）[⑤]指出：从可比较收入来看，农地规模并非越大越好。以 2014 年为例，中国居民名义人均可支配收入为 20 167 元（折合 3 283 美元），农村居民的名义人均可支配收入为10 489元（1 708 美元），而 2014 年美国名义人均可支配收入为 40 461 美元；中国按一户 2 个劳动力、亩均净收入 600 元算，一户需要 100 亩农地可达到社

---

① 倪国华，蔡昉. 农户究竟需要多大的农地经营规模?：农地经营规模决策图谱研究［J］. 经济研究，2015，50（3）：159-171.

② 朱希刚，钱伟曾. 农户种植业规模研究［J］. 农业经济问题，1989（7）：26-31.

③ 同①.

④ 刘凤芹. 农地规模的效率界定［J］. 财经问题研究，2011（7）：109-116.

⑤ 何秀荣. 关于我国农业经营规模的思考［J］. 农业经济问题，2016，37（9）：4-15.

会平均收入水平；美国按每英亩100美元净收入算，三口之家至少需要600英亩农地，四口之家需要800英亩以上。以上比较表明中国不需要把农场规模扩大到美国这么大，且在相当长的时期内没有必要拿美国的农场规模来比较。Sumner（2014）[①] 指出，"L形" 成本曲线预示农场的最优规模应该相差不大，即规模经济理论无法解释实际生产过程中农户经营规模的巨大差异。Sumner从范围经济的角度进行解释，认为农户人力资本的差异导致其机会成本存在差异，从而小规模农户相对于大规模农户也可能保持竞争优势，即具有不同人力资本的农户其最优规模不同；因为管理能力具有不可分割性，可能限制农户实现规模经济以及经营规模的增长潜力，经典的分层管理体系在农业中并不适用，因为这些农业生产具有地域性和特殊性，只能依赖家庭经营，这意味着农地规模并非越大越好；与此同时，Sumner（2014）也指出，农业经营越来越需要组织专业技术人员订立专业服务合同，因此，农场规模必须足够大到能吸引并留住具有较强经营管理能力的人才，换言之，对于有能力的农业经营者而言，只有足够大的经营规模才能让他们施展自己的管理才能，获得较高的收入。

就规模本身而言，不同的背景下其含义也有所差异。正如中国农业科学院（1989）[②] 所指出的，一个农业生产单位的规模，可以从不同的角度来考察：从生产条件看，包括土地面积，劳动力数量以及耕畜、农具、肥料、种子等的投入量；从生产成果看，包括产量、产值和利润等。所以，在自然经济条件下，土地面积大小和劳动力多少，对农业经营规模具有决定性意义；而在商品经济条件下，不仅会出现产值、利润等自然经济条件下根本不存在的价值指标，而且土地、劳动、农机具、化肥等都取得了价值形式，表现为资本或资金，而由于技术不断进步，在先进农机具、良种、化肥以及新的农艺的采用方面，各生产单位之间资金投入差别很大，劳动生产率和土地生产率的差别也很大。

速水佑次郎、弗农·拉坦（2014）[③] 指出，在技术落后阶段，农户经营规模主要由农户家庭劳动力人数、畜力数量决定。而在技术水平发展到一定阶段后，土地资源丰富的国家，如美国、澳大利亚等新大陆国家，农业经营规模相

---

① DANIEL S A. American Farms Keep Growing: Size, Productivity, and Policy [J]. Journal of Economic Perspectives, 2014, 28 (1): 147-166.

② 中国农业科学院. 农业适度规模经营问题 [M]. 北京：农业出版社，1989.

③ 速水佑次郎，弗农·拉坦. 农业发展：国际前景 [M]. 吴伟东，翟正惠，等译. 北京：商务印书馆，2014.

对较大；大多数亚洲国家，尤其是中国、日本、韩国等东亚国家，农户规模相对较小（周应恒 等，2015）①。事实上，一些发展中国家或者发达国家曾经处于发展中阶段时，均采取过控制农户土地规模界限的相关政策（张晓恒 等，2018）②。而如果没有农地制度的限制，具有规模经济效应的农业机械的普及将充分发挥大规模经营的优势，从而导致土地逐渐向大规模农户集中（速水佑次郎 等，2003）③。

第二节　我国农业规模经营的必要性

邓小平（1993）④ 在20世纪90年代就提出了“两个飞跃”思想，即“中国社会主义农业的改革和发展，从长远观点看，要有两个飞跃。第一个飞跃，是废除人民公社，实行家庭联产承包为主的责任制。这是一个很大的前进，要长期坚持不变。第二个飞跃，是适应科学种田和生产社会化的需要，发展适度规模经营，发展集体经济。这是又一个很大的前进，当然这是很长的过程”。这表明，规模经营是我国农业发展的最终归宿。实际上，早在农村改革时期，老一辈革命家就预见了分散、细碎化农业经营的弊端，并对中国农业发展的趋势提出了设想。新时期，习近平总书记指出，土地流转和多种形式规模经营是发展现代农业的必由之路，也是农村改革的基本方向⑤。

事实上，我国农业在联产承包责任制改革后的确取得了巨大的发展，然而随着改革红利的释放殆尽，分散、细碎的农业经营格局为我国农业发展埋下了巨大的隐患。对此，倪国华、蔡昉（2015）⑥ 指出，土地经营规模集中的关键原因在于，必须增加农业劳动的回报率，才能确保农业作为一个产业的存在，

---

① 周应恒，胡凌啸，严斌剑. 农业经营主体和经营规模演化的国际经验分析［J］. 中国农村经济，2015（9）：80-95.

② 张晓恒，周应恒. 经营规模决定因素及其对农业生产的影响：一个文献综述［J］. 新疆农垦经济，2018（5）：83-92.

③ 速水佑次郎，神门善久. 农业经济论［M］. 沈金虎，周应恒，张玉林，译. 北京：中国农业出版社，2003.

④ 邓小平. 邓小平文选：第三卷［M］. 北京：人民出版社，1993：335.

⑤ 佚名. 习近平就耕地保护和农村土地流转工作作出指示［EB/OL］.（2015-05-26）［2021-06-30］.http://legal.people.com.cn/n/2015/0526/c188502-27060236.html.

⑥ 倪国华，蔡昉. 农户究竟需要多大的农地经营规模?：农地经营规模决策图谱研究［J］. 经济研究，2015，50（3）：159-171.

而增加农业劳动回报率则需要不断增加土地和资本两种要素的投入量。而潘维（2003）① 更是指出，归根结底中国农业问题的解决不在于分散或者合作经营，而在于减少农民，增加人均耕地面积，在于“农转非”，推进城市化。

我国农业经营普遍在狭小、细碎的地块规模上展开是我国农业现代化的主要障碍，这已经成为学界的基本共识。正如何秀荣（2009）② 所指出的，中国农业现代化中最棘手的瓶颈难题是将极其细小的农场规模改造为适合发展现代农业的农场规模，超细小的农场规模是近 30 年来中国现代农业建设成效不显著的“罪魁祸首”。避免工农业严重失调和农业萎缩这种后果的出路，只能是采取一切可能措施，实现由小规模均田制格局向适度规模经营的转变③。

第三节　我国农业规模经营的实证分析

一、既有研究结论梳理

关于我国农业规模经营实证分析的既有研究十分丰富，现将主要成果和结论进行一个简单梳理，以便作为本书的参考。

辛岭、胡志全（2015）④ 指出，农业适度规模经营，是指在保障农业增产、农民增收的前提下，农业产业可以实现的最小规模，可以理解为农民愿意从事农业生产的最低规模，具体表现为从事农业生产可以实现与外出打工相同的收入。辛岭、胡志全（2015）进一步提出了农业适度规模经营的测算公式：$S_{ijp}=IC_{ip}/RP_{jp}$，其中 S 代表适度规模土地经营面积，i 为年份，j 为产品类别，p 为所属地区；IC 代表打工收入，RP 为净利润。另外，该公式不考虑兼业情况。经测算，粮食生产适度经营规模大约为 73 000 平方米。

在现有文献中，土地生产率（单位面积产量）、劳动生产率（单位劳动力日产量或产值）和资金生产率（投资效益率）是三个常见的衡量农业规模经营优劣的主要指标（许庆 等，2010）⑤。林善浪（2000）⑥ 强调在土地生产率、

---

① 潘维. 农民与市场：中国基层政权与乡镇企业［M］. 北京：商务印书馆，2003：400.

② 何秀荣. 公司农场：中国农业微观组织的未来选择？［J］. 中国农村经济，2009（11）：4-16.

③ 韩俊. 土地政策：从小规模均田制走向适度规模经营［J］. 调研世界，1998（5）：8-9.

④ 辛岭，胡志全. 中国农业适度经营规模测算研究［J］. 中国农学通报，2015，31（11）.

⑤ 许庆，尹荣梁. 中国农地适度规模经营问题研究综述［J］. 中国土地科学，2010，24（4）：75-81.

⑥ 林善浪. 农村土地规模经营的效率评价［J］. 当代经济研究，2000（2）：37-43.

劳动生产率、资金生产率三者难以兼顾时，至少应保持土地生产率不下降，牺牲土地生产率而片面追求劳均收入，是不符合中国国情的。于洋（2003）① 则指出应当由分工效率所决定的效率标准来衡量农业经营规模是否适度。吴昭才、王德祥（1990）② 以锦州市的调查资料为例，证实了分别用土地生产率、劳动生产率和资金盈利率三个指标所计算出的最优规模是不一致的。正如郑少锋（1998）③ 所指出的，由于土地经营规模是否适度是针对一定的评价目标而言的，不同的目标就会出现不同的判断依据，从而也会有不同的土地经营适度规模。

褚保金和游小建（1998）④ 从农业机械与劳动力的替代出发，提出种植业土地规模经营的目的是提高生产效率，衡量的标准是全员生产率水平；生产中单位生产成本最低则全员生产率最高；并认为在既定的作业方式下，土地经营的适度规模是机械设备的适种规模，并进一步指出其研究对象（锡山市华庄镇）从替代原理出发的临界规模为 87 亩，而适度规模为 500 亩。中国农业科学院（1989）⑤ 根据当年我国经济社会发展状况提出：在南方水稻区劳均 5～10 亩，华北平原劳均 15～20 亩，东北机械化地区劳均数十亩至 100 亩以上。类似地，胡小平（1994）⑥ 提出，南方水网和丘陵地区的经营规模以 30～100 亩为适度，北方中型农机具的适度规模为 80～200 亩，大型农机具的适度规模为 1 800～2 700 亩。张侠、葛向东等（2002）⑦ 从分析土地经营适度规模的影响因素和中国推行适度规模经营的条件入手，对全国 30 个省级行政单位进行了分区，给出了各地计算适度规模的方法，并据此测算出了现阶段中国土地经营的适度规模。张红宇等（2014）⑧ 认为，以家庭为单位，以粮食生产为例，一年两熟地区户均耕种 50～60 亩，一年一熟地区户均耕种 100～120 亩，各种资源配置效率最高，也适合现阶段中国的国情和农情。此外，张红宇等（2014）还根据不同地区调研情况测度出了差异化的适度经营规模标准：安徽提出集中连片规模应在 200 亩左右；重庆提出适度经营规模应达到 50 亩（一

---

① 于洋. 中国农业规模经营的理论反思［J］. 农业经济，2003（12）：15-17.

② 吴昭才，王德祥. 农业经营规模研究［J］. 农业技术经济，1990（1）：25-30.

③ 郑少锋. 土地规模经营适度的研究［J］. 农业经济问题，1998（11）：8-12.

④ 褚保金，游小建. 种植业土地规模经济问题的探讨［J］. 农业技术经济，1998（2）：29-32.

⑤ 中国农业科学院. 农业适度规模经营问题［M］. 北京：农业出版社，1989：15-16.

⑥ 胡小平. 粮食适度规模经营及其比较效益［J］. 中国社会科学，1994（6）：36-49.

⑦ 张侠，葛向东，彭补拙. 土地经营适度规模的初步研究［J］. 经济地理，2002（3）：351-355.

⑧ 张红宇，王乐君，李迎宾，等. 关于深化农村土地制度改革需要关注的若干问题［J］. 中国党政干部论坛，2014（6）：13-17.

年两熟地区）或100亩（一年一熟地区）以上；上海则提出经营规模以100~150亩为宜；黑龙江土地资源丰富、机械化程度高，适度经营规模明显高于其他地区。

不能否认相关研究的丰富性，但既有研究在以下几个方面仍然存在一定缺憾：

第一，既有研究多以微观数据为研究对象，缺少国际比较，没有宏观视野。第二，多数研究依据国内数据得出结论，受本国经济、社会、文化等因素影响，无法全面反映农业生产的客观规律。第三，从研究方法来看，既有线性模型难以解决共线性问题。为了解决上述问题，本书基于国家间数据，运用门槛回归模型来对农地适度规模进行测度。

二、实证方法简介

本书所采用的门槛回归模型的基本思想是利用门槛变量的观察值估计出合适的门槛值，进而利用门槛变量（threshold variable）来确定模型的结构突变点，避免了一般研究中通过主观判断结构突变点容易造成偏误的缺点。因此，在估计面板门槛模型时的首要任务就是检验是否存在门槛效应，即模型是否存在结构突变点，也即解释变量与被解释变量间是否为非线性关系。

面板门槛模型设定如下：

$$y_{it} = u_i + x_{it}'\beta_1 \cdot I(q_{it} \leq \gamma) + x_{it}'\beta_2 \cdot I(q_{it} > \gamma) + \varepsilon_{it} \tag{10-1}$$

其中，$i = 1, 2, \cdots, N$ 表示个体效应；$t = 1, 2, \cdots, T$ 表示时间；q_{it} 为门槛变量；y_{it} 和 x_{it} 分别为被解释变量和解释变量；$I(\cdot)$ 为指标函数，相应条件成立时取值为1，否则取值为0。

三、模型设定与参数估计

（一）数据来源

本书所使用的数据来自《国际统计年鉴》和联合国粮农组织数据库（FAO Database）。其中平均每个农业经济活动人口耕地面积（公顷/人）、平均每千公顷耕地上拖拉机使用量（部/千公顷）、平均每千公顷耕地上化肥施用量（吨/千公顷）数据来自各年份《国际统计年鉴》，土地单位产出数据（包括水稻、小麦和大豆）来自联合国粮农组织数据库。本书选取样本为《国际统计年鉴》中包含的44个国家，数据选取的时间范围为1999—2013年[①]（不包括2004年和2010年）。

本书实证分析的目的在于测算农地经营的适度规模，具体来说，以水稻作为代表性农作物，重点分析水稻种植过程中农地单产与农地规模之间的关系。而解释变量为农地规模的大小（以农业经济活动人口人均耕地面积为代理变量）。控制变量包括农业集约化程度指标（以平均每千公顷耕地上化肥施用量为代理变量）和农业机械化程度指标（以平均每千公顷耕地上拖拉机使用量为代理变量）。

本书所选数据的描述性统计如表10-1所示。

表10-1　样本数据描述性统计

Variable		Mean	Std. Dev.	Min	Max	Observations
农地规模	overall	68.78	328.97	0.20	2 013.00	N=468
	between	—	320.279	0.20	2 005.85	n=39
	within	—	2.81	53.95	99.74	T=12
水稻单产	overall	3 426.82	2 729.68	0.00	10 217.70	N=546
	between	—	2 724.56	0.00	9 557.08	n=42
	within	—	437.45	1 176.79	5 557.85	T=13
集约程度	overall	258.78	396.70	0.20	2 304.80	N=467
	between	—	376.57	6.42	2 005.85	n=38
	within	—	116.83	-433.06	1 441.54	T=12.29
机械化程度	overall	99.68	331.51	0.20	2 007.00	N=290
	between	—	327.71	0.63	2 002.88	n=38
	within	—	9.86	69.73	207.25	T=7.631 58

（二）模型设定

基于前文的理论分析以及对面板门槛模型的介绍，本书将模型设定如下：

$$\text{Rice}_{it} = u_i + AA_{it}^{'}\beta_1 d_{it}I(q_{it} \leq \gamma) + AA_{it}^{'}\beta_2 d_{it}I(q_{it} > \gamma) + \theta_{it}Z_{it} + \varepsilon_{it} \quad (10\text{-}2)$$

其中，i表示国家；t表示年份；Rice_{it}为被解释变量，即水稻的农地单产（单位：公斤/公顷）；解释变量为AA_{it}，即农地规模，以农业经济活动人口人均耕地

① 关于样本数据时间范围的说明：2017年《国际统计年鉴》公布的主要数据截至年份为2013年年底，此外平均每千公顷耕地上拖拉机使用量数据截至2017年年底，《国际统计年鉴》仅少量观测值公布到2008年，经查询FAO数据库，截至2018年8月亦仅能获得2008年以前的相关数据。

面积来表示（单位：公顷）。既有研究普遍采用农场（农户）规模这一变量，但由于农场（农户）规模并未包含劳动力数量信息，对于同样规模的农场，劳动力投入量的不同也会造成产出上的差异。本书采用农业经济活动人口人均耕地面积数据作为农地规模的代理变量的优点有两个：首先，该数据本身包含了劳动力投入量的信息（人均）；其次，对于我国农村而言，由于农业经营主要组织形式为家庭，而家庭人数具有多样性，因此采用劳均数据相较于采用经营单位数据（如：户均、场均等数据）对于农地适度规模的测度更有指导意义。Z_{it} 为控制变量，包括农业经营集约化指标 $Fert\ i_{it}$ 和农业经营机械化指标 $Tra\ c_{it}$ ；q_{it} 为门槛变量，本书中为人均耕地面积[①]；γ 为特定槛值；$I(\cdot)$ 为指标函数；u_i 用于反映各国的个体效应，如经济发展水平、农业农地制度等不可观测的因素；ε_{it} 为随机干扰项。与既有研究相比，该模型设定最大的特点在于控制变量数目不多，并未包含劳动力素质（如教育水平）、劳动强度、土地肥力、地形、灌溉等变量，但既有研究表明，在农地产出的影响因素中，农地规模是最大的影响因子（如，李文明 等，2015[②]；许庆 等，2011[③]）。此外，就本模型的估计而言，相较于解释变量参数估计值，门槛值即结构突变点的估计更具有学术价值，因此笔者认为，控制变量多寡不会对模型估计结论产生实质性影响。

（三）模型估计

如前文所述，面板门槛模型的估计首先应当确定门槛值是否存在，即门槛效应是否在统计意义上显著。根据前文所述的门槛显著性检验办法，本书构造了 F 统计量来检验门槛效应是否显著，并在此基础上对多重门槛效应进行了检验，具体检验结果见表 10-2 和表 10-3。从表中可以看出，单一门槛的 F 统计量显著，其自抽样 p 值为 0.013，门槛值为 109.3，其 95%的置信区间为［109.3，114.6］。在此基础上再进行双重门槛的检验，从表 10-2 和表 10-3 中可以看出，双重门槛的 F 统计量仍然是显著的，其第一个门槛估计值为 34，相应的自抽样 p 值为 0.02，95%的置信区间为［33.5，34］。在固定这一门槛估计值后再对原来的门槛值进行更新，发现新的门槛值为 113，且其 95%的置信区间为［113，113］，据此可以推断，模型具有双重门槛。随后再在双重门

① 在面板门槛模型中，解释变量和门槛变量可以为同一变量。

② 李文明，罗丹，陈洁，等. 农业适度规模经营：规模效益、产出水平与生产成本：基于 1 552个水稻种植户的调查数据［J］. 中国农村经济，2015（3）：4-17，43.

③ 许庆，尹荣梁，章辉. 规模经济、规模报酬与农业适度规模经营：基于我国粮食生产的实证研究［J］. 经济研究，2011，46（3）：59-71，94.

槛的基础上进行三重门槛效应的估计，其 F 统计量不显著，因此可以拒绝三重门槛的假设。

表 10-2 门槛效果自抽样检验

模型	F 值	p 值	自抽样次数	临界值		
				1%	5%	10%
单一门槛	26.437**	0.013	300	29.74	8.673	5.542
双重门槛	4.177**	0.020	300	5.182	-0.247	-7.732
三种门槛	11.906**	0.045	200	20.331	8.575	5.139

表 10-3 门槛估计值和置信区间

	门槛估计值	95%置信区间
单一门槛	109.3	[109.3，114.6]
双重门槛	34	[33.5，34]
$\hat{\gamma}_1$	18.3	[5.9，26.8]
$\hat{\gamma}_2$	113	[113，113]

根据门槛估计结果可以将样本数据划分为三个区间，分别是劳均耕地面积 0~34 公顷、34~113 公顷以及 113 公顷以上。这样可进一步将模型设定为：

$$Rice_{it}=\beta_0+\beta_1 AA_{it}+\beta_2 AA_{it} d_{it} I(AA_{it}<18.3)+\beta_3 AA_{it} d_{it} I(113<AA_{it})+\theta_{it} Z_{it}+\varepsilon_{it} \tag{10-3}$$

本书采用固定效应对该面板模型进行回归，回归结果如表 10-4 所示。

表 10-4 回归结果

Rice	系数估计值	修正异方差后系数估计值
Ferti	1.595** (0.647)	1.595*** (0.498)
Trac	3.031 (2.775)	3.031 (2.067)
AA	7.502 (8.246)	7.502 (12.436)
AAd_1	-34.972*** (12.091)	-34.972*** (7.906)

表10-4(续)

Rice	系数估计值	修正异方差后系数估计值
AAd_2	-20.496*** (3.074)	-20.496*** (1.068)
_ cons	3 544.984*** (202.564)	3 544.984*** (215.284)
N	274	274
adj. R^2	0.071	0.193
r2	0.207	0.207
r2_ w	0.207	0.207

注：** $p<0.05$，*** $p<0.01$。

由表 10-4 的估计结果可以看出，农地规模与土地单产之间存在较为明显的结构性突变现象，具体而言，在农地规模小于劳均 18.3 公顷时，农地规模与土地单产之间呈负相关关系，参数估计系数为-27.47（-34.972+7.502），且在 1%的显著水平上显著。当农地规模大于劳均 18.3 公顷小于劳均 113 公顷时，农地规模与土地单产之间呈正相关关系，但此时农地规模与土地单产之间的估计系数不显著，表明在这个阶段农地规模对土地单产没有显著影响。当农地规模大于劳均 113 公顷时，农地规模与土地单产之间再次呈现出负相关关系，其估计系数为-12.994（-20.496+7.502），同样在 1%的显著水平上显著。表 10-4 同样报告了模型在修正了异方差后的系数估计值，可以看出，修正异方差后模型估计值并未发生显著变化，因此可以认为，该模型的参数估计是稳健的。

四、实证分析的结论

通过上述分析可以得出以下结论：

首先，在世界范围的水稻种植过程中，农地规模是土地单产的主要影响因素，这与既有文献结论一致（如，李文明 等，2015①；许庆 等，2011②）。

其次，本书的实证分析结果表明农地规模对土地单产的影响并非线性的，

---

① 李文明，罗丹，陈洁，等. 农业适度规模经营：规模效益、产出水平与生产成本：基于 1 552 个水稻种植户的调查数据 [J]. 中国农村经济，2015 (3)：4-17，43.

② 许庆，尹荣梁，章辉. 规模经济、规模报酬与农业适度规模经营：基于我国粮食生产的实证研究 [J]. 经济研究，2011，46 (3)：59-71，94.

而是存在一定的结构突变点。这是符合农业经济的常识和经济学基本原理的。

最后，根据本书的估计结果可以得出结论：从追求农地产出效率的角度来看，水稻种植的规模应当大于人均 18.3 公顷，这与既有研究结论略有不同。杨春华、李国景（2016）① 的研究表明，（谷物种植中）土地生产力与农地经营规模间的关系呈现出先增后减的趋势，拐点在 12 公顷左右。而本书的研究结论表明，水稻的结构突变点在 18.3 公顷和 113 公顷。这表明，就水稻种植而言，农地规模可以扩大至劳均耕地面积 113 公顷。18.3 公顷和 113 公顷可以作为我国农地适度规模的定量参考。

① 杨春华，李国景. 国际视角下农业生产力与经营规模关系的实证分析［J］. 农业技术经济，2016（2）：4-13.

第十一章　我国农地制度的沿革以及农地权利的发展和现状

第一节　我国农地制度沿革

我国既有的农地制度下，土地的经营权属于农户，在既有的制度框架下，要实现土地的规模经营必然绕不开农民的土地权利，然而农民的土地权利并非生来就是现在这个模样。因此，有必要对我国农地制度的变迁做一个简要的回顾，以便理顺农民土地权利的来龙去脉。

一、人民公社时期

1947 年颁布的《中国土地法大纲》和 1950 年颁布的《中华人民共和国土地改革法》废除了封建剥削的地主阶级土地所有制，实行“耕者有其田”的农民土地私有制。土地改革以后，按照建立社会主义经济制度的构想，我国于 1953 年开始了社会主义三大改造，其中对农业的社会主义改造即农村合作化运动。到 1956 年“三大改造”基本完成，全国加入合作社的农户达 95%以上，农业基本实现了初级合作化，农民将土地、耕畜、大型农具等主要生产资料作股入社，由合作社实行统一经营，按股分配。1958 年，合作化进入高级社阶段，农民私有的土地及其他生产资料转为合作社集体所有，取消土地入股，实行按劳分配。随着 1958 年人民公社制度的推行，农村土地“三级所有，队为基础”的所有制形式基本形成。这一所有制的特点可以概括为：三类农地（农业用地、非农建设用地、自留地）、一个财产归属（集体所有制）、一个权利主体（集体组织享有对其财产的占有、使用、收益和处分的全部权利）①。对农业的改造以及人民公社的推行使得土地私有制在中国被消灭，进而实现了农村土地的集体所有制。农村土地的集体产权制度瓦解了传统乡村社会的治理结构。同时，由于人民公社本身就是一级政权组织，这便使国家可以直接治理乡村社会。农村土地的集体所有制建立满足了特定时期所有制社会主义改造的需要，但也成为我国农村土地产权制度变迁的路径约束，同时也埋下了所有权虚置（或弱化所有权）和激励机制无效的隐患。

二、双层经营体制的确立

由于人民公社后期农业产出的持续不前和农民消费水平的低下，农民受饥饿逻辑的驱动，开始自发地突破土地集体产权的制度安排，典型的就是分田到户，进而形成了家庭承包责任制的制度变革②。1978 年安徽凤阳小岗村 18 位农民签下“生死状”，将村内土地分开承包，开创了家庭联产承包责任制的先河。1980 年 5 月，邓小平同志在《关于农村政策问题》的讲话中肯定了小岗村“大包干”的做法。1982 年《全国农村工作会议纪要》突破了传统的“三级所有，队为基础”的体制框架，正式肯定了“包产到户、包干到户”制。1983 年 1 月，中共中央发布的《当前农村经济政策的若干问题》正式确立了家庭联产承包责任制。1985 年 1 月，中共中央、国务院发布《关于进一步活跃农村经济的十项政策》，家庭承包责任制进一步系统化。1986 年 6 月，《中华人民共和国土地管理法》（以下简称《土地管理法》）以法律形式确立了家庭联产承包责任制。1998 年，《中共中央关于农业和农村工作若干重大问题的决定》提出“赋予农民长期而有保障的土地使用权”。2002 年 8 月，全国人大常委会通过《中华人民共和国农村土地承包法》（以下简称《农村土地承包法》），进一步强化了土地承包经营权的长期稳定。2007 年 3 月通过的《中华人民共和国物权法》（以下简称《物权法》）确立了家庭承包经营权的物权性质。2008 年，《中共中央关于推进农村改革发展若干重大问题的决定》提出：“赋予农民更加充分而有保障的土地承包经营权，现有土地承包关系要保持稳定并长久不变。”至此，我国农村土地制度基本形成了土地所有权归集体、土

---

① 刘灿. 构建农民与农村经济长期发展的财产权基础：基于成都市改革经验的理论分析[J]. 经济理论与经济管理，2011（11）：5-14.

② 蒋永甫. 乡村治理视阈中的农民土地财产权：一种私权力取向的研究路径［J］. 华中师范大学学报（人文社会科学版），2009，48（2）：20-25.

地使用权归农民个体或集体共用的两权分离的双层架构①。家庭承包责任制在未改变农村土地的集体所有制的前提下（土地所有制延续了三级所有的模式），实现了土地所有权和经营权的分离，进而也导致人民公社时期乡村治理体系的瓦解。

随着家庭承包责任制的推行，农民对土地有了更大的自主权，土地的财产功能开始显现，并得到国家和社会的认同。2007 年，《中共中央国务院关于切实加强农业基础建设进一步促进农业发展农民增收的若干意见》提出："进一步明确农民家庭财产的法律地位，保障农民对集体财产的收益权，创造条件让更多农民获得财产性收入。"

三、"三权分置"的提出

2013 年召开的中央农村工作会议强调："农村集体土地应该由作为集体经济组织成员的农民家庭承包，其他任何主体都不能取代农民家庭的土地承包地位，不论承包经营权如何流转，集体土地承包权都属于农民家庭。"2013 年党的十八届三中全会明确提出，要赋予农民更多的财产权利，推动农村产权流转交易，探索增加农民财产性收入的渠道。2014 年中共中央办公厅、国务院办公厅发布的《关于引导农村土地经营权有序流转发展农业适度规模经营的意见》提出，要坚持农村土地集体所有，实现所有权、承包权、经营权三权分置，强调在坚持农村土地集体所有的基础上，稳定承包权，促进经营权流转。2016 年中央一号文件再次强调了要稳定农村土地承包关系，落实集体所有权，稳定农户承包权，放活土地经营权，完善"三权分置"办法。至此，我国农村土地制度在坚持集体土地承包权属于农民家庭的前提下，开始了由原来的两权分离的双层产权架构向三权分离的转化，即农村土地所有权归集体，土地使用权中的承包权归农民家庭，而经营权可以向第三方流转。2016 年 10 月，中共中央办公厅、国务院办公厅《关于完善农村土地所有权承包权经营权分置办法的意见》出台，进一步巩固了农地产权"三权分置"改革的成果，明确了农地产权的发展方向。

以上是关于我国农村土地制度沿革的一个简要回顾，可以看出，为了适应我国农村经济社会发展的需要，我国农地产权制度也在不断地改革和完善。而在农地制度的演进过程中我们可以发现，赋予并不断丰富农民土地财产权是我国农地制度沿革的一条主线。

---

① 刘灿. 构建农民与农村经济长期发展的财产权基础：基于成都市改革经验的理论分析[J]. 经济理论与经济管理，2011（11）：5-14.

第二节 我国农地产权的权利分析

随着我国农地制度的变迁，我国农地权利也经历了不同程度的变化，有必要对现行农村土地产权中各项权利进行一个相对全面的分析。

一、土地所有权

《中华人民共和国宪法》第十条规定，农村和城市郊区的土地，除由法律规定属于国家所有的以外，属于集体所有。这表明，农村土地集体所有乃是我国宪法秩序的组成部分。我国《物权法》第五十九条进一步规定，农民集体所有的不动产和动产，属于本集体成员集体所有。这进一步明确了集体所有的性质为集体成员所有，也就是说所谓"集体所有"并不是抽象意义上的一种"所有"，而是能够具体为集体成员——农民的集体所有。这种具体化的"集体所有"必然归属于共有的范畴。而这种共有又与农民的集体成员权的身份属性密切相关。《物权法》第五十九条进一步规定了由集体成员基于其所享有的土地所有权而能决定的事项，包括：①土地承包方案以及将土地发包给本集体以外的单位或者个人承包；②个别土地承包经营权人之间承包地的调整；③土地补偿费等费用的使用、分配办法；④集体出资的企业的所有权变动等事项；⑤法律规定的其他事项。同时，我国《物权法》第六十条还规定了集体所有权的代表行使制度，具体为：对于集体所有的土地和森林、山岭、草原、荒地、滩涂等，属于村农民集体所有的，由村集体经济组织或者村民委员会代表集体行使所有权；分别属于村内两个以上农民集体所有的，由村内各该集体经济组织或者村民小组代表集体行使所有权；属于乡镇农民集体所有的，由乡镇集体经济组织代表集体行使所有权。《物权法》第五十九条和第六十条规定了农民对农村土地的集体所有权，以及集体所有权的行使方式，这就使农民具有了享有农村土地财产利益的法律途径。而农民所享有的这种财产权益是通过在土地所有权层面行使集体成员权，即包括土地经营的参与权、集体重要事项的民主决定权以及土地利益的分配权来实现的。

二、土地使用权

农民对土地使用的财产利益主要是通过在土地所有权基础上创设的用益物权来实现的。根据我国《物权法》第一百一十七条的规定，用益物权人对他人所有的不动产或者动产，依法享有占有、使用和收益的权利。具体到农民对集体土地的使用上，主要包括农民对集体土地的承包经营权以及宅基地使用权。我国《农村土地承包法》第五条规定："农村集体经济组织成员有权依法承包由本集体经济组织发包的农村土地。任何组织和个人不得剥夺和非法限制农村集体经济组织成员承包土地的权利。"我国《物权法》第一百二十五条规定："土地承包经营权人依法对其承包经营的耕地、林地、草地等享有占有、使用和收益的权利。"可见，我国《农村土地承包法》和《物权法》的规定确立了农民享有农村土地使用利益的法律依据。我国《物权法》第一百五十二条规定："宅基地使用权人依法对集体所有的土地享有占有和使用的权利，有权依法利用该土地建造住宅及其附属设施。"同时《物权法》第一百五十四条规定："宅基地因自然灾害等原因灭失的，宅基地使用权消灭。对失去宅基地的村民，应当重新分配宅基地。"这进一步说明，宅基地使用权之于农民是一种基本的权利。另外，与土地使用过程密切相关的相邻权（包括：用水、排水、通行以及采光等一系列请求权）、地役权以及租赁权等权利均是农民获得农村土地使用利益的配套法律保证。

三、土地处分权

我国《物权法》第一百二十八条规定："土地承包经营权人依照农村土地承包法的规定，有权将土地承包经营权采取转包、互换、转让等方式流转。流转的期限不得超过承包期的剩余期限。未经依法批准，不得将承包地用于非农建设。"我国《农村土地承包法》第三十二条规定："通过家庭承包取得的土地承包经营权可以依法采取转包、出租、互换、转让或者其他方式流转。"可见，我国法律在排除了农民对土地标的物本身的处分权以及对土地用途的处分权的基础上，赋予了农民对其所享有的土地使用权的处分自由。而这种处分自由的存在使得农民可以通过流转其享有的用益物权来获得土地的财产利益，是对农民土地财产利益实现途径的一种丰富。

农民除了拥有上述土地财产权的直接利益外，还享有一定获取间接土地财产利益的权利，如土地被征收后的补偿和安置权以及对土地财产利益的继承权。我国《农村土地承包法》第十七条规定，承包地被依法征用、占用的，有权依法获得相应的补偿；该法第三十二条规定："承包人应得的承包收益，依照继承法的规定继承。林地承包的承包人死亡，其继承人可以在承包期内继续承包。"显然，土地被征收后的补偿和安置权以及对土地财产利益的继承权与农民的土地利益密切相关，因此有学者指出，农民享有的其所承包土地被征收后的补偿权和安置权是保护农民土地财产权的重要形式，在符合公共利益范围的征地项目中，应当坚持“同地同价”的原则制定公平合理的补偿标准①。

四、集体成员权

作为农村集体经济组织的成员，农民在农村土地上依法享有集体成员权。虽然集体成员权属于身份权，但我国农村土地集体所有的性质使得集体成员权这一身份权利仍然具有财产利益。如《物权法》第五十九条所规定的，农民作为集体成员以集体所有的方式享有土地所有权；同时，《农村土地承包法》第五条规定了集体经济组织成员依法所享有的承包本集体经济组织发包土地的权利；此外，还有《土地管理法》第六十二条规定的，村民一户只能拥有一处宅基地；以及《物权法》第一百五十四条规定的，宅基地因自然灾害等原因灭失的，应当重新分配宅基地，明确了集体经济组织成员拥有依法申请宅基地使用权的权利。上述关于集体成员权利的规定构成了农民因集体成员身份而享有的权益。

第三节　农业经营地权分析——基于土地承包经营权的微观视角

一、土地承包经营权权能的发展

从历史沿革的角度来看，国家对农民土地权利（特指土地承包经营权）的政策规定经历了“大稳定小调整”“十五年不变”“三十年不变”“生不增、死不减”，到2008年党的十七届三中全会决议提出的稳定现有的土地承包关系“长久不变”，再到2013年召开的中央农村工作会议强调，“农村集体土地应该由作为集体经济组织成员的农民家庭承包，其他任何主体都不能取代农民家庭的土地承包地位，不论承包经营权如何流转，集体土地承包权都属于农民家庭”这一发展过程。相应地，国家正式法律也经历了类似的变化趋势：2002年颁布的《农村土地承包法》将“增人不增地，减人不减地”这一经验以法律的形式固定下来，进一步规定“耕地的承包期为三十年；草地的承包期为三十年至五十年；林地的承包期为三十年至七十年②”“承包期内，发包方不

---

① 张金明，陈利根. 论农民土地财产权的体系重构［J］. 中国土地科学，2012，48（3）：41-48.

② 参见《中华人民共和国农村土地承包法》（2002年版）第二十条。

得收回承包地[①]”“承包期内，发包方不得调整承包地[②]”“承包人应得的承包收益，依照继承法的规定继承[③]”。2007 年，《物权法》将土地承包经营权纳入用益物权范畴，明确将农民土地权利纳入物权保护。随着农民的土地权利被《物权法》纳入物权范畴，农民土地权利（尤其是土地承包经营权）的性质已经得到法律的确认，进而使得过去理论界长期对于农民土地权利性质的争论，尤其是土地承包经营权的“物权”“债权”之争有了定论。物权与债权的不同在于物权是直接支配标的物并具有排他性的享受收益的权利，又称为对世权，即以权利主体以外的不特定人负有不作为义务为实现条件的权利。可见，农民土地权利纳入物权保护实际上是国家通过立法的形式进一步对农民土地财产权的巩固，这也是对多年以来农民群体处于弱势地位、农民土地权利容易受侵害的客观现实的一种积极回应。从目前我国农地产权制度来看，农民所享有的土地权利已经获得了较为完备的法律的认可。

从法权构造角度来看，《物权法》第一百一十七条规定，用益物权人对他人所有的不动产或者动产，依法享有占有、使用和收益的权利。具体到农民对集体土地的使用上，最主要的使用权就是农民对集体土地的承包经营权。我国《土地承包法》第五条规定：“农村集体经济组织成员有权依法承包由本集体经济组织发包的农村土地。任何组织和个人不得剥夺和非法限制农村集体经济组织成员承包土地的权利。”我国《物权法》第一百二十五条规定：“土地承包经营权人依法对其承包经营的耕地、林地、草地等享有占有、使用和收益的权利。”可见，从国家法律层面上来讲，我国《农村土地承包法》和《物权法》的规定确立了农民享有农村土地使用利益的法律依据。而在土地处分权方面，我国《物权法》第一百二十八条规定：“土地承包经营权人依照农村土地承包法的规定，有权将土地承包经营权采取转包、互换、转让等方式流转。流转的期限不得超过承包期的剩余期限。未经依法批准，不得将承包地用于非农建设。”我国《农村土地承包法》第三十二条规定：“通过家庭承包取得的土地承包经营权可以依法采取转包、出租、互换、转让或者其他方式流转。”可见，我国法律在排除了农民对土地标的物本身的处分权以及对土地用途的处分权的基础上，赋予了农民对其所享有的土地使用权的处分自由。而这种处分自由的存在使得农民可以通过流转其享有的用益物权来获得土地的财产利益。

① 参见《中华人民共和国农村土地承包法》（2002 年版）第二十六条。
② 参见《中华人民共和国农村土地承包法》（2002 年版）第二十七条。
③ 参见《中华人民共和国农村土地承包法》（2002 年版）第三十一条。

二、土地承包经营权的残缺与完善

虽然在我国现行制度框架下，农民的土地权利内容较为丰富，并在所有权、使用权、处分权等方面均获得了法律的认可。总的来看，我国农民土地权利是朝着不断稳固、不断丰富的方向发展的。正如张红宇（2002）① 的研究所指出的，从20世纪80年代中期以来出台的政策来看，政策的主题都是强调土地承包关系的稳定。类似地，赵阳（2011）② 也指出，由以上政策和法律的变化可以看出，改革开放以来，我国农地产权的演变趋势是不断强化农民对其土地权利的实际控制的。

当然，也有观点认为当前我国农地制度仍不够完善，农民土地权利不完整。如杨成（2014）③ 指出，虽然我国法律确立了农民承包土地的主体地位，赋予了农民长期而有保障的土地承包经营权，并且将农民土地承包经营权物权化，但根据我国相关法律的规定与制度安排，农民对承包经营的土地缺乏排他性的处分权能，农民不能自由流转承包地④。类似地，也有学者指出农民土地权利禁止抵押也造成了农村金融市场无法真正建立⑤。另外，土地承包经营权的身份特性和社会保障属性使得营利性组织在接受土地承包经营权入股时无法实现对入股资产的完全支配，尤其是在营利性组织破产清偿时，土地承包经营权该如何处理仍然没有合理的解决办法。如果要土地承包经营权一并清偿则会使农民丧失土地承包经营权，而如果土地承包经营权不参与清偿，则不利于保护债权人利益。而在现行的制度框架下，无论做出何种选择都会对土地承包经营权的市场价值产生不利影响，进而使得农民财产权遭受损失（吉媛 等，2014）⑥。

本书认为，随着我国农村土地“三权分置”改革的推行，当前我国农民土地权利的欠缺已经得到了极大的改善。2007年，《中共中央国务院关于切实加强农业基础建设进一步促进农业发展农民增收的若干意见》提出：“进一步

---

① 张红宇. 中国农地调整与使用权流转：几点评论［J］. 管理世界，2002（5）：76-87.

② 赵阳. 城镇化背景下的农地产权制度及相关问题［J］. 经济社会体制比较，2011（2）：20-25.

③ 杨成. 农民土地财产权与农民集中居住的良性推进［J］. 河北法学，2014，32（4）：70-77.

④ 如我国《土地管理法》第十五条第二款规定，农民集体所有的土地由本集体经济组织以外的单位或者个人承包经营的，须经村民会议2/3以上成员或代表同意，并报乡镇人民政府批准。

⑤ 刘国臻，周翔. 论增加农民土地财产性收入的制度障碍与克服［J］. 法学评论，2014，32（5）：83-89.

⑥ 吉媛，蒋崧韬. 我国农民合作经济组织产权制度研究［J］. 安徽师范大学学报（人文社会科学版），2014，42（1）：105-110.

明确农民家庭财产的法律地位，保障农民对集体财产的收益权，创造条件让更多农民获得财产性收入。”2013 年党的十八届三中全会明确提出，要赋予农民更多的财产权利，推动农村产权流转交易，探索增加农民财产性收入的渠道。2014 年，中共中央办公厅、国务院办公厅发布的《关于引导农村土地经营权有序流转发展农业适度规模经营的意见》提出，要坚持农村土地集体所有，实现所有权、承包权、经营权三权分置，强调在坚持农村土地集体所有的基础上，稳定承包权，促进经营权流转。2016 年，中央一号文件再次强调了要稳定农村土地承包关系，落实集体所有权，稳定农户承包权，放活土地经营权，完善“三权分置”办法。至此，我国农村土地制度在坚持集体土地承包权属于农民家庭的前提下，就开始了由原来的两权分离的双层产权架构向三权分离的转化，即农村土地所有权归集体，土地使用权中的承包权归农民家庭，而经营权可以向第三方流转。2016 年 10 月，中共中央《关于完善农村土地所有权承包权经营权分置办法的意见》出台，进一步巩固了农地产权“三权分置”改革的成果，明确了农地产权的发展方向，即从政策上明确了农民土地经营权流转的合法性和自主性。可以看出，为了适应我国农村经济社会发展的需要，我国农地产权制度也在不断地改革和完善。同时，随着农地“三权分置”办法的推出，原有对农民土地使用权的制约基本被消除，可谓我国农民土地财产权的又一次丰富。因为，从理论上来看，在“三权分置”的农地结构下，农民可以通过直接流转土地经营权来实现对土地使用权的处分，而无须再受到对既有土地承包经营权进行处分时被集体所有权限制的困扰。

第四节　关于我国农地制度选择的争论

由于我国农业农村发展的滞后，对农村改革的呼声不断高涨，而改革的重点恰好聚焦于农地制度。对我国农地制度改革方向的讨论长期存在并呈现出百家争鸣的态势，理论界对此问题进行了长期、丰富的讨论，归纳起来主要有四种改革思路：第一，建立私有化的土地财产权制度。如陈志武（2011）提出土地私有化可以提高土地资源的配置效率，同时可以保障农民的土地财产权益[1]。郝成尧（2002）[2]、秦晖（2007）[3]、蔡继明（2011）[4]、文贯中（2006）[5]等持有类似观点。第二，通过城乡土地国有化来实现对土地财产权利的一体保护。如刘俊（2008）[6]认为，农地国有化有助于实现土地资源配置的效率和公平。类似地，也有学者提出了“永佃制度”的设想，即将农村土地收归国家所有，建立农村土地永佃制度，通过法律明确规定农民对其现在家庭承包的土地享有永佃权，赋予农民事实上对土地的财产权[7]。第三，彻底虚化集体所有权，直接基于使用权来明确土地的权属，如郭晓鸣、张克俊（2013）[8]提出，对于农民的土地承包经营权在时间上要使之永久化，改“承包制”为“永包制”，对于集体收益分配权，应实行股份化，明确集体经济组织成员所占的股份，规定农民收益的最低标准。宋伟（2014）[9]也指出，集体所有权是造成土地增值收益分配格局不合理、农民利益受损的重要原因，如能明确农户凭借土地使用权享有农业用地与农村建设用地的全部权利，将使农民的土地财产权得到有效的保护。第四，在坚持农村土地集体所有制的基础上进行改革，如韩俊（2004）[10]提出，在坚持农村集体所有制的基础上，通过土地的流转、抵押以及出租等形式来充分实现农民的土地权利；类似地，刘灿（2011）[11]认为，要使农村居民拥有真正的土地财产权利，改革的取向是在集体所有制框架内真正解决农民的土地财产权利问题，这需要一个基础性的制度结构。而杨成（2014）[12]则认为，农村土地集体所有制是我国宪法明确规定的农村土地制度，我们对农村土地制度的改革不能突破宪法的规定，因此应在坚持农村土地集体

---

① 陈志武. 土地集体所有制变相限制农民自由[EB/OL].(2011-07-05)[2019-06-10]. http://finance.ifeng.com/news/20110705/4227941.shtml.

② 赫成尧. 中外专家聚焦农民土地使用权［J］. 改革与开放，2002（5）：4-7.

③ 秦晖. 农民地权六论［J］. 社会科学论坛（学术评论卷），2007（5）：122-146.

④ 蔡继明. 土地私有化有利于农民利益，房屋应有永久产权[EB/OL].(2011-07-04)[2019-06-10].http://finance.ifeng.com/news/20110704/4222185.shtml.

⑤ 文贯中. 解决三农问题不能回避农地私有化[EB/OL].[2006-05-22].http://finance.people.com.cn/GB/8215/55904/4393183.html.

⑥ 刘俊. 土地所有权国家独占研究［M］. 北京：法律出版社，2008：276-285.

⑦ 陆学艺. 农村要进行第二次改革　进一步破除计划经济体制对农民的束缚［J］. 中国农村经济，2003（1）：13-19.

⑧ 郭晓鸣，张克俊. 让农民带着“土地财产权”进城［J］. 农业经济问题，2013，34（7）：5.

⑨ 宋伟. 构建多主体利益均衡的建设用地制度框架［J］. 农业经济问题，2014，35（2）：54-58.

⑩ 韩俊. 尊重农民的土地财产权利［J］. 理论视野，2004（3）：9-10.

⑪ 刘灿. 构建农民与农村经济长期发展的财产权基础：基于成都市改革经验的理论分析［J］. 经济理论与经济管理，2011（11）：5-14.

⑫ 杨成. 农民土地财产权与农民集中居住的良性推进［J］. 河北法学，2014，32（4）：70-77.

所有制的前提下，明确规定农民土地集体所有权的主体，规范所有权主体的行为，确保所有权主体能有效行使土地所有权。可见，对于农村土地产权的改革方向，目前学界仍然存在多种观点，但争论的焦点主要集中于农村土地集体所有制的去留上，对集体所有制究竟应该保留还是应该弱化甚至摈弃仍存在较大争议。本书赞成第四种观点，即农民土地承包经营权的实现应当坚持在现行制度框架下来完善。理由如下：

一、私有化道路改革在我国行不通

土地私有化主张的主要代表人物是陈志武等。其中陈志武（2008）[①] 认为，集体公有制度下的不完全土地权利是导致当前我国农村地区“官权过剩，民间衰落”、农村经济发展缓慢的重要原因之一。反对土地私有化主张的代表有：黄祖辉（2010）[②] 认为，土地产权私有化会加剧贫富分化，导致农村乡土生态的瓦解。同时，他还指出，土地私有化会导致国家公共建设成本大幅上升、“地方豪强兼并土地”、大量贫穷人群空间平移进入城市形成贫民窟。目前，关于农地是否私有化的争论仍未平息。事实上农村土地私有化主张并非近几年才出现，早在家庭联产承包责任制实行之初理论界就存在关于私有化的争论[③]。但本书认为农村土地私有化并不是我国农地制度改革的正确方向：

第一，私有化不能解决现行农村集体所有制下为一些学者所诟病的顽疾：我国农村地区“官权过剩，民间衰落”这不是由土地所有制造成的。即便进行了私有化改革，这一现状仍然可能存在。当前，我国农民土地权益受侵害的主要表现之一便是集体“虚置”使得农村基层官员利用集体所有者的法律地位来侵害农民的土地承包经营权，但这与土地产权是否私有关系不大，其根源在于集体所有权的行使的相关制度安排（陈剑波，2006）[④]。而关于集体所有制限制农民自由迁移、阻碍城市化和工业化的指责，中国改革开放农村劳动力转移、城市化进程和工业化进程的事实已经对此做出了回答。

第二，私有化会导致农村劳动力转移过程中农民不愿放弃土地，进而一方

---

① 陈志武. 农村土地私有化后结果不会比现在糟[EB/OL]. http://news.163.com/08/1013/08/4O4D5NAR00012Q9L.html.

② 黄祖辉，等. 我国土地制度与社会经济协调发展研究［M］. 北京：经济科学出版社，2010：8.

③ 张路雄. 耕者有其田：中国耕地制度的现实与逻辑［M］. 北京：中国政法大学出版社，2012：104.

④ 陈剑波. 农地制度：所有权问题还是委托-代理问题？［J］. 经济研究，2006（7）：83-91.

面形成新的地主阶级（我国台湾地区的实践已经证明了这一点），另一方面不利于土地的整合和集中。

第三，实践中也出现过一些地方进行农地私有的实践，但并未产生连锁反应和显著效果。而集体所有、分户承包是中国人民的历史选择。此外，已有研究运用中国 1949—2009 年的数据实证检验了不同产权类型的交易费用，发现集体产权的边际交易费用最小，国有产权次之，而私人产权最高，进而指出中国农地产权制度变迁是交易费用最小化的理性选择（罗必良，2014）①。

第四，我国土地承包经营权现实中拥有除了归属权以外所有权的几乎全部权能，和私有产权在权利上并无本质的差别。而我国农村土地集体所有制自 1958 年以来已经运行了半个多世纪，农村土地集体所有的观念已经深入人心，形成较强的制度变迁路径依赖，改变所有制的制度变迁成本过高。正如黄少安等（2012）② 所指出的，制度间的共时关联使得制度变革不能单兵突进，制度的历时关联（时间上的联系）使我们不能忽视历史选择的影响。类似地，温铁军（2008）③ 指出，我们农村现在形成的这种基本制度，的确是经过长期实践检验的、总体上符合中国国情的制度。倘若没有条件在农业外部的宏观环境上做出重大政策调整，就应该继续坚持农村基本经济制度，不要轻易改变。

二、国有化道路不可行

农村土地国有化道路主张将农村土地收归国有，与此同时，农村土地的长期使用权赋予农民，农民在国家法律规定的范围内，具有使用、经营等权利，并允许农民对该权利转让、租赁、抵押和继承。土地国有化主张也由来已久（参见：安希伋，1988）④。而在国有化主张之下，具体的制度安排主要有四种，即“土地国有，农民永佃”模式、“土地国有，租赁经营”模式、“土地国有，私人经营”模式以及“土地国有，承包经营”模式⑤。其中西南政法大学的刘俊教授提出的系统化的制度设计最具代表性。其主要观点可以概括为：

---

① 罗必良. 中国农业经营制度：理论框架、变迁逻辑及案例解读［M］. 北京：中国农业出版社，2014：150.

② 黄少安，等. 产权理论比较与中国产权制度变革［M］. 北京：经济科学出版社，2012：215.

③ 温铁军.“土地私有化”不是中国农村的未来方向[EB/OL].(2009-09-06)[2019-06-10].https://www.douban.com/note/43931288/.

④ 安希伋. 论土地国有永佃制［J］. 中国农村经济，1988（11）：22-25.

⑤ 汪军民. 我国农地法律制度改革的路径分析［J］. 中南财经政法大学研究生学报，2008（5）：117-128.

土地属于国家所有，并在土地国有的基础上进行所有权重构，包括土地设定权、土地收入权、土地使用权、土地发展权、土地回归权；在土地使用权下设农地利用权，农地利用权有一定使用期限，期限届满国家通过土地回归权收回土地利用权；而土地利用权属于物权，享有土地所有权的占有、使用、收益、处分权能，并可在规定范围内自由流转；此外，农地利用权的初始取得要有特定的主体资格限定，只有农村户口的农民才有资格；并且实行人人平等、平均分配，初始无偿取得，不得再重复享受①。

农村土地国有化主张的理由主要是：第一，现实中国有土地和集体土地存在地位上的不平衡，因此农地国有化能够提高农村土地的地位，使得城乡土地受到一体保护，进而降低了农民土地权利被侵害的可能。第二，农地国有化后能够解决现行农村土地集体所有制下所有权主体缺位、集体土地产权不清等制度缺陷问题。第三，土地具有稀缺性和不可再生性的特点，同时土地肩负着对人的生存保障功能，这就使得“符合社会发展趋势的土地所有权制度必然是对土地私人所有权形式的根本否定；只要土地资源与人类土地利用的紧张状态无法改变，土地私人所有权形式就越来越失去它存在的合理性基础”②。

在我国现行产权制度下，农地国有化主张实际上和农地私有化主张可谓“殊途同归”，因为我国现行城市土地制度就是土地所有权归国家所有，而土地的使用人通过划拨或者出让的方式来获得国有土地使用权。而无论农地国有化主张的具体模式如何选择，其本质上都是在土地使用权上做文章。

与农村土地国有化主张联系最紧密的应该是永佃制度。主张永佃制的观点意图通过绝对化农民土地使用权的方式来使农民土地权益获得更好的保障。需要注意的是，现代资本主义国家中出现过的永佃制的权能并没有我国现行的土地承包经营权完整。如日本明治维新制定的《日本佃农法案》规定，土地的租赁和永佃只能“以耕作为目的”“承租人虽经出租人承诺也不得将耕地转租”。而德国《世袭农地法》规定，“世袭农地在原则上无让渡性及担保能力”。可见在日、德两国曾经的永佃制度下，永佃权是不具备转租、担保等权能的，其与我国现行土地承包经营权权能相比要狭窄得多。关于永佃权不能转租的原因，杨立新（2000）③ 指出，永佃权人的义务包括不得将佃地出租给他人，因为如果允许永佃权人将佃地出租给他人，不劳而获，从中渔利，就难以

① 刘俊. 土地所有权国家独占研究［M］. 北京：法律出版社，2008：314-327.

② 同①13.

③ 杨立新. 论我国土地承包经营权的缺陷及其对策：兼论建立地上权和永佃权的必要性和紧迫性［J］. 河北法学，2000（1）：5-13.

达到保护耕作人和改良土地的目的。

当然，我国历史上也出现过另一种形式的永佃权，其特征是将土地权利分为“田底权”（所有权，属于地主）和“田面权”（用益权，属于农户），“田底权”和“田面权”永久分离，农户的“田面权”可以出租，进而成为二地主，也可以继承或出卖。类似的制度在欧洲中世纪也出现过①。据考证，西方的“永佃制”最早可以追溯到公元前5世纪的希腊城邦的铭文记载：将未耕耘的土地长期或永久出租以便加以开垦的情况，以及对已开垦的土地的类似出租情况②。至公元2世纪，永佃权正式成为一种法律概念在优士丁尼时期形成了一种完整的制度并为后世所因袭，进而奠定了西方永佃制度的基础③。在中国唐代后期至两宋，在“不立田制、不抑兼并”的治理思想的指导下，租佃制盛行，土地买卖和租赁开始繁荣，佃农对地主的人身依附关系瓦解，永佃制孕育而生。到明清时期，土地民间交易进一步活跃，永佃权盛行于江苏、江西、福建、安徽等地，称土地所有权为“田底权”，称永佃权为“田面权”。在中国古代永佃制中，佃户取得了“常为佃户，不失居业”（《魏泰·东轩笔录》）④ 的永佃地位而不论田底是私田还是官田。如清代《户部则例》规定：民人佃种旗地，地虽易主，佃户仍旧，地主不得无故增租夺佃⑤，此即所谓的“倒东不倒佃”。可见，在永佃关系中，佃户虽有交租的义务，但取得了世代承耕的权利⑥。

本书认为永佃制也不能成为我国农地产权制度的改革方向。就第一种永佃权而言，其实际权能相较于我国现行制度安排过于狭窄（理论上，权利人只能通过自己耕作这一种方式来实现权利），这必然会限制农民自由迁移、阻碍我国城市化和工业化的进程。而就第二种永佃制而言，无论是中国古代的永佃制还是欧洲古代的永佃制，其积极作用都在于调动农民进行生产和投资的积极性（吴凡文 等，2015）⑦。而我国土地承包经营权事实上已经起到了调动农民

---

① P. 布瓦松纳. 中世纪欧洲生活和劳动［M］. 北京：商务印书馆，1985.

② 彼得罗·彭梵得. 罗马法教科书［M］. 黄风，译. 北京：中国政法大学出版社，1992：16.

③ 江平，米健. 罗马法基础［M］. 北京：中国政法大学出版社，1997：117.

④ 左平良，李平龙. 我国永佃权流转的历史考察［J］. 湖南行政学院学报，2007（1）：75-77.

⑤ 李玉生. 中国古代法与现代民法物权制度比较研究：兼及《中华人民共和国物权法（草案）》的相关规定［J］. 南京师大学报（社会科学版），2005（6）：46-52.

⑥ 张晋藩. 清代民法综论［M］. 北京：中国政法大学出版社，1998：114.

⑦ 吴凡文，王小芳. 农村土地承包经营权与永佃权比较研究：兼论次级农村土地承包经营权之确立［J］. 贵州财经大学学报，2015（3）：100-109.

生产和投资积极性的作用。此外，永佃权一般都有一定的存续期，如《日本法民法》规定，永佃权的存续期间为20年以上50年以下，长于50年的期限设定永佃权者，其期限缩短为50年。而我国土地承包经营权的法定期限为30年，实际上在中央2008年提出土地承包经营权承包期限长久不变后，土地承包经营权已经具备了永佃制在期限上的特征。进而有学者指出，在土地承包经营权的承包期限长久不变后，承包制就变成了永佃制（张曙光 等，2009）①，持类似观点的还包括：柴荣（2007）②、崔建远（1994）③ 等。

实际上，国有化以及与国有化相伴随的永佃制，其都需要对农村土地制度进行大的变革，如改变农村土地的归属关系，将集体所有的土地收归国有。而这一土地归属关系在全国范围内的变动容易引起我国在经济、政治和社会等方面的震动④。

此外，农村土地国有后，农民对土地的使用原本基于集体的承包关系瓦解，那么无论是永佃权还是其他类型的权利都面临一个创设的问题，即农民土地权利的初始取得。这就需要设立一个庞大的机关来主管这项事务，这不仅会带来较大的制度成本，还会增加农地利用的交易费用。

再者，针对我国现行农地制度中农民土地权益易受侵害的讨论中，集体"虚化"、所有权"虚置"遭受的非议最多。一旦将土地所有权国有化，那么所有权由谁来行使？农民土地权益受到侵害后找谁来负责？显然，在现行制度安排明确了土地所有权的行使主体为村一级集体的情况下，土地所有者都无法有效保护农民的土地权益，那么土地国有化后，问题只可能更加严峻而不会得到缓解。现行的制度安排下，农地所有者为集体，虽然是"虚置"的，但与国家仍然是两个不同的主体，至少理论上这种分权配置必然存在制衡国家权力（主要是政府的行政权力）侵害农地所有权的可能。然而土地所有权收归国家后，这种通过外部力量制衡国家权力侵害农村土地所有权的可能性就灭失了，政府的行政权力（尤其是地方政府）对农地资源的干涉将处于行政体系的内部监督之中，这种缺乏外部力量约束的内部监督能否奏效？就目前的情况来看不容乐观。

---

① 张曙光，程炼．复杂产权论和有效产权论：中国地权变迁的一个分析框架［J］．经济学（季刊），2012，11（4）：1219-1238.

② 柴荣．古代物权法研究：以土地关系为研究视角［M］．北京：中国检查出版社，2007：199.

③ 崔建远．房地产法与权益冲突及协调［J］．中国法学，1994（3）：58-63.

④ 王贵宸．关于规模经营和土地制度［J］．南方农村，1988（2）：20-24.

最后，土地国有后，农民的土地使用权需不需要付费也是一个需要讨论的问题。也就是说，所有权的地租如何安排？自从农业税费改革后，农民在土地承包经营权上就不再负有地租负担。而这一现象在农村土地集体所有制下可以得到解释，即农民作为集体成员，使用本集体的土地未支付地租，那么地租损失由集体承担，而农民又是集体成员，因此可以认为在集体所有制下，所有权的地租由集体成员内部消化了。但土地收归国有后，原本集体内部消化的问题就必然外部化。如果收取地租，可能会增加农民负担，引起农民不满，如果不收取地租，就会使国家土地所有权没有获得有效表达，所谓的“永佃”可能在原理上就不成立了，进而丧失其功能意义，因为永佃权是支付佃租而取得使用土地的物权，因而佃租就是使用土地的对价，又是永佃权成立的必要条件（杨立新，2000）①。

另一个不得不提的问题是，永佃权之所以受到经济学界和法学界的热议，与其在历史上的功能不无关系。根据本书对中西方古代永佃权制度沿革的论述，无论是东方的永佃制还是西方的永佃制，其制度设计的目的都是稳固农地关系、调动农民生产和投资的积极性（吴凡文 等，2015）②，其制度之本源性价值表现为塑造了一种对抗性权利体系，从而实现土地所有权人与土地使用权人的利益平衡（刘云生，2006）③。但需要强调的是，历史上的永佃权，其在本质上属于用益物权的一种，与其他权利一样，永佃权同样具有灭失条件，根据杨立新（2000）④ 的归纳，永佃权因以下原因而灭失：一是永佃权人将土地出租他人，或积欠佃租达到一定期限（如 2 年以上），土地所有人应撤销永佃权人的永佃权，并进行登记。二是永佃权的抛弃。三是土地因意外灾害灭失。四是土地被国家征用。五是土地所有权与永佃权混同。可见，从权利对抗性的角度来看，与我国现行的土地承包经营权相比，永佃权的对抗性并没有什么特别之处，甚至还稍显薄弱。不仅同样会因国家征地而灭失，还会因欠缴地租而灭失，而现行土地承包经营权不仅没有地租的负担，即使是在存在农业税的时

---

① 杨立新. 论我国土地承包经营权的缺陷及其对策：兼论建立地上权和永佃权的必要性和紧迫性［J］. 河北法学，2000（1）：5-13.

② 吴凡文，王小芳. 农村土地承包经营权与永佃权比较研究：兼论次级农村土地承包经营权之确立［J］. 贵州财经大学学报，2015（3）：100-109.

③ 刘云生. 永佃权之历史解读与现实表达［J］. 法商研究，2006（1）：76-81.

④ 同①.

期，土地承包经营权也不会因未缴纳农业税费而法定灭失[①]。

第五节 家庭联产承包责任制——我国农村土地制度改革的必由之路

如前文所述，当前学界对我国农村改革，尤其是农地制度改革存在一定的争论和观点的交锋，本书认为，我国现行的农地制度格局恰是我国农业、农村改革中应当坚持的关键，也是关系到我国农业现代化能否成功的关键。

一、集体所有、分户承包是历史的选择

土地承包经营权的全部制度安排是农村土地的集体所有制的重要组成部分，没有集体所有制也就没有针对集体所有土地的承包经营权。虽然当前集体所有制往往成为农地乃至整个农村问题为人诟病的焦点，但必须指出的是，集体所有制以及农村土地集体所有下的承包制在中国的推行具有其历史必然性。

第一，在20世纪50年代国家推行集体化过程中并未遇到农民普遍、强烈的抵制，以至于集体化运动在全国范围内以较快的速度被推广并实施，虽然事后来评价20世纪50年代的这一场“集体化”运动时人们必然会对其过激、过快的推行速度感到惊讶，但同时也必须承认，在这一过程中，广大农民的剥夺感是不强的。对这一现象的解释，本书认为，一方面是我国广大农民在“土改”前普遍没有土地，而“土改”使农民获得了原本属于地主阶级的土地，农民清醒地认识到其土地所有权是共产党所赋予的，加之赋予的时间不长，因此国家号召的“集体化”运动能够得到广大农民的普遍响应（至少不是普遍抵制）。正如周其仁（1995）[②] 所指出的，国家在组织无地少地农民平分土地运动中具有决定性的作用，同时平分土地的结果又可以经过国家的认可而迅速完成合作化，因此领导了土地改革那样一场私有化运动的国家，就把自己的意志注入了农民私有产权，进而当国家意志改变的时候，农民的私有制就必须改变。另一方面，“集体化”运动并未剥夺农民的土地所有权，而是通过合作的

---

① 我国《土地承包经营法》第三十五条规定：承包期内，发包方不得单方面解除承包合同，不得假借少数服从多数强迫承包方放弃或者变更土地承包经营权，不得以划分“口粮田”和“责任田”等为由收回承包地搞招标承包，不得将承包地收回抵顶欠款。

② 周其仁. 中国农村改革：国家和所有权关系的变化（上）：一个经济制度变迁史的回顾[J]. 管理世界，1995（3）：178-189，219-220.

方式将属于农民各自所有的土地通过合作社的方式来集中经营，因此农民的剥夺感并不强烈。此外，“集体所有”在某种程度上迎合了我国农民长期以来以“均田地”为代表的朴素的公平诉求，具有一定的合法性基础，这也是“集体化”能够顺利推行的原因。此后的家庭联产承包责任制的推行又以平均分地的方式顺利地实现了均田承包，也是得益于平均分配土地，迎合了广大农民的公平诉求。

第二，在私有制和承包制的十字路口，人民选择了承包制。回顾我国家庭联产承包制的形成过程，其带有明显的自发性特征。党的十一届三中全会通过的《农村人民公社工作条例（试行草案）》提出了实行责任制的规定①，该文件同时也规定“不许包产到户，不许分田单干”。事实上，党的十一届三中全会并未提出通过实行联产承包制来进行农村改革的任务，也就是说，包干到户其实并非农村改革开始前制度设计的目标。但生产责任制的实施却为农村改革开辟了道路，并事实上成为农村改革的起点。正是由于在改革前，制度设计者没有对农村改革的具体形式进行目标设计，这使得各地在贯彻责任制的过程中出现了多种形式的责任制，其中就包括了“包产到户”和“包干到户”的形式②。而中央对于各地出现的“包产到户”的情况也采取了宽容的态度，提出了“不要勉强去纠正，更不能搞批判斗争”③ 的指示。这实际上是将农村改革方向的选择权赋予了广大人民群众。而随着“包产到户”在各地的发展，其所带来农业效益的显著提升也引起了决策层的关注。此后，中央政策层面对“包产到户、包干到户”态度的转变（由“不许”到“可以”④）也就顺理成章、水到渠成了。这一过程表明，农村改革中承包制的形成是广大群众社会实践的历史选择，具有历史的内在规律性。与之相对应的，土地私有制在当时的情况下也是可能的选择之一。既然历史赋予了人民这样的选择权，为什么现在被大家“喜闻乐见”的土地私有制最终没能成为历史的主流呢？一个“廉价”

---

① 该文件规定：农业、林业、牧业、副业、渔业、工业，不论是否实行单独核算，都要根据生产需要，建立小组的或个人的岗位责任制，实行定人员、定任务、定质量、定报酬、定奖惩的制度。计酬的形式可以按定额计分，可以按时计分加评语，也可以在生产队统一核算和分配的前提下，包工到作业组，联系产量计算报酬。

② “包产到户”是指按家庭承包土地，产品全部或大部分要上交集体，由集体记工分；“包干到户”也是按家庭承包土地，但要完成上交任务。两者的区别在于：在“包产到户”中，集体通过记工分的方式对家庭进行考核，并以此作为分配依据，集体拥有较强的分配权；而在“包干到户”中，由于家庭只需要完成上交任务，农户获得了一定的剩余索取权，集体统一分配的职能退化了。

③ 参见：《一九七九年三月国家农委召开农村工作座谈会纪要》。

④ 参见：1980 年杜润生先生起草的中央 75 号文件。

的答案是政策不允许。但考虑到“包产到户”最初也是被明令禁止的，就让人不得不思考一个问题：为什么“包产到户”可以冲破政策的界限，而“土地私有”没能做到这一点呢？事实上，就当时的情况来看，“土地私有”从某种意义上来讲还具有一定的优势：第一，“集体化”运动之前，农村土地实行的就是私有制，人民公社造成了农业的低效和农民的贫困，要改变这一现状，回到土地私有似乎是农民心中当然的选择；第二，土地私有化是广大农民观念中既存的制度安排，而承包制反而是农民观念中的“新概念”，而中国农民的传统行为动机是以追求生存安全为第一诉求，显然，退回到土地私有制的状态既符合制度变迁的路径依赖，又能够满足中国农民的追求生存安全的诉求。但在农村改革的十字路口，中国农民一改传统的保守作风，用实际行动创造了一种责任制的实现形式，使“包产到户”走上了历史舞台。从“包产到户”的发展历程可以看出，其冲破政策界限的关键在于：一方面，“包产到户”在社会实践中被群众广泛选择；另一方面，“包产到户”的推行极大地调动了农民的积极性，使得农业生产的效率得到显著提高，进而引起了决策层的关注。如果土地私有也能够极大地解放生产力，并获得农民的普遍认可，那么在当时“解放思想”的历史背景下，其要冲破政策的界限也是十分容易的。事实上，当时确有一些地方提出过私有的要求，但由于规模太小且经济效果不佳，未能获得农民的普遍响应①。土地私有没有成为人民选择并非由于政策不允许的另一个证据是，在20世纪90年代中期的私有化浪潮中，乡镇企业几乎全部私有化，如果土地私有能够给农业效益带来显著的提高，只要有个别地方进行试点并取得成功，必然会在全国范围内引起普遍反响，进而使土地私有制变成现实。然而，历史的现实给出了答案，即便是在20世纪90年代汹涌的私有化浪潮中，广大农民依然坚定地选择了集体所有制。这表明，土地集体所有下的承包制是符合广大农民利益的，正如周其仁（1995）② 所指出的，农民在底层的朴素创造，表明他们完全懂得节约交易费用这一套道理，而要节约交易费用，就不能回避产权安排的形式。

第三，中国农村改革过程中，广大农民普遍的公平诉求和农村人地矛盾的客观现实决定了农地制度变革的道路选择。对于中国农村土地私有化道路的不

---

① 张路雄. 耕者有其田：中国耕地制度的现实与逻辑［M］. 北京：中国政法大学出版社，2012：100.

② 周其仁. 中国农村改革：国家和所有权关系的变化（下）：一个经济制度变迁史的回顾［J］. 管理世界，1995（4）：147-155.

可行性，周其仁（1995）[①] 给出了更具体的解释，他认为土地私有化道路之所以在中国农村走不通，要害有两点：第一，不同的农民家庭处于不同的家庭生命周期，有不同的劳动人口比率，因此对于土地分配有着不同的变化着的要求；第二，把人口作为分配土地权利的依据，无论如何都得不到稳产的产权边界。第一点决定了土地私有化程序的困境；第二点则造成了土地分配后的实质性麻烦（这个麻烦主要是指，在私有产权界定时的静态合理性无法满足农民家庭人口动态变化的需要，进而颠覆初次界定的合理性）。周其仁（1995）[②] 进而认为，“包产到户”而不是土地私有化成为普遍的潮流，在村庄一级就有其深刻的理由，即村庄社区作为集体土地的最终所有者，其可以作为对付变动的人口对土地分配所造成的压力的某些手段。类似地，陈剑波（2006）[③] 也认为，土地集体所有是土地得以均分的重要前提，而均分土地又是众多农村人口在缺乏社会保障机制的情况下维持生存所必需的制度安排。本书认为，这背后反映出的现实是，中国广大农民朴素的公平诉求在本质上对土地的私有化就是排斥的，这是中国农村的客观现实。而这种排斥，同样会转嫁到“永佃制”等其他在法权形式上完全固化农户个体产权的制度设计上。

实际上，在20世纪80年代那场轰轰烈烈的农村改革过程中，备选的方案或者说可能的道路并不只有“包产到户”和土地私有两种。如，1980年中央75号文件中决策层曾经设想过“专业承包，联产计酬责任制”，以及1981年中共中央办公厅转发的《关于农村经济政策问题的一些意见》中提出的“统一经营、联产到劳”的责任制形式等。上述设想最终都没有实现。以上分析表明，在中国农村改革道路的选择上，人民群众的自主性发挥了主导作用，而决策层在改革之初并未对制度设计做出刚性安排，而是将选择权赋予了人民，因此“包产到户、包干到户”形式的联产承包责任制是历史的选择，具有内在的规律性。同时，农村群众实践选择的内在逻辑也表明，中国农村的农地产权制度安排必然需要包含一定的集体因素（共同体因素），这虽然可能会损失一部分效率（不一定损失），但除非工业化和城市化有相当成熟的进展，否则用土地私有化去解决这个问题多半会得不偿失（周其仁，1995）[④]。

综上，“农地私有化”“农地国有化”进而“农地永佃制”等意图赋予个

---

① 周其仁. 中国农村改革：国家和所有权关系的变化（下）：一个经济制度变迁史的回顾[J]. 管理世界，1995（4）：147-155.

② 同①.

③ 陈剑波. 农地制度：所有权问题还是委托-代理问题？[J]. 经济研究，2006（7）：83-91.

④ 同①.

体以绝对私有产权的制度形式注定在中国农村缺乏生存的土壤。正如董景山（2010）[①] 所指出的，土地“国有化”的后果与土地“私有化”的后果没有本质区别。

二、双层经营体制的确立是农村实践的选择

如果说土地私有化不是中国农村改革的选项，那么无论农地产权如何改革，集体的因素都必然会在产权安排中得到体现，正如周其仁（1995）[②] 所指出的，村庄社区作为集体土地的最终所有者，其作为对付变动的人口对土地分配所造成的压力的手段，是有存在的必要的。虽然农地产权中包含集体因素有其历史必然性，但具体采取何种方式，在当时的历史条件下仍然是悬而未决的。农村改革之初，虽然确立了“包产到户”这一责任制形式的合法性，但这还仅仅停留在对实践做法的肯定上，离形成统一完善的制度尚有一段距离。而从“包产到户”到“包干到户”再到最后形成家庭承包乃至统分结合的双层经营体制的确立，又经历了一个历史选择的过程。

在“包产到户”的联产承包制当中，虽然实现了家庭经营，农户获得了支配自己劳动力的自由和发展家庭副业的自由，但“包产”需要核实产量且产出还要全部上缴集体，集体再根据每户上交的“产量”对“包产”进行评价（以工分的形式），再根据评价结果对全部“产量”在每户之间进行分配，由此形成的交易成本和管理成本都使集体难以承受。因此，“包产到户”在实际运行过程中很快就演变为“包干到户”。而在“包干到户”中，农户只需要完成既定的上交任务，对剩余部分就可以自主支配，降低了集体的管理难度。而这一过程仍然是群众自发选择的结果。至此，联产承包的经营形式基本固定下来。与此同时，不仅理论界出现了“在实行家庭承包基础上实行土地私有”的声音，就连大部分党政领导干部也认为联产承包制是掩盖“单干”实质的遮羞布。为此，中央从 1982 年开始，连续发了 5 个一号文件，对联产承包制的各个方面做了进一步细致的规定，进而明确提出了双层经营的概念。其中，1982 年的中央一号文件，针对“包干到户”就是“土地还家”“分田单干”的误解，明确了联产承包责任制的性质，指出：“包干到户”是建立在土地公有制基础上的，它不同于合作化以前的小私有的个体经济，而是社会主义农业经济的组成部分；联产承包制的运用，可以恰当地协调集体利益与个人利益，

---

① 董景山. 农村集体土地所有权行使模式研究［M］. 北京：法律出版社，2012：128.

② 周其仁. 中国农村改革：国家和所有权关系的变化（下）：一个经济制度变迁史的回顾［J］. 管理世界，1995（4）：147-155.

并使集体统一经营和劳动者自主经营的积极性同时得到发挥，“宜统则统，宜分则分”通过承包把“统”和“分”协调起来。可见，中央 1982 年的一号文件中保留集体经济优越性的指导思想十分明确，这也形成了后来双层经营体制的初步构想。1991 年党的十三届八中全会进一步提出，这种双层经营体制，在统分结合的具体形式和内容上有很大的灵活性，可以容纳不同水平的生产力，具有广泛的适应性和旺盛的生命力。

通过以上分析可以看出，双层经营体制是中共在结合农村实践基础上进行的一次制度创新，是一项伟大的制度安排。这一制度安排一方面保留了合作化的积极成果，至少为农业合作保留了制度上的火种；另一方面也赋予了该制度最大的灵活性，通过“统”和“分”的自主调节，适应了中国不同地区的不同生产力发展水平，进而使这一制度能够在全国范围内得以推广。

实际上，双层经营体制确立后，在对集体土地的承包制的选择上，决策者仍然采取一种放权的态度，允许各地根据实际情况实行多种形式的承包制。一直到 1991 年党的十三届八中全会，才第一次用了“以家庭联产承包为主的责任制”的提法。随后的 1993 年的宪法修正案中，对联产承包责任制的规定仍然是“家庭联产承包为主”。可见，家庭承包制并非承包制的唯一形式，这也是中央历来坚持因地制宜，反对一刀切的一贯政策。而正是这种灵活的态度，赋予了人民群众广阔的实践自由，也体现了决策层最大的善意。而决策者在这一制度形成的过程中并没有预先设定一个制度目标，而是将制度的塑造交由广大人民群众来大胆实验，并在实践反复论证的基础上再来进行相应的制度建设，如根据实践情况通过政策文件来肯定、保持、巩固及调整。因此，这样一种制度必然是符合生产力发展规律且具有广泛适应性的。

三、土地承包经营权的完善过程

双层经营体制确立后，农村土地集体所有、农民分户承包的制度框架就已确立，而这时调整农民与集体之间围绕集体土地使用的关系就成为整个双层经营体制的关键性制度安排。笼统来讲，农民通过承包制来获得对集体土地的权利，但农民的这个对集体土地的权利究竟包含哪些权能，也即农民究竟可以在多大程度上利用承包得来的土地是双层经营体制必须解决的问题。从法律的角度来看，这是一个所有权权能分离的问题。具体而言，农民通过承包制这一中介获得了关于集体土地的权利，农民的这个土地权利是从集体的土地所有权当中分离出来的。这时需要厘清的问题是，农民到底从集体的土地所有权当中分得了多大权利，换句话说，集体土地所有权到底在多大程度上容忍其权利的分离。上述疑问是需要农村土地承包经营制度做出明确回答的。只是这个回答的过程不会一蹴而就，其必然也是随着生产实践的进行以及认识的深化而不断完善的。

（一）权利的稳定

对于家庭承包权而言，中央从一开始实行家庭承包时就注意到了承包权的稳定问题。1982年中央一号文件指出，社员承包的土地尽可能连片，并保持稳定。1984年中央一号文件提出，土地承包期一般应在15年以上。1993年，中共中央、国务院发布《中共中央、国务院关于当前农业和农村经济发展的若干政策措施》，该文件最主要的政策措施是规定“在原定耕地承包期到期后，再延长30年不变”。由此可以看出，赋予农民长期有保障的土地权利（财产权利），是贯穿我国承包制始终的制度诉求。

（二）权能的扩大

家庭联产承包责任制实行以来，土地承包权的权能呈现不断扩大的趋势。这一方面迎合了农业、农村、农民的实际需要，另一方面也是对家庭联产承包责任制运行过程中所出现的问题的不断修正，并最终形成了我国独有的一种土地产权形式（农民土地财产权形式），是伟大的制度创新。土地承包经营权的权能扩大进程大致可以分为三个阶段：

第一个阶段，允许转包。1984年中央一号文件规定，社员在承包期内，因无力耕种或转营他业而要求不包或者少包土地的，可以将土地交给集体统一安排，也可以经集体同意，由社员自找对象协商转包。

第二个阶段，允许转让。1993年中央关于农村工作的文件提出，允许土地的使用权依法有偿转让。

第三个阶段，允许全方位流转。1995年国务院转批的农业部《关于稳定和完善土地承包关系的意见》规定，农村集体土地承包经营权的流转，是家庭联产承包责任制的延续和发展，应纳入农业承包合同管理的范围；经发包方同意，允许承包方在承包期内，对承包标的依法转包、转让、互换、入股，其合法权益受法律保护。

（三）权利的强化

随着农地产权由集中走向分散，分散产权的保护问题开始凸显，政策为了满足农地产权分散后的保护要求，也加强了对分散产权的保护力度。通过对中央文件内容的梳理，我们可以发现，对分散产权的保护力度也是随着我国农村生产、社会发展不断加强的。

首先是对集体土地调整权的限制。1993年中央关于农村工作的文件中提出“增人不增地，减人不减地”的办法。这时，文件对该政策的用词是“提倡”。1995年国务院转批的《关于稳定和完善土地承包关系意见》规定：“未实行‘增人不增地、减人不减地’的地方，也应保持土地承包关系的长期稳定；实在需要调整的，则尽量通过‘动账不动地’的方式调整或者根据‘大稳定、小调整’的原则进行，其中‘小调整’的间隔期最短不得少于5年。”1997年中共中央办公厅、国务院办公厅发布《关于进一步稳定和完善农村土地承包关系的通知》，强调“承包土地大稳定、小调整的前提是稳定”，同时提出了“小调整”应该坚持的原则：第一，“小调整”只限于人地矛盾突出的个别农户，不能对农户进行普遍调整；第二，不得利用“小调整”提高承包费，增加农民负担；第三，“小调整”方案要经村民大会或村民代表大会2/3以上成员同意，并报乡（镇）人民政府和县（市、区）人民政府主管部门审批；第四，绝不能用行政命令的办法硬性规定在全村范围内几年重新调整一次承包地。该文件的颁布，进一步限制了集体土地调整的权利，并且从政策上提高了村集体调整土地的行政成本，如要求“‘小调整’方案要经村民大会或村民代表大会2/3以上成员同意，并报乡（镇）人民政府和县（市、区）人民政府主管部门审批”。事实上，农村土地30年的承包期和“小调整”之间显然是矛盾的。而1997年中央以两个办公厅名义发布的这项文件表明，决策者在“土地30年承包期”和“小调整”之间给出了倾向性意见。此外，该文件还对“动账不动地”的“两田制”进行了限制，进一步表明了决策层在农地产权上的态度。

其次，对于“规模经营”中央也明确了态度，即必须在当地条件允许和尊重农民意愿的基础上才能推行，并强调“不能不顾条件，用行政手段硬性推行”①。此外，1997年中央以两个办公厅名义发布的关于土地政策的文件也明确了：即便是在适合搞规模经营的经济发达地区，农民自愿将土地使用权有偿转让或交给集体实行适度规模经营，农户对集体土地的承包权利并不改变，并再一次强调，土地使用权的流转要建立在农民自愿、有偿的基础上，不得搞强迫命令和平调。可见，农民土地承包经营权的权利架构在事实上已经搭建完成，并在政策层面不断得到强化，成为农民事实上的一种绝对权利，剩下的无非是将这种政策确定的权利通过立法的方式进一步固定下来。而此后，2002年出台《农村土地承包法》、2004年修订的《土地管理法》以及2007年颁布的《物权法》正式从法律层面对农民土地承包经营权进行了规定，使土地承

① 参见1997年《中央农村工作文件》。

包经营权成为一种法权受到国家法律保护。而《农村土地承包法》第二十六条规定："承包期内，发包方不得收回承包地"；第二十七条规定："承包期内，发包方不得调整承包地"。可见，《农村土地承包法》的出台，基本否定了政策上可能存在的土地调整的空间，进一步贯彻了政策关于土地关系稳定的诉求。

除此之外，《农村土地承包法》的颁布还进一步强化了决策层将土地承包经营权绝对化、私权化的意图。该法第三十五条规定："承包期内，发包方不得单方面解除合同，不得假借少数服从多数强迫承包方放弃或者变更土地承包经营权，不得以划分'口粮田'和'责任田'等为由收回承包地搞招标承包，不得将承包地收回抵顶欠款。"这条规定实际上使得土地承包经营权突破了承包关系的限制。同时，《农村土地承包法》第三十六条规定："土地承包经营权流转的转包费、租金、转让费等，应当由当事人双方协商确定。流转的收益归承包方所有，任何组织和个人不得擅自截留、扣缴。"该规定充分体现了土地承包经营权的私权属性。而根据《农村土地承包法》对土地承包经营权的规定，发包方即集体经济组织在30年承包期内对承包土地几乎丧失了所有的权利，而发包方权利丧失的必然逻辑结果就是承包方权利的获得，因此这显然是突破了承包关系的范畴，而这种突破是在决策层的意图下，由表达国家意志的法律来实现的。

第六节　土地承包经营权的权利性质分析

一、土地承包经营权的性质辨析

（一）土地承包经营权不是简单的承包权

承包关系是一种典型的债权债务关系。承包关系的双方，即发包方与承包方之间根据承包合同确立双方的权利和义务，只要在法律允许的范围内，合同双方可以根据意思自由的原则任意地约定双方的权利义务，理论上发包方可以无限扩大承包方的权利，直至该权利趋近于所有权。但无论承包合同对承包方权利如何扩大，承包权都无法突破债权的范畴。债权是一种相对权，与物权的绝对性相对应，所谓相对权就是指该权利的义务人是依据合同确立的特定人，权利人必须通过义务人实施一定行为才能实现其权利。在承包关系中，这个特定义务人就是发包方。在承包关系中，发包方并非只负有义务，而不享受权利，除了根据对价让渡承包标的物的占有、使用等权益外，发包方还有根据规定或者约定收回发包标的物的权利，以此来制约承包人的权利滥用。然而，根据我国现行农地制度的规定①，土地承包关系的发包方在承包期内丧失了限制承包方的主要权利，甚至在承包方不支付对价的情况下，发包方也不能收回承包地。这就表明，在承包期内，发包方对承包关系的标的在事实上是没有任何权利的。需要强调的是，现行法律在承包期内极度弱化了土地承包关系中发包方的权利。

另一个佐证农民土地承包经营权不应归结于普通的承包（合同）关系的证据是，《农村土地承包法》第三条和第十五条规定："农村土地承包采取集体经济组织内部的家庭承包方式""家庭承包的承包方是本集体经济组织的农户"。上述法律规定表明，农民的土地承包经营权是集体与集体内部成员之间的关系，并非一般的合同关系。法学通说认为，合同关系的当事人双方是平等的主体。而农民承包集体土地，自身又是集体的成员，虽然对于集体与成员间的关系学界尚未形成统一共识，但很难将其界定为平等主体之间的关系，因为集体与集体成员之间显然是存在某种身份关系的。

（二）土地承包经营权不仅仅是使用权（用益物权）

有观点指出，在现行农地制度下，农村土地的所有权归集体，这样一来，农民的土地权利自然就属于使用权，正如刘灿（2011）② 所指出的，从使用权制度看，土地承包经营权在经济学上被解释为使用权，在民法中是一种用益物权。然而，本书认为，用使用权来解释农民土地承包经营权也是缺乏解释力的。不可否认，土地承包经营权具有使用农村土地的权能，但并不能据此认为土地承包经营权的性质就是使用权。

首先，仅从从土地承包经营权的权能来看，土地承包经营权包括了占有、使用、收益、处分四项完整的权能。尤其是处分权能，虽然现行制度没有明确规定土地承包经营权的退出机制，但农民一次性处分其承包地在现实中并不鲜见。这就与一般的使用权显著不同了，一般使用权往往没有处分的权能。以租赁为例，《中华人民共和国合同法》第二百四十二条明确规定："承租人将租赁物转租给第三人，需要经过出租人同意，否则出租人可以解除合同。"类似地，《法国民法典》和《德国民法典》都对使用权人对其权利的处分做出了严格的规定。如《法国民法典》第六百三十一条规定："使用权人不得出租或出让其权利于他人。"而《德国民法典》第一千零八十条也规定："用益权不得

---

① 参见《农村土地承包法》第二十六条、第二十七条以及第三十五条。

② 刘灿．构建农民与农村经济长期发展的财产权基础：基于成都市改革经验的理论分析[J]．经济理论与经济管理，2011（11）：5-14.

转让；用益权既不得抵押，也不得用作担保或者再设定用益权。”

其次，从权利期限来看，使用权是所有权权利束中的一个，因此如果将其从所有权权利束中单列出来，那么它就必然会有存续期间，否则就必然会对所有权造成损害。使用权的期限特征早在《罗马法》时期就有明确规定。如《罗马法》规定：“为了不使所有权由于用益权永远分开而完全陷于无用，经规定一定方式使用益权消灭，而重新纳入所有权之内。”① 而土地承包经营权的法定期限是 30 年，政策期限是“长久不变”，这就意味着土地承包经营权没有明确的存续期间的限制。

综上所述，使用权的权利范围是比较狭窄的。而我国农民的土地承包经营权对标的物的使用除了实际占有（使用）的自由外，还拥有通过权利流转（间接占有）的方式来获得其流转对价的自由，甚至还可以将该权利一次性处分，即以出卖的方式来获得相应的对价，由此可以认为，使用者在承包期内事实上拥有了大部分所有权（张路雄，2011）②。

二、土地承包经营权的权利分析

既然土地承包经营权不能归为使用权（用益物权），那么在给出土地承包经营权究竟属于哪种权利之前，有必要对土地承包经营权这一现实权利进行一个简要的分析。

（一）土地承包经营权的权利内容

从权利内容来看，土地承包经营权包含的权能有：占有权、使用权、收益权以及处分权。当然，对于土地承包经营权的权能是否完整，学界存在一定的争议，这主要集中在两个方面：第一，土地承包经营权的流转受到限制（刘灿，2011）③。第二，国家对土地一级市场的垄断，导致了土地承包经营权在处分上的限制，具体而言就是不能改变土地的用途或者获得土地变性后的增值收益（刘灿，2011④；郭晓鸣 等，2013）⑤ 等。对于土地承包经营权流转受限制的讨论，本书认为在现行法律制度框架下，土地承包经营权的流转的确受到

---

① 查士丁尼. 法学总论：法学阶梯［M］. 张企泰，译. 北京：商务印书馆，1989：61.

② 张路雄. 耕者有其田：中国耕地制度的现实与逻辑［M］. 北京：中国政法大学出版社，2012：171.

③ 刘灿. 构建农民与农村经济长期发展的财产权基础：基于成都市改革经验的理论分析［J］. 经济理论与经济管理，2011（11）：5-14.

④ 同③.

⑤ 郭晓鸣，张克俊. 让农民带着“土地财产权”进城［J］. 农业经济问题，2013，34（7）：4-11，110.

了一定程度的限制，如现行制度要求土地承包经营权的流转需要发包方同意。但根据法学通说，现代社会中的物权均非完全的绝对权，任何物权都具有相对性，因此现行制度对土地承包经营权流转的这一限制并不能否认其处分权。此外，“发包方同意”这一限制在我国现行物权体系内属于程序性限制，同时也有观点提出该限制条件在物权变动过程中发挥“公示公信”作用[①]，因此，且不论该限制条件的合理性在法学界尚存争论，仅就其限制效力而言，其也未构成对农民土地承包经营权流转的实质性制约。况且，现实中我国农地承包者一次性出让 30 年使用权的事例比比皆是[②]，因此，本书认为，这一限制条件并不能从根本上否定农民对其承包土地的处分权。关于农地的用途管制，实际上这是大多数国家的主流做法。而探讨农民对土地的转用权也超出了本书的研究范畴，有限于本书篇幅以及笔者的水平，在此不再展开。综上所述，我国农民所享有的土地承包经营权是包含占有、使用、收益、处分四项完整权能的。而大陆法系国家关于所有权的完整性讨论正是建立在是否包含了占有、使用、收益、处分四项完整权能的基础上的，可见仅从权能的角度看，土地承包经营权具有完全所有权的性质。

（二）土地承包经营权的权利期限

从权利的期限来看，土地承包经营权的法定期限为 30 年，而我国党的十七届三中全会以及党的十八届三中全会两次会议，均明确了土地承包关系“长久不变”的政策期限。这就意味着，在我国现行制度框架下，土地承包经营权是没有期限限制的。有学者据此认为我国土地承包经营权被永佃化（高圣平，2014）[③]，但仅从权利期限的角度来看，即便是永佃权，在现代法律体系下仍然具有期限限制，如《日本法民法》规定，永佃权的存续期间为 20 年以上 50 年以下，长于 50 年的期限设定永佃权者，其期限缩短为 50 年。显然，50 年的永佃权期限和我国土地承包经营权的“长久不变”仍然是存在期限上的差异的。2007 年颁布的《物权法》将土地承包经营权纳入了物权的范畴，终结了土地承包经营权长期的“债权”“物权”之争。而根据法学通说，物权分为自物权和他物权。虽然我国《物权法》将土地承包经营权纳入了用益物

---

① 蔡立东，姜楠. 论土地承包经营权转让中的发包方同意［J］. 吉林大学社会科学学报，2014，54（4）：19-27，171.

② 张路雄. 耕者有其田：中国耕地制度的现实与逻辑［M］. 北京：中国政法大学出版社，2012：171.

③ 高圣平. 新型农业经营体系下农地产权结构的法律逻辑［J］. 法学研究，2014，36（4）：76-91.

权即他物权的范畴，但由于这一他物权缺乏具体的期限限制，这就必然造成他物权侵害自物权的现状，换句话说，这时的他物权就具有了自物权的性质。

（三）土地承包经营权与所有权的关系

从权利结构上来看，土地承包经营权派生于土地所有权，因此其必然受到所有权的控制（限制），这样所有权才能获得有效的表达，否则所有权就丧失了存在的意义。一般而言，所有权出让一定的权能，必然会获得一定的对价。更为关键的是，在所有权权能分离的情况下，虽然所有权的权能让渡给其他权利主体行使，但这并不表明所有权就此成了空虚的所有权或者“裸体”的所有权①，此时的所有权仍然具有绝对性，而这种绝对性是通过某种复杂的社会关系间接地作用于所有权标的物的，这被法学家概括为“支配权”②，而产权学派将此归结为剩余索取权。如 Alchian 和 Demsetz（1972）指出，经济组织的所有权其实就是一种剩余索取权，而正是这种剩余权激励所有者努力监管，也就是说，所有权实际上是对剩余的控制。而陈永正（2004）③ 进一步指出，在所有权与经营权分离的情况下，所有权必须依靠“控制权”来实现对剩余权的索取。可见，所有权的权能无论怎么转让，“控制权”是所有权获得表达的最终保障。然而，土地承包经营权的情况与此不同。从形式上来看，农地所有权归集体，农民通过承包经营权而获得对土地的实际占有和使用的权能。从静态来看，所有权和用益物权的界限是清晰的。但农村土地的所有权人事实上不能对土地承包经营权人施加任何实质性的影响和控制，如：不能调整土地、不能收回土地、用益物权期限长久不变等，甚至连起码的收益权都丧失了（农业税费改革取消了“三提五统”），这在前文中已经进行了论述。那么这种情况下，土地所有权事实上没有任何表达的途径。这显然是一种对所有权的侵蚀，或者说土地承包经营权事实上行使了所有权的职能。

需要强调的是，土地承包经营权获得所有权的权能或者对所有权的侵蚀抑或是土地承包经营本身就应该具有所有权的性质，是决策者刻意安排的结果，是现行制度的客观表现，因此，其具有正当性和合法性。当然，土地承包经营权对所有权的侵蚀或者具备所有权的性质并不是其权利诞生时就存在的，而是经历了一个发展过程，但无论是从土地承包经营权的发展趋势来看，还是从决策者的政策文件来看，土地承包经营权今天所获得的法律地位都是体现了政策制定者意志的，同时也是符合我国农村土地承包制度安排目的的合理表达的。

---

① 温世扬. 物权法要论［M］. 武汉：武汉大学出版社，1997：181.

② 王利明. 物权法论［M］. 北京：中国政法大学出版社，1998：230-231.

③ 陈永正. 所有制的历史演进及其当代特征［J］. 毛泽东邓小平理论研究，2004（3）：3-11.

三、在公有制视域下理解土地承包经营权

通过对土地承包经营权的权利分析我们可以看出，农民土地承包经营权无论是在权利内容、权利期限还是在权利结构上，相较于一般的使用权（用益物权）而言都是有过之而无不及的，以至于作为所有权所派生出来的权利，其对所有权的侵蚀引起了学界的注意。

正是这样一种农民所拥有的权利在现实中却屡屡引起社会的关注，这一方面是由于农民的土地承包经营权容易受到侵害，即便是在土地承包经营权已经在法律上实现了“物权化”，并且其权利内涵进一步丰富的今天，农民土地承包经营权被侵害的情况仍然屡见不鲜。如根据刘守英（2017）① 的调查，各地在推进农地“三权分置”的实践中，推进经营权流转、扩大规模经营、培育经营主体的热情很高，在扩大集体组织权力和搞活经营权上劲头很足，但对于承包农户的土地权利却不够重视，甚至存在削弱和侵犯的现象。另一方面，农民的土地承包经营权在实现过程中的障碍使得其很难成为农民真正的财产权利，从而无法为农民增收提供强有力的支撑，这不仅有负于“土地是财富之母”的“盛名”，同时也成了解决我国“三农”问题的瓶颈，为此，2007 年《中共中央国务院关于切实加强农业基础建设进一步促进农业发展农民增收的若干意见》提出：“进一步明确农民家庭财产的法律地位，保障农民对集体财产的收益权，创造条件让更多农民获得财产性收入。”2013 年党的十八届三中全会进一步提出，要赋予农民更多的财产权利，推动农村产权流转交易，探索增加农民财产性收入的渠道。

既然土地承包经营权相较于一般的使用权（用益物权）而言，无论是在权利内容、权利期限还是在权利结构上都是有过之而无不及的，那么在这样一种产权配置条件下，为何农地制度会成为我国农业农村发展的瓶颈呢？本书认为，之所以出现这样的现状，根本原因在于对土地承包经营权性质的认识存在偏差，进而使得相应的制度安排不足，使得农业发展的市场化环境发育不足，从而阻碍了农业农村的发展，因此，有必要重新理解土地承包经营权。而土地承包经营权是我国农村集体所有制下的一项农民对集体所有土地的权利。因而理解土地承包经营权必须要站在所有制的视角，否则对土地承包经营权的理解就会出现偏差。换言之，土地承包经营权是我国农村集体所有制下的制度安排，而集体所有制属于公有制，因此可以认为，不理解公有制就无法理解土地

---

① 刘守英. 善待农民地权是农地三权分置的前提［N］. 光明日报（理论版），2017-02-14.

承包经营权。

（一）公有制的历史考察

虽然马克思把前资本主义所有制分为：亚细亚的所有制形式、古希腊和古罗马的所有制形式和日耳曼的所有制形式[①]，但马克思的所有制理论中，“亚细亚生产方式”具有特定的含义和地位。首先，马克思把“亚细亚生产方式”作为人类社会的第一个生产方式明确提出来，其基本含义是原始公有制以及相应的原始社会形态[②]。其次，马克思使用“亚细亚生产方式”来指代早于古罗马和古希腊的所有制形式，它是一个超越地域的概念，是一个历史范畴[③]。最后，在马克思那里，“亚细亚生产方式”是原始公有制的代表。

那么，在“亚细亚生产方式”中，公有制是以什么方式存在的呢？马克思认为，在这样一种生产方式中，“人类素朴天真地把土地看作共同体的财产，而且是在活劳动中生产并且再生产自身的共同体的财产。每一个单个的人，只有作为这个共同体的一个肢体，作为这个共同体的成员，才能把自己堪称所有者或者占有者”[④]。由此可以看出，在“亚细亚生产方式”中，公有制的存在方式可以概括为：不存在个人所有，财产只是作为公共的土地财产而存在[⑤]。也就是说，公有制下土地由共同体所有；个人以共同体为媒介，把土地看作自己的土地，即公共土地财产对于个人来说同时又是个人的占有物[⑥]，显然，土地共同所有是以个人占有方式存在的。换言之，在“亚细亚生产方式”中，“共同所有”是通过“个人占有”来实现的。而将这种所有制形式体现得最淋漓尽致的是古代氏族公社中的家庭“份地”。因为“氏族公社是以家庭份地的同时存在为前提的，家庭份地的大小则以某一家庭之属于某个继承人（继嗣）集团为转移……这种公社的每个家庭都得到一块土地长久使用。这些土地是整个家庭的财产，始终由家长支配。土地完全不许出让——不论是出卖还是赠送，也不得在临死时立遗嘱而出让。如果某个家庭完全死绝，则属于它

---

① 马克思，恩格斯．马克思恩格斯全集：第46卷（上册）［M］．中共中央马克思恩格斯列宁斯大林著作编译局，编译．北京：人民出版社，1979：472.

② 马克思，恩格斯．马克思恩格斯选集：第二卷［M］．中共中央马克思恩格斯列宁斯大林著作编译局，编译．北京：人民出版社，1972：83.

③ 陈永正．所有权构造论：传统国有制之解构与全民所有制之重构［M］．成都：四川大学出版社，2003：129.

④ 同①.

⑤ 同①481.

⑥ 同⑤.

的财产就重新归还公社，由公社的部落长处理，交给最需要土地的家庭使用”[①]。马克思上述关于“份地”的论述表明：第一，公有制下，私人财产是存在的，并可以继承，因此，氏族公社的土地规则才会排除遗嘱对“份地”的适用；第二，“份地”归私人（家庭）占有，是家庭的财产；第三，“份地”虽然是家庭的财产，归家庭占有，但其归属关系属于共同体，其不可以任何方式出让和继承。综上所述，原始公有制是通过主要生产资料——土地的“个人占有”来实现的。虽然“份地”以及对“份地”的“个人占有”是原始公有制的具体实现形式，但这并不妨碍“份地”成为公有制的经典模型，正如陈永正（2004）[②] 所指出的，“份地”是公有制的精髓所在，对于理解公有制的存在方式具有普遍意义。此外，“份地”的所有制结构与我国农村土地集体所有、农民分户承包十分类似，具有很好的借鉴意义，对“份地”的剖析有利于我们进一步认清土地承包制以及土地承包经营权的本质[③]。

（二）剖析“份地”

1. “份地”的适用范围

马克思指出，“各个家庭的个体份地远远不包括公社的全部土地。公社的一部分土地——在大多数情况下是森林、沼泽地和牧场，但常常也有适于农业的地段——仍然归氏族全体成员共同使用”[④]。这表明，“份地”并非囊括了共同体的全部土地，而仅仅是一部分。但这一部分却是耕地——农业生产的主要生产资料。土地承包经营权的范围同样不包括共同体的全部土地，其范围同样也是以耕地这一农业生产的主要生产资料为主。

2. “份地”的初始分配

“为了使份地保持均等，就必须使每个共同占有者既能均等使用宜于灌溉的土地，又能平均使用不宜灌溉的土地。因此，在给每个家庭分配相应的份地之前，每个公社就要把属于它的全部土地分为若干田畴，份地的占有者，就从

---

① 马克思，恩格斯. 马克思古代社会史笔记［M］. 中共中央马克思恩格斯列宁斯大林著作编译局，编译. 北京：人民出版社，1996：26-27.

② 陈永正. 所有权构造论：传统国有制之解构与全民所有制之重构［M］. 成都：四川大学出版社，2003：134.

③ 本书关于公有制的考察以及对“份地”的剖析均转引自四川大学陈永正教授所著《所有权构造论——传统国有制之解构与全民所有制之重构》一书。由于本书需要借用“份地”理论和公有制的相关理论来说明土地承包经营权的性质，而陈永正教授提出的关于“份地”理论和公有制的考察并未在学界形成统一、普遍的认识，因此，本书将其主要论述和观点直接引用。特此说明。

④ 马克思. 马·科瓦列夫斯基《公社土地占有制，其解体的原因、进程和结果》一书摘要［M］. 北京：人民出版社，1996：30.

每个这种田畴中领受地段；这样一来，每个人都能均等地分享公社土地，而他为此也必须缴纳同其他社员一样多的一份实物税和货币税——这一方面使用于地方管理，即养护道路和灌溉以及支付当地公社官吏的薪水，另一方面则用于交付公社所负担的国税。每当人口增加而感到适于耕种但尚未使用的土地不足，致使公社成员间现有土地分配不均时，公社成员便进行重新分配。"① 这样的一种"份地"初始分配制度，可以说与农村土地集体所有制下的土地分配毫无二致，体现了当代我国农民对土地的公平诉求与原始公社时期社员对土地诉求的一致性，而这种一致性反映出来的历史规律显然是具有客观性的。

3. "份地"的公有性质

"份地"由个人占有，但这并不改变其公有的性质。"我们在公社中没有看到过固定的份地。每个人在继续耕种期间一直占有他所耕种的地段。一旦某个地段无人耕种，就重新列为公社'荒芜土地'，每个公社成员都可以占有它，条件是：由他耕种并缴纳摊派给该地段的赋税。"② 这表明，"份地"个人占有者的权利不是绝对的，其仍然受到土地真正的所有者，即"共同体"的制约。此外，"公社土地或长或短定期的重分制度"③ 也保证了"份地"的公有性质。因为，"每当人口增加而感到适于耕种但尚未使用的土地不足，致使公社成员间现有土地分配不均时，公社成员便进行重新分配"④。由此也可以看出，共同体是以社员身份为纽带而形成的，正如陈永正（2004）⑤ 所指出的，只有首先成为共同体的一员，才能以共同体为媒介来实行"份地"的个人占有以及调整"份地"大小的权利。我国农村土地的分户承包制度和"份地"的运行机制在本质上并没有差别。唯一不同的是，为了促进农户对土地的长期投资，2002 年颁布的《农村土地承包法》限制了共同体——"集体经济组织"调整土地的权利。但需要强调的是，这种限制并非让土地承包经营权"私有化"。因为"私有化"后，土地承包经营权将不再受到集体所有权的限制。事实上，我国农民的土地承包经营权无论如何演化，其受到共同体

---

① 马克思，恩格斯. 马克思恩格斯：第 46 卷（上册）［M］. 中共中央马克思恩格斯列宁斯大林著作编译局，编译. 北京：人民出版社，1979：34.

② 同①31.

③ 同①37.

④ 同①.

⑤ 陈永正. 所有权构造论：传统国有制之解构与全民所有制之重构［M］. 成都：四川大学出版社，2003：138.

（集体经济组织）制约的实质始终未发生变化。正如周其仁（1995）[1] 所指出的，村庄社区作为集体土地的最终所有者，其作为对付变动的人口对土地分配所造成的压力的手段，是有存在的必要的。此外，本书在讨论我国农村土地制度改革时也分析了集体所有制是我国农村广大人民群众的历史选择。换句话说，农民群体对村社共同体，即“集体经济组织”在心理上的认同是不容否定的。由此可以看出，我国农村现行的土地制度下，土地承包经营权不外是以“个人占有”形式来实现的“共同占有”。当然，这也是当前我国农地制度被抨击得最多的争论焦点。

4. “份地”的出让权

马克思认为，“财产本是以占有者的出让权为前提的”[2]。出让权的实质就是归属权。承认出让权就等于承认所有权，而“份地”是否拥有出让权可以看作“份地”作为公社成员财产，是归属于“私人”还是归属于“共同体”的临界点。

在“亚细亚生产关系”中，“份地”是没有出让权的[3]。但印度的“公社所有制”在英国殖民统治时期被根本破坏了，因为“（英国政府）不但不禁止出让公社份地，而且还规定，如果某个份地占有者不及时缴纳其应付税款，就把他的份地公开拍卖。公社团体的成员仅仅有优先权（优先购买的特权），并且要永远放弃氏族和邻居的赎回权，这种权利本来是生活在公社-氏族团体中的所有各民族的立法都承认的”[4]。正是允许把“份地”当作“所有物”来出让使得“份地”变成了私有财产，进而公社对土地的公有所有权也就转变为私人的私有所有权。

5. “份地”的本质

正如本书前文所述，“份地”是公有制的经典模型。“份地”重大的理论价值不在于它的形式，而在于它的本质，即“共同占有”通过“个人占有”来实现，也即共同体成员和共同体财产两者都形成局部占有[5]。无论是古代公有制还是现代公有制，历史条件的更替只是决定“份地”在共同体内的具体

---

① 周其仁. 中国农村改革：国家和所有权关系的变化（下）：一个经济制度变迁史的回顾［J］. 管理世界，1995（4）：147-155.

② 马克思，恩格斯. 马克思恩格斯：第46卷（上册）［M］. 中共中央马克思恩格斯列宁斯大林著作编译局，编译. 北京：人民出版社，1979：85.

③ 同②26-27.

④ 同②93.

⑤ 陈永正. 所有权构造论：传统国有制之解构与全民所有制之重构［M］. 成都：四川大学出版社，2003：140.

划分、占有的样式和支配方式等，而“份地”通过局部占有从而实现共同占有的本质是任何历史条件下的公有制都不曾改变的精髓，换言之，任何历史条件下公有制都离不开“份地”，即离不开这样或者那样的局部占有。

（三）公有制的本质：共同占有+个人占有

实际上可以把“份地”作为整个公有制的内窥镜，这也是“份地”成为公有制的经典模型的原因。通过“份地”这一内窥镜，可以看到公有制“共同占有”通过“个人占有”来实现的本质。这也是公有相对于私有的本质不同。由于存在这一本质上的差异，因而以私人的视角来看待公有是无法理解公有的。因为在公有条件下不存在个人所有者。既然不存在个人所有者，那么“公有是人人所有”这一伪命题也就不证自明了。同理，“公有制下每一个人都不能成为所有者，进而推出公有没有所有者”这一命题的提出者看来并不比那些认为“公有是人人所有”的人高明多少。显然，公有“共同占有+个人占有”的本质与私有之间存在质的差异（质的飞跃），使得用私有所有者去比附公有所有者，就会得出公有条件下必然出现“公地悲剧”的结论，类似结论包括但不限于“所有者缺位”“所有者虚置”等。

（四）土地承包经营权（个人占有）就是集体所有权（共同占有）的表现形式

根据公有制“共同占有+个人占有”的本质，土地承包经营权实际是农村公有制下“个人占有”的具体形式。换言之，没有土地承包经营权作为“个人占有”的具体形式的存在，“集体所有”将不复存在。这也就能够理解，为什么不站在所有制的角度，仅仅以法权关系来看待“土地承包经营权”难以获得合理的解释，正如党国英所指出的，《农村土地承包法》具有不彻底性，表现出制定者的矛盾心态。从其内容看，它实际上通过对土地承包经营权的强化，去限制集体经济的权利，令其基本上成为一个虚置的实体；“与其如此，不如把土地分给农民”，并认为“土地集体所有制是讲不通的”①。实际上，站在所有制的角度，除非土地承包经营权本身是所有权（所有权的表现），否则农村土地没有所有权或者所有权是“缺位”“虚置”的。

基于以上分析，本书得出结论：土地承包经营权之所以会突破使用权的界限，并从期限上、权能上不断地侵蚀所有权，是由农村土地所有制结构的本质决定的。公有制“共同占有+个人占有”的本质必然要求“个人占有”享有所有权的权能，否则“个人占有”的集合就不能完全体现所有，进而导致所有

① 任波．新土地革命［J］．财经，2002（19）：32-44.

权无法实现或实现不完全。换言之，土地承包经营权作为集体所有制下的“个人占有”形式，除了归属关系外，理应具备完全所有权的权能，而归属关系通过“个人占有”的集合即“共同占有”来实现。因此可以认为，土地承包经营权是一种没有归属关系的完全所有权；土地承包经营权除了归属关系外，任何权能的丧失，都是土地集体所有权权利实现的障碍。而事实上，让土地承包经营权获得所有权的权能并非本书作者的臆想，无论是从决策者的制度安排，还是从学者们对现行土地承包经营权的讨论，都不难发现土地承包经营权的所有权痕迹。如根据《财经》杂志报道，“2000 年年初，《土地承包法》起草小组接到上级指示，要在新的法律中使承包经营权体现出部分所有权的性质。最终通过的法案中，土地承包经营权的性质已经非常接近于所有权”①。可见，早在 21 世纪初，决策层就已经倾向于赋予土地承包经营权所有权的性质，并在立法活动中予以明确体现。对此，贺雪峰（2010）② 也指出，政策部门越来越倾向将农民的土地承包经营权硬化为带有所有权性质的权利。持类似观点的还包括张路雄（2011）③、罗必良等（2014）④ 等。所不同的是，上述学者虽然指出了土地承包经营权具有所有权的性质，但并未明确指出土地承包经营权就是所有权。

第七节 对现行农地制度的认识误区以及制度安排本身的不足

基于以上对公有制的理论的介绍以及对土地承包权性质的分析可以看出，人们不仅在观念上对土地承包经营权存在认识误区，同时现行制度设计也未完全表达出土地承包经营权在公有制视域下的全部内涵。

一、人们在观念上对集体所有权的误解

当前，我国农村土地所有制是集体所有制，集体所有制是公有制的一种形

---

① 任波. 新土地革命［J］. 财经，2002（19）：32-44.

② 贺雪峰. 地权的逻辑：中国农村土地制度向何处去［M］. 北京：中国政法大学出版社，2010：49.

③ 张路雄. 耕者有其田：中国耕地制度的现实与逻辑［M］. 北京：中国政法大学出版社，2012：171.

④ 罗必良，等. 中国农业经营制度：理论框架、变迁逻辑及案例解读［M］. 北京：中国农业出版社，2014：35.

式。而公有制无论是采用集体所有的形式还是采用全民所有的形式，其都无法超出“共同占有+个人占有”这一公有的本质。也就是说，在公有制中，具体而言，即集体所有制中，“个人占有”就是集体所有制的实现形式。那些认为集体所有者主体“虚置”，农村土地需要所有权主体来行使所有权对抗性才能使农民土地权利获得充分保障的观点，实际上是对公有制下集体所有权的一种误解，是用私有所有者去比附公有所有者的一种表现。

本书在论述集体所有权如何实现时曾对公有与私有的差异进行了分析，“集体人”的“所有”有赖于具体人的“占有”来表现，具体人的“占有”实际上就是“集体人”的“所有”的表现形式。因此，集体所有权的排他性必然只能通过具体人的“占有”的排他性来实现。因为，离开具体人的“占有”，集体所有权就会出现表达的困难，更不用说来行使所谓的所有权的对抗性了。实际上，站在私权的角度来看，我国农地产权制度的发展历程是一个集体所有权不断弱化的过程（前文对此有详细论述，此处不再展开），这一过程不仅是制度设计者有意为之，同时也是公有制下所有权实现要求的必然体现。事实上，集体所有权的弱化并非集体所有权之于标的物权力的弱化，而是表现为“个人占有”权力的强化，正如党国英所指出的，是两个“权”（“共同占有”权能和“个人占有”权能）之间的此消彼长①。

二、人们在观念上对集体所有者的误解

我国农村实行的是集体所有制，土地所有权归集体所有，但我国现行农地产权制度体系下，集体所有者的制度安排是存在缺陷的。

笼统而言，我国现行农村集体所有制源自改革开放之前的人民公社制度。因此要理解现行农村集体所有制，以及农民集体经济组织，就必须回溯至人民公社时期。人民公社时期，农村土地实行的是“三级所有，队为基础”的所有制模式，即生产队、生产大队、公社三级所有，生产队为基础。1982 年以后，我国农村确立的以家庭联产承包责任制为核心的统分结合的双层经营体制，以及之后宪法对这一经营体制的确认，形成了我国现行农村土地集体所有制的基本结构，即土地所有权归农村集体，而农民通过承包的方式获得土地的使用权。这一时期，农村土地的所有权主体是“生产队、生产大队、公社”。而这三类土地所有权的主体实际上是与人民公社时期我国农村计划经济体制相适应的，具有高度的政社合一特征。随着人民公社的瓦解以及家庭联产承包责

① 任波. 新土地革命［J］. 财经，2002（19）：32-44.

任制在农村的推行，1983—1988 年，国家进行了大规模的撤社建乡工作，人民公社被乡（镇）所取代，但农村土地“三级所有”的基础并未改变。撤社建乡后，原来的人民公社、生产大队、生产队相应变更为乡（镇）、村、村民小组。现行《土地管理法》第十条规定，农民集体所有的土地依法属于村农民集体所有的，由村集体经济组织或者村民委员会经营、管理；已经分别属于村内两个以上农村集体经济组织的农民集体所有的，由村内各该农村集体经济组织或者村民小组经营、管理；已经属于乡（镇）农民集体所有的，由乡（镇）农村集体经济组织经营、管理。这实际上就是承袭了人民公社时期“三级所有”的基本架构，即村民小组、村、乡（镇）三级所有，村民小组为基础。其中行政村是撤社建乡后农村最基层的正式组织，是村办企业的所有者或经营者，是村集体资产的所有者，也是村集体土地出让的主体。由生产队演变而来的村民小组，虽然不再是一个共同生产和分配的单位，但仍然是农村土地所有权的主体①。现行农村土地集体所有制是对人民公社时期土地“三级所有”构架的承袭还可以从另一方面得到印证，即实行家庭联产承包责任制后，作为农民经济共同体的公社已经解体，但与之相适应的农村公共品供给制度和治理机构尚保存完整，并继续由农民负担相关的费用②。而承担这一制度安排执行的组织即三级农民集体经济组织。

只要对照本书对公有制本质是“共同占有+个人占有”的分析就不难得出结论，现行农村土地的所有者实际上并非公有制下真正的农村土地所有权主体，而仅仅是观念上的所有者，这一观念上的所有者源自人民公社时期农村土地的“三级所有”体制，而在撤社建乡之后，上述“三级所有”的所有权主体仅仅是换了一个名称，便继续担任了农村土地的所有权主体。显然其计划经济色彩和政社合一的行政色彩并没有褪去，其担任农村土地所有权的主体必然会与社会主义市场经济条件下的资源配置方式格格不入，进而发生冲突。如周其仁（1995）③ 曾指出，集体经济的基层（大队、队）监管权很容易畸变为监管特权，它使监管者得到物质的和非物质的、实物的和货币的额外好处；这种以腐败形式出现的剩余分享权，来源于对农户、集体福利和国家既得利益的侵占；对于这一监管特权，国家难以有效监控，因为信息成本过于高昂，农民也

---

① 贺雪峰. 农民行动逻辑与乡村治理的区域差异［J］. 开放时代，2007（1）：105-121.

② 高林远. 农村集体所有制视角下农民权益缺失原因研究［J］. 四川师范大学学报（社会科学版），2016，43（2）：40-47.

③ 周其仁. 中国农村改革：国家和所有权关系的变化（上）：一个经济制度变迁史的回顾［J］. 管理世界，1995（3）：178-189，219-220.

难以对其进行有效制衡，因为缺乏独立的经济和政治基础。而农村土地集体所有制下真正的所有权主体（这个主体根据公有制的本质必须是由集体成员以共同体形式形成的，至于这个形成究竟通过何种程序权且不论）才是农村土地真正的所有者。

在现行制度框架下，观念上的所有者代替了真正的所有者，并堂而皇之地行使农村土地所有权。而这种权利的错配在大规模的农地流转过程中往往会导致隐患，进而影响我国农地规模集中的效率和农业资源配置的效率。正如吴向红、吴向东（2007）① 所指出的，在实践上，集体土地总是被村委会、村主任、支书控制，他们的身份相当于以前的“粮长”“里长”，即从民间选出的对上承担义务、对下实施管理的“乡里中间层”，是国家行政权力的末梢，他们对土地的控制实际上是公权力的延伸，与族长、典老不同（这些首领有着与之密不可分的实实在在的团体利益需要维护），“乡里中间层”看管的是松散、抽象、相互矛盾的“集体”利益。因为历史的经验反复证明：如果这个“集体”没有往共同体（如宗族化）的方向发展的话，其合乎逻辑的结果是以手中控制的资源寻租，直接谋求私利。

此外，观念上的集体所有制不能有效充当农村土地所有权的主体的另一个原因是：现行农村土地集体所有制是对人民公社时期土地“三级所有”构架的承袭，这就使得其必然带有公权色彩和行政色彩，使得其作为所有权主体很难获得财产权益和财产权利上的独立性。也就是说，现行农村土地集体所有制一方面难以对抗行政体制下上下级之间对集体所有财产的“平调”要求；另一方面，其也没有有效的制度手段来防止在机会主义条件下对集体所有财产的“私分”冲动。因此，观念上的集体所有制不具备充当市场经济中分散决策的独立主体的资格，从这个意义上来看，农村土地所有权的确是“缺位”或者“虚置”的。因为其在以集体所有者身份“经营、管理”集体财产时遵循的并非集体成员的共同意志，而是国家行政的意志，毕竟其对集体财产的所有权或者其对集体财产“经营、管理”的权利恰恰是来源于后者的意志。因此，当集体利益或者集体成员利益与公权力发生冲突时，观念上的所有者只能选择后者。正如黄少安等（2012）② 所指出的，由于现行农地的所有权主体是多元的（承袭“三级所有”），这就导致了维持农地的集体所有制直接对承包经营权施加物权保护无法取得实质性效果。

---

① 吴向红，吴向东．传统地权秩序对土地承包权的挑战［J］．法学，2007（5）：113-121.

② 黄少安，等．产权理论比较与中国产权制度变革［M］．北京：经济科学出版社，2012：236.

三、现行制度对“个人占有”以实现“共同占有”的表达不充分

正如前文所述，公有制下的所有权主体是“集体人”，但公有制的实现却必须依赖具体的自然人来实现，换言之，具体人的“占有”实际上就是“集体人”的“所有”的表现形式。因此，集体的所有权需要通过农户的“个人占有”来实现，具体而言，就是通过农民的土地承包经营权来实现，相应地，集体所有权的意志也要依靠集体成员，即农民个体的意志来实现。然而，现行制度对农民个体意志如何上升为集体意志实际上是缺乏相应安排的。2007 年《物权法》颁布后，明确了农民集体所有的不动产和动产属于本集体成员集体所有①，同时，该法第五十九条也规定了由集体成员决定的事项，包括：土地承包方案以及将土地发包给本集体以外的单位或者个人承包；个别土地承包经营权人之间承包地的调整；土地补偿费等费用的使用、分配办法；集体出资的企业的所有权变动等事项等。但以上规定多是涉及土地承包制方面的事项，这些事项与农民土地承包经营权这一法定权利息息相关，因此由集体成员，即农民来决定属于土地承包经营权的应有之意，但上述事项与农村土地所有权的行使关系不大。而《物权法》第六十条规定：“对于集体所有的土地和森林、山岭、草原、荒地、滩涂等，由村集体经济组织或者村民委员会代表集体行使所有权。”根据本书之前对农村土地集体所有权主体的论述，无论是集体经济组织还是村民委员会，其本身实际上是对人民公社时期“三级所有”的承袭，因此其不是农村土地的真正所有者，充其量是观念上的所有者而已，由其担任农村土地所有权的代表实际上是农地产权制度扭曲的表现之一，而《物权法》第六十条的规定相当于确认了这一扭曲现状的合法性，而使真正的农村土地所有权主体被排斥在制度安排之外。虽然我国村委会是村民直选产生，但其职能仍然是我国农村的一级行政机构，强烈的行政色彩以及其职能使得其难以具备分散决策的市场经济主体的资格，进而其代表集体行使农村土地所有权必然使农民的土地权利在实现过程中受到阻碍。正如张路雄（2011）② 所指出的，对于集体所有制而言，没有集体经济组织内部的民主，就没有集体经济的生命。

在明确了农村集体所有制中“个人占有”以表达“共同占有”之后，问题就转化为“个人占有”如何表达“共同占有”了。显然，现行制度对此是存在安排上的不足的。换言之，集体成员如何才能将“个人意志”上升为群

---

① 参见《物权法》第五十九条。

② 张路雄. 耕者有其田：中国耕地制度的现实与逻辑［M］. 北京：中国政法大学出版社，2012：71.

体（团体）意志，即“集体意志”，目前这方面的制度安排还存在空白。或者说，在现行制度安排下，由于观念上的所有权主体（如村委会）在行使所有者职权，因此就没有“真正所有权主体”行使权利的制度安排存在的空间了。

理论上来看，土地承包经营权的扩展形成了对土地所有权的侵蚀，这是公有制“共同占有+个人占有”本质的具体表现，也是我国现行土地制度的刻意安排。在这种制度安排下，农民土地承包经营权的内涵不断得到丰富、权力不断得到巩固，事实上实现了农民与土地生产资料的直接结合。但是这种直接结合与私有制下的个人占有生产资料的直接结合有何区别呢？可以认为，公有制下个体与生产资料的结合和私有制下的个体与生产资料结合的差异决定了所有制的性质。但这种差异又是十分微妙的，稍有不慎就会将两者等同视之。

公有制的关键正在于此，一方面，“共同占有”排斥私有方式的“个人占有”，即排除个人行使完全所有权；另一方面，“共同占有”又不能排除“个人占有”的所有者作用，即由于公有制下“共同占有”依靠“个人占有”来实现，因此“共同占有”的所有者地位又必须在现实的“个人占有”中体现出来，正如前文所述，除非“个人占有”的是所有权，否则“共同占有”在标的物上将没有所有权。显然，这当中蕴含着深刻的辩证法。但可以肯定的是，这不是集体所有权与个体经营权之间的权利边界问题。因此，认为土地承包经营权侵蚀了集体所有权，进而不如将土地所有权赋予农户，或者认为集体所有权已经名存实亡，应当削弱土地承包经营权进而使集体所有权得到适当强化的观点是对公有制缺乏深刻理解的表现。因为此时，问题的关键已经转变为“个人占有”如何去实现“共同占有”了。而在社会主义生产力发展水平的条件下，“个人占有”实现“共同占有”的问题，实际上就是劳动者在社会化大生产方式下而不是在个体劳动方式下占有生产资料。这时，“个人”已经不再是单个人，而是上升为劳动者群体，问题进而转化为劳动者群体如何体现所有者的作用。而在集体所有制中（相较于全民所有制），由于主体和客体都是局部的、具体的，因此其“个人占有”实现“共同占有”的方式也比较具体（相较于全民所有制），要么共同体成员采取直接民主的方式来体现所有者的作用，要么采取股份制的方式来体现所有者的作用，无论采取哪种方式，其本质上都是“个人”意志上升为“集体”意志的过程，而在本质上区别于“委托-代理过程”。

原始公有制下，由于生产力发展水平低，“个人占有”体现“共同占有”的主要表现就是个人以共同体成员身份为媒介占有“份地”。随着生产力的发展，所有权和经营权分离的趋势越来越明显①，表现在农村土地上，就是其财产价值不断凸显，农民与土地之间，由原来的直接占有土地这一与生产资料直接结合的方式逐渐转变为对生产资料的间接占有。这种情况下，如果农民（劳动者群体）不能通过有效渠道来表达其所有者的作用，那么在失去对生产资料直接占有的条件下，土地之于农民就毫无意义。这正是我国农地流转举步维艰、土地撂荒现象比比皆是的根源所在。因为，随着我国生产力不断发展、城乡要素流动不断活跃，农业生产的比较收益必然降低，这时农民进入城市寻求更高的劳动回报率就成为普遍现象，原先参与农业生产时与土地生产资料直接结合的状态必然被打破，而由于缺乏在非直接结合状态下有效表达所有权的手段，使得农民宁肯将土地闲置也不愿将土地交与他人经营。土地撂荒现象实际上是农民离土后所有权无法有效表达的最好诠释：一方面，农民撂荒土地，使得农民离土后土地无人耕作，这是农民“个人占有”土地的所有者性质的最好证明，这表明了所有权主体对财产的排他占有，因为只有所有权人才有权放任其财产的闲置；另一方面，农民撂荒土地也体现了农民离土后无法对土地实施有效控制的无奈。理论上来看，所有权人放弃对生产资料的直接占有后，必然会引入经营权来填补这一空白，例如，房屋所有者一旦与房屋处于非直接结合的状态就会将房屋出租，股东放弃公司的经营就会雇佣经理来管理公司等，这是所有制发展的客观规律。而农民作为土地的所有者，其却不愿引入经营权，这当然是多方面原因造成的，但关键在于引入经营权后缺乏相应的控制手段，农民害怕引入经营权后会对其土地权利造成损害，所以宁愿选择承担土地撂荒的损失。

四、现行制度对“个人占有”的限制未体现完全所有权的权能

前文论述了土地承包经营权获得所有权权能的合理性和必然性，进而认为土地承包经营权应当获得除归属关系外的完全所有权权能，并指出这是集体所有权实现的具体形式。换言之，土地承包经营权的行使实际上就是农村土地所有权的实现，两者之间是一种辩证统一的关系。但现行制度对两者的统一关系表达得不够，相反却过分强调了两者的不同，刻意制造了农村土地所有权与使用权的差异。如我国《农村土地承包法》第三十七条规定，土地承包经营权采取转包、出租、互换、转让或者其他方式流转，当事人双方应当签订书面合

---

① 此处的所有权和经营权的分离不是指集体所有制下，土地集体所有权与农民使用权的分离，而是指生产社会化过程必然导致的所有权和经营权的分离，这是生产力发展的必然趋势。

同。而同时又规定，采取转让方式流转的，应当经发包方同意；采取转包、出租、互换或者其他方式流转的，应当报发包方备案。这实际上是对农地流转设定了两个参与主体，进而体现了所有权和使用权的分离。正如周其仁所指出的，这其实意味着集体依然是土地流转的真正主体，“一旦转让土地，农户就靠边，‘集体’就全面登场”。这种产权结构极不利于农业结构的重组和农业剩余劳动力的转移①。此外，我国《土地管理法》第十五条第二款规定，农民集体所有的土地由本集体经济组织以外的单位或者个人承包经营的，须经村民会议 2/3 以上成员或代表同意，并报乡镇人民政府批准。该规定实际上也是对农民土地“个人占有”权利的一种限制。正如杨成（2014）② 所指出的，虽然我国法律确立了农民承包土地的主体地位，赋予了农民长期而有保障的土地承包经营权，并且将农民土地承包经营权物权化，但根据我国相关法律的规定与制度安排，农民对承包经营的土地缺乏排他性的处分权能，农民不能自由流转承包地。类似地，也有学者指出农民土地权利禁止抵押也造成了农村金融市场无法真正建立③。另外，由于存在土地流转的制度限制，土地承包经营权入股营利性组织也存在障碍，使得营利性组织在接受土地承包经营权入股时无法实现对入股资产的完全支配，尤其是在营利性组织破产清偿时，土地承包经营权该如何处理仍然没有顺畅合理的制度安排。如果要土地承包经营权一并清偿则会使农民丧失土地承包经营权，土地有可能由集体经济组织以外的单位或者个人承包经营，这时所有权主体就会出来干涉；而如果土地承包经营权不参与清偿，则不利于保护债权人利益，在市场经济条件下，必然会对入股的土地承包经营权的市场价值产生不利的影响甚至为其入股带来障碍，进而使农民的财产权实现空间受到压缩（吉媛 等，2014）④。

出现这种情况是由于人们对公有制的认识存在偏差，未能理解公有制的本质是“共同占有+个人占有”，进而在制度安排上又将观念上的集体所有权主体，即“集体经济组织或村委会”当作了集体所有权的实际行使者而造成的。既然现行制度安排的所有权主体并非“个人占有”的集合所形成的，那么其必然就需要途径来表达其所有权。因为在“共同占有+个人占有”这一真实公

---

① 任波. 新土地革命［J］. 财经，2002（19）：32-44.

② 杨成. 农民土地财产权与农民集中居住的良性推进［J］. 河北法学，2014，32（4）：70-77.

③ 刘国臻，周翔. 论增加农民土地财产性收入的制度障碍与克服［J］. 法学评论，2014，32（5）：83-89.

④ 吉媛，蒋崧韬. 我国农民合作经济组织产权制度研究［J］. 安徽师范大学学报（人文社会科学版），2014，42（1）：105-110.

有制下，所有权的表达是自发的过程，并不需要制度的刻意安排，这一点在原始公有制中已经被证实了，原始社会也没有法律来固定这一所有权的表达过程。而作为观念上的所有权主体（集体经济组织或村委会），其与公有制下真正的“集体人”主体在权利逻辑上的差别在于，“集体人”通过“个人占有”来实现自身的所有权，也就是说，“个人占有”实现了，“集体人”的所有权也就得到了表达。而观念上的集体所有者由于不具备真正的公有制因素，“个人占有”反而成为其所有权的对立面，因此，观念上的所有者表达所有权的方式就必须体现在对“个人占有”，即体现在对农民土地承包经营权的限制上。

第十二章　土地流转以及土地流转各方的行为逻辑分析

通过上一章对我国农地制度的历史沿革和权利分析可以看出，中国农地的实际占有者是农户。农户实现这种占有的权利就是土地承包经营权。而根据前文的分析，由于土地承包经营权的不断强化和完善，这一权利几乎具备了所有权的性质。如张路雄（2011）[①] 指出："在现行制度框架下，集体经济组织在承包期内几乎没有任何权利，而农户所有的土地承包经营权除了不能改变土地用途之外几乎具备了一切权利。"类似地，罗必良（2014）[②] 将土地承包经营权概括为准所有权。孙宪忠（2006）[③] 认为，土地承包经营权这种权利从其立法的本意来看，并不能归类于附属性权利或派生性权利这些类型之中，而应被认定为一种独立的、典型的物权形式，即"类所有权"。而丁关良（2007）[④] 则进一步将孙宪忠的观点归纳为，土地承包经营权本身具有所有权的性质，持类似观点的还包括田千禧（2000）[⑤] 等。在这样一种农地权利现实情况下，土地的规模经营就必然要通过土地流转来实现。正如习近平总书记曾指出的那样，土地流转和多种形式规模经营是发展现代农业的必由之路，也是农村改革的基本方向[⑥]。

---

① 张路雄. 耕者有其田：中国耕地制度的现实与逻辑［M］. 北京：中国政法大学出版社，2012：57.

② 罗必良. 中国农业经营制度：理论框架、变迁逻辑及案例解读［M］. 北京：中国农业出版社，2014：35.

③ 孙宪忠. 争议与思考：物权立法笔记［M］. 北京：中国人民大学出版社，2006.

④ 丁关良. 农村土地承包经营权性质二元化之客观界定［J］. 经济问题，2007（9）：88-91.

⑤ 田千禧. 农村土地承包经营权的法律性质及实现形式的创新［J］. 农业经济问题，2000（7）：12-15.

⑥ 习近平就耕地保护和农村土地流转工作作出指示[EB/OL].(2015-05-26)[2019-06-10]. http://legal.people.com.cn/n/2015/0526/c188502-27060236.html.

第一节 我国农地流转现状概述

当前我国农地流转主要分为农民自发形成的土地流转以及政府主导下的伴随工商资本下乡的土地流转两类。总的来看，我国农地流转市场发育缓慢，农地流转总体规模不高，截至 2013 年年底，全国承包耕地流转面积为 3.4 亿亩，流转比例为 26%（卢泽羽，2015）。农户自发流转居多，农地流转形式以传统的转包、互换、代耕为主，新型的农地流转形式如出租、入股等所占比例不高，截至 2012 年年底，工商资本参与农村土地流转面积为 3.60 万平方千米，占全国流转总面积的五分之一①。

从我国农地流转发展趋势上来看，我国农地流转在 2008 年之前发展速度较慢，2008 年之后农地流转发展速度开始加快。2007 年之前我国农地流转速度年均增长 14%，但 2008 年迅速增长 70%（田野，2010）。类似地，根据赵阳（2011）② 的研究：1996 年我国土地流转总面积占整个承包地的面积不到 1%，2006 年达到 4%，2007 年是 5%，2009 年为 8%，2010 年土地流转总面积在整个承包面积中的比例达 13%，可见我国土地流转速度呈现出先慢后快、不断加快的趋势，其中 2008 年是我国土地流转速度变化的关键节点。2008 年随着党的十七届三中全会的召开，中央对土地流转的方向和基本原则做了进一步明确的阐述，由此使得农村土地流转问题成为各界关注的焦点，此后我国农地流转速度开始加快。

土地流转速度的加快引起了学术界的关注，不少学者对这一问题进行了进一步的研究，如孙新华（2012）③ 指出，2007 年前的十年间，全国土地流转增长较慢，年均增长 14%，但是 2008 年党的十七届三中全会后，土地流转速度明显加快。王德福、桂华（2011）④ 通过对皖南的调查发现，2008 年后政府开始推动集中大规模的土地流转模式。杨华（2011）⑤ 通过对安徽芜湖的调研也

---

① 韩俊. 国研中心副主任韩俊：家庭经营是农业生产中最适宜模式[EB/OL].(2013-01-05)[2019-05-10].http://www.people.com.cn/BIG5/24hour/n/2013/0105/c25408-20099237.html.

② 赵阳. 城镇化背景下的农地产权制度及相关问题 [J]. 经济社会体制比较，2011 (2)：20-25.

③ 孙新华. 土地流转与农户家计：两种流转模式的比较：基于江西省 T 村的实证调查 [J]. 贵州社会科学，2012 (4)：77-83.

④ 王德福，桂华. 大规模农地流转的经济与社会后果分析：基于皖南林村的考察 [J]. 华南农业大学学报（社会科学版），2011，10 (2)：13-22.

⑤ 杨华. 农村土地流转与社会阶层的重构 [J]. 重庆社会科学，2011 (5)：54-60.

发现，地方政府于2008年开始国土整治，然后在此基础上实施大规模的土地流转。而对我国这一时期农地流转速度加快的原因，学界也基本达成共识，即各地政府的行政推动是这一轮土地流转速度加快的主要原因，而农地加速流转的背后是工商资本下乡的热潮。如黎霆、赵阳等（2009）① 指出，土地流转加快的主要原因之一就是地方政府的行政推动，所导致的问题之一是违背了自愿原则。赵阳（2011）② 的研究也指出，土地流转加速的主要原因之一便是地方政府的行政推动。陈锡文（2010）③ 也指出，城市工商资本进入农村的背后是政府的引导与推动。

可见，当前我国农地流转规模虽然整体上不大，但政府的大力推动以及农地流转速度的加快是当前我国农地流转的主要特征。而由于农民土地财产权的实现主要依靠农地流转，因此政府的推动就成了影响农民土地财产权的重要因素。因为地方政府推动农村土地流转有其自身的利益逻辑，而其推动土地流转的方式也必然会对农村土地流转市场以及农民的土地财产权益产生深刻的影响。

事实上，农地的自发流转由于受农村市场化程度较低的影响而发展缓慢，这也是我国农地流转规模较小的原因之一。同时，由于农地的自发流转往往发生在小范围内的平等主体之间，因此出现纠纷的可能性较低，即便出现了纠纷也处于农村传统村社秩序的调整范围之内。而政府推动的农地流转则往往伴随大规模的土地流转以及工商资本的下乡，因此其流转参与方，尤其是土地流入方往往超过传统村社秩序所能调整的最大限度。此外，政府主导的农地流转过程往往会伴随一定的行政强制，导致土地流转双方在交易地位上处于事实上的不对等，进而可能对弱势一方造成权利上的侵害，因此有必要对政府主导的土地流转中的各方行为逻辑以及其后果进行进一步的分析。

第二节　农地流转过程中政府行为机理

无须讳言，中国农地流转的加速离不开政府背后的推动。在评价政府推动土地流转这一事实之前，有必要对政府行为的内在逻辑进行一个简要的分析。

---

① 黎霆，赵阳，辛贤．当前农地流转的基本特征及影响因素分析［J］．中国农村经济，2009（10）：4-11.

② 赵阳．城镇化背景下的农地产权制度及相关问题［J］．经济社会体制比较，2011（2）：20-25.

③ 陈锡文．农村改革的三个问题［J］．中国合作经济，2010（6）：8-9.

一、农地流转过程中地方政府行为的内在逻辑分析

有观点指出，中国地方政府通常利用诸如农业企业等形式将工商资本引入农业生产之中，并试图以此来形成农业的规模效应进而提高农业产量①。这种观点也得到了地方政府为推行土地流转、促进农地规模化经营所颁发的文件的印证。查阅各地政府近年来在推进土地流转方面的文件，都不约而同地出现类似“三集中”这样的词汇。所谓“三集中”一般包括工业集中发展、农民集中居住、土地集中经营，只是各地政府文件的具体表述不同，以土地集中经营为例，成都市的文件表述为“土地向适度规模经营集中”，苏州市的文件表述为“农用地向规模集中”，宜宾市的文件表述为“土地向规模经营者集中”，无锡市的文件表述为“农业向适度规模经营和现代都市农业规划区集中”等。虽然表述上各地有差异，但内容的实质是一致的，即要推动土地的规模经营，此外，各地出台这类文件的时间也大多集中于2008年前后。客观地看，这种文件提出的“三集中”本身并无不妥之处。

也有观点认为，在当前“项目制”② 已经取代“单位制”成为中国治理的基本方法，进而成为中央调动地方政府执行中央设定目标积极性的主要手段的大背景下，作为地方政府而言，项目竞争已经与招商引资一并成为政府工作的两大主线。“新农村建设”作为中央提倡的一个综合性目标，其包含不少于94项不同的专项项目，使得众多村庄都在积极“抓包”项目，进而成为工商资本下乡的一个重要方面③。而各级地方政府为了适应“项目制”的竞争，往往对下级政府采用目标责任制的管理方式来对其进行业绩考核。例如，成都市的土地承包经营权流转实验就通过目标责任制等管理手段被纳入了市、县、乡政府以至村组考核体系④。所谓目标管理责任制，类似于企业管理中广泛采用的KPI指标（关键业绩指标）考核，是指上级党政组织将所确立的行政总目标进行分解和细化，形成一套指标体系进而作为各级组织进行考核（如考评、奖惩等）的依据，并以书面形式的“责任书/状”在上下级党政部门之间进行

---

① WALDRON S，BROWN C，LONGWORTH J. State Sector Reform and Agriculture in China [J]. The China Quarterly，2006 (186)：277-294.

② “项目制”是指中央通过部、委、办的发包和招标，用项目奖励引导地方政府投入相应的配套资金进而推动政策的事实。

③ 黄宗智，龚为纲，高原.“项目制”的运作机制和效果是“合理化”吗？[J]. 开放时代，2014 (5)：143-159，8.

④ 张洪松，史溢帆. 农村地权改革的逻辑：基于成都实验的考察 [M]. 成都：四川大学出版社，2013：34.

层层签订。目标管理责任制的特点是以指标体系为核心，以责任体系为基础，以考核体系为动力，进而辐射形成目标管理网络（王汉生 等，2009）[①]。一般来说，地方政府在“GDP 锦标赛”[②] 的压力下往往将“招商引资”作为工作的重点，而随着中央发展农业适度规模经营的政策导向以及将项目制作为实现该政策目标的主要抓手，农地流转规模也受到下级各级政府的重视。同时，招商引资和土地流转规模皆属于可以量化的指标，并同时在考核体系中被上级政府赋予了较高的权重，因此在项目制和目标责任制这两种考核体系的共同作用下，招商引资的重要性被进一步突出和强化。一方面，由于推动工商资本下乡发展农业符合地方政府招商引资的需求；另一方面，工商资本下乡又必然促进土地的流转和农地经营规模的扩大，满足了农地流转和农地规模经营的考核指标。此外如果能够顺利争取到项目落地，还能获得项目的奖励资金进而满足地方政府扩充其财政实力的需求。同时有观点指出，项目制对地方政府的另一个诱惑在于其“配套资金”[③] 的规定。“配套资金”不仅表现为上级政府的“诱导”，对地方政府而言，项目制中“配套资金”的设置反而为地方政府提供了机会，即借助国家项目之名分和内容的合法性，恢复和加强自身的财力动员能力[④]（渠敬东，2012）[⑤]。综上所述，地方政府推动土地规模经营和工商资本下乡可谓一举多得。

二、农地流转过程中地方政府的行为模式分析

通过上文的分析可以看出，政府大力推动农村土地流转进而引导工商资本下乡是在政绩（完成目标管理责任制主要指标考核）和收益（获得所争取到的相关项目的奖励资金以及获得财政动员能力）两方面因素的刺激下进行的，具有强烈的利益诉求。显然，地方政府如果欲使其诉求得到满足，推动土地流转就势在必行。因为只有土地流转才能使土地集中，进而使规模经营成为可

---

① 王汉生，王一鸽. 目标管理责任制：农村基层政权的实践逻辑［J］. 社会学研究，2009，24（2）：61-92，244.

② 周飞舟. 锦标赛体制［J］. 社会学研究，2009，24（3）：54-77，244.

③ “配套资金”是指，要获得国家项目的支持，地方政府必须给予一定数量的配套资金，申报项目时需要地方财政或计划部门出具配套资金的承诺证明。参见：渠敬东. 项目制：一种新的国家治理体制［J］. 中国社会科学，2012（5）：113-130.

④ 这一财政动员能力表现为：地方政府借项目的名号，号令下级行政部门各显其能募集资金，或用“设租寻租”的方式讨钱，此外，地方政府也往往以项目名义来“招商引资”，诱导各类资本参与项目投入过程。参见：渠敬东. 项目制：一种新的国家治理体制［J］. 中国社会科学，2012（5）：113-130，207.

⑤ 渠敬东. 项目制：一种新的国家治理体制［J］. 中国社会科学，2012（5）：113-130，207.

能，工商资本下乡才能落地。而这种政府推动下的土地流转显然不可能像市场自发的土地流转那样遵循交易双方自愿的原则循序渐进地进行，过程中也自然会存在种种阻力，其中最大的阻力来自农民，尤其是随着近年来我国农民土地权利的扩大以及“确权颁证”① 的推行，农民对自己的土地权利有了一个觉醒的过程，土地权利意识不断提高。但从地方政府行动角度来看，由于这一行为背后有强大的动机，因此推动土地流转的过程势必与农民的利益发生冲突。从实际情况来看，地方政府推动土地流转的效果是显著的，在全国范围内，无论是土地流转的增速，还是农业企业的发展乃至去粮化趋势的出现都证明了这一点。同时，这一过程中农民集体上访的事件并不多见，也就是说总体上这一过程中政府与农民之间的利益对抗是比较缓和的。那各地地方政府又是如何做到的呢?

有学者指出（渠敬东，2012），在项目制的引导下，地方政府为了赢得围绕项目而展开的竞争普遍根据项目设立专门的“项目办公室”②。而根据前文的分析，政府推动的土地流转也是因“项目”而起，因此不少地方均设立“土地流转办公室”，为大规模的土地流转提供全方位的指导和服务。政府推动土地流转必然要和农民打交道，而面对如此强大的土地流转动机和高效的组织机构，弱小而分散的农民土地财产权显然不具备太强的对抗能力。当然如果说政府在推动土地流转过程中没有考虑农民的权益，那也是不客观的。一般来说，帮助农民实现其土地财产权也是政府推动土地流转和农地规模经营的政策考量之一，毕竟带动地方经济发展和人民致富进而获得良好的政治声誉亦是政府的诉求之一，即便从土地流转实施的现状来看这一诉求不太重要，但起码的底线是要坚守的，即不能发生群体性事件。这就要求政府在土地流转过程中考虑农民的利益，具体而言就是农民的土地财产权益要获得一定程度的保障。

三、农地流转过程中地方政府的行政推动与农民土地权利的矛盾

首先，根据上文的分析，政府推动的土地流转大多是大规模、带有强烈行

---

① 2010 年中央一号文件提出：“加快农村集体土地所有权、宅基地使用权、集体建设用地使用权等确权颁证工作。”2013 年中央一号文件提出：“健全农村土地承包经营权登记制度，强化对农村耕地、林地等各类土地承包经营权的物权保护。用 5 年时间基本完成农村土地承包经营权确权登记颁证工作，妥善解决农户承包地块面积不准、四至不清等问题。”

② “项目办公室”类似于企业的项目团队，其作用在于打破地方政府既有的层级型安排（条条）和横向的区域性安排（块块），进而为完成一个专门的预期事务目标而对常规组织中的各种要素加以重新组合。参见：渠敬东. 项目制：一种新的国家治理体制 [J]. 中国社会科学，2012（5）：113-130，207.

政色彩的，这就必然不可能完全建立在农户自愿的基础上。而权利的本质是法律规定的权利主体为一定行为的自由，农民的土地权利本质上也是法律规定的一定行为的自由。因此，政府介入大规模的土地流转违背了农民意愿，必然会对农民的土地权利造成侵害。

如前文所述，政府推动农地流转面临的首要问题便是农民的意愿，加之政府推动的土地流转往往规模较大，涉及农户较多，按照农民土地财产权物权化的观点，只要有一户不同意，理论上政府是无法实施土地流转的，因为农民的土地利益作为财产权利“任何人都不能侵犯”①。虽然中央也一再强调土地流转是在农户自愿的基础上进行的②。但现实中基层政府可以通过非正式行为③（变通）来实现其迫使农民流转土地的意图。虽然这种非正式行为违背了部分农民的真实意愿，亦不符合政策要求，同时存在信息被披露的风险，但由于基层上下级政府间的共谋④，如共谋策划、暗度陈仓，采取“上有政策、下有对策”的各种手段予以应对，进而获得组织内部的合法性和稳定性甚至重复再生的现象时有发生。因为基层政府间的共谋行为已经成了一个制度化的非正式行为，加之这种共谋行为是基层政府所处制度环境的产物，因此其有着广泛深厚的合法性基础和特定的制度逻辑⑤。这种共谋行为导致了中央政策在基层执行过程中即使偏离了其初衷也不易被上级发现或者容易被掩盖。也就是说，由于地方政府这种共谋行为有其独特的环境和组织基础，因此其具有存在的合理性和客观必然性。一个典型的例子是“在国家三令五申、甚至冻结地方批地权的情况下，全国农用地的流失仍然严重”⑥。客观来说，政府推动土地流转过程中针对“困难户”所使用的非正式行为并不带有较强的行政强制色彩，主要依托农村的社会关系、传统村社秩序以及调整某些农户其他利益诉求等来

---

① 张千帆. 农村土地集体所有的困惑与消解［J］. 法学研究，2012，34（4）：115-125.

② 参见：《中共中央关于做好农户承包地使用权流转工作的通知》（2002）；中共中央办公厅、国务院办公厅印发《关于引导农村土地经营权有序流转发展农业适度规模经营的意见》（2014）等文件。

③ 关于基层非正式行为的具体运作可参考：孙立平，郭于华. “软硬兼施”：正式权利非正式运作的过程分析：华北B镇收粮的个案研究.［M］. 厦门：鹭江出版社，2000.

④ 所谓“共谋行为”是指基层政府与它的直接上级政府相互配合，采取各种政策应对来自更上级政府的政策法令和检查监督。参见：周雪光. 基层政府间的“共谋现象”：一个政府行为的制度逻辑［J］. 社会学研究，2008（6）：1-21，243.

⑤ 周雪光. 基层政府间的“共谋现象”：一个政府行为的制度逻辑［J］. 社会学研究，2008（6）：1-21，243.

⑥ 张静. 土地使用规则的不确定：一个解释框架［J］. 中国社会科学，2003（1）：113-114.

实现，如根据杨华（2011）[①] 对安徽省芜湖市新林村的调查，几乎所有的全年在家务农的农户都不愿意将土地流转出去，但迫于各方面原因——如村组干部的面子、人情，亲戚朋友的劝说，子女的劝诫等，最后都被迫流转出去了。此外，政府推动的土地流转也并非不符合所有农户的利益，由于农民群体在经济社会结构上的分层，农民内部出现了利益诉求的差异，因此坚决反对土地流转的毕竟是少数。如根据张洪松（2010）[②] 对成都市土地流转过程中农民流转意见的调查，在其调查的总样本中坚决反对土地承包经营权流转的农户只有4.59%。对于这部分阻碍农地流转的“困难户”，基层政府有针对性地使用非正式行为，其行政成本相对较低，同时也满足了其不引发“群体性事件”的利益诉求，尽管客观现实是不愿流转的农户其土地都“被流转”了。从这个层面上来看，的确有部分农民基于土地财产权的自由意志受到了侵犯。

第三节　农地流转过程中工商资本下乡的动机分析

虽然本章第二部分对推动农地流转过程中政府的行为逻辑和行为模式进行了分析，但政府推动农地流转的直接目的是改变农业经营模式、形成农业经营规模，而要达到这一目的就需要工商资本的配合。因为政府本身不可能来经营流转集中的土地，而要获得工商资本的配合就必须符合工商资本的利益诉求。因为无论何种形式的农业企业，其作为工商资本的具体化形式，都必然要满足资本逐利的动机。正如前文所论述的那样，地方政府推动工商资本下乡以及土地的规模化经营势必要与资本的利益诉求达成暗合或者是“共谋”。那么在政府主导下的工商资本下乡和土地流转过程中，资本又是如何进行利益核算的呢？通常而言，资本的利益分为四个部分：

第一部分，经营粮食作物收益。资本通过土地流转得到的土地只能是农业用地，其中还有很大部分是基本农田即耕地，只能进行大田作物的耕作，因此其获得收益的直接途径就是进行农业经营，这也是农业企业的本职工作。大规模种植业的好处是也许可以通过机械化来减少劳动投入，降低投入成本，但由于无法解决生产管理难题，其难以获得比家庭经营更高的产量，经营效率也不

---

① 杨华．农村土地流转与社会阶层的重构［J］．重庆社会科学，2011（5）：54-60.

② 张洪松．农用地流转中的主体意愿与行动策略：基于成都实验的考察［J］．农村经济，2010（8）：85.

比家庭经营高，因此从事大宗农产品生产（大田作物）并无超额利润[①]。根据贺雪峰（2008）[②] 对成都市三个村的调查，农业龙头企业通过流转得到土地后均不进行粮食生产而是转而种植中药材、西瓜等经济作物，原因是种粮食不可能赚钱。类似地，张曙光（2010）[③] 的研究也发现，在其调研的农业企业中很难找到专业经营粮食生产的案例。可见，正如前文所述，农业比较效益偏低、土地租金负担较重、管理困难以及劳动力成本较高等因素决定了农业企业进行农业经营尤其是进行大田作物的经营基本是亏损的。

第二部分，经营经济作物收益。由于农业企业耕种粮食作物（大田作物）不挣钱，因此不少农业企业在流入土地后选择种植经济作物，如水果、中药材、花卉等。如有关数据指出，农业公司种植行为与农民相比明显的不同是，其中 85%用于非粮食生产（韩俊，2013）[④]。黎霆、赵阳等（2009）[⑤] 运用中国农业大学中国农村政策研究中心“农村土地流转市场研究”课题 2008 年的抽样调查数据所进行的实证分析表明，在参与流转的土地中，流转前种植粮食的比例为 76. 25%，经济作物的比例为 22. 6%，其他作物的比例仅为 1. 15%。而流转后，用于种植粮食的土地比例降至 45. 83%，种植经济作物的比例增至 25. 83%。而在新出现的经营种类的用地中，果树占 9. 18%，其他林木占 10%，养殖占 4. 58%。土流转前后农地的经营结构出现较为明显的变化，呈现出“去粮化”的趋势。但经济作物的市场总体容量小、价格波动大，因此风险高，收益不能得到保证。根据贺雪峰 2008 年对成都市周边农地流转的调研，成都周边两个农村将土地流转给农业公司种植西瓜，2007 年西瓜市场行情不错赚了钱，但到 2008 年西瓜行情不好，农业公司不仅没有赚到钱，甚至连支付租金也成了问题[⑥]。类似的例子并不鲜见，比如 2010 年海南文昌圣女果销售无门事件[⑦]等。可见，种植经济作物具有市场波动大、行情不稳定等特点，农业企业的利润也无法得到较好的保证。此外，农业企业流入农地进行经济作

---

① 贺雪峰. 地权的逻辑：中国农村土地制度向何处去［M］. 北京：中国政法大学出版社，2010：180.

② 贺雪峰. 中国改革开放 30 年的最大经验是保持了农村的稳定［N］. 2008-12-04.

③ 张曙光. 土地流转与农业现代化［J］. 管理世界，2010（7）：66-85，97.

④ 韩俊. 国研中心副主任韩俊：家庭经营是农业生产中最适宜模式[EB/OL].(2013-01-05)[2019-06-10].http://www.people.com.cn/BIG5/24hour/n/2013/0105/c25408-20099237. html.

⑤ 黎霆，赵阳，辛贤. 当前农地流转的基本特征及影响因素分析［J］. 中国农村经济，2009(10)：4-11.

⑥ 同①6.

⑦ 海南文昌 1 000 亩圣女果销售无门 烂在地里[EB/OL].(2010-02-09)[2019-06-30].新华网(海南频道),http://www.hq.xinhuanet.com/news/2010-02/09/content_18995250. htm.

物的经营还存在一定的政策风险。根据我国现有的政策和法律法规，对一般耕地而言允许经营者自行组织农业生产，农业经营内容不受限制①，但我国政策对基本农田的使用却有严格的限制。根据《国务院关于深化改革严格土地管理的决定》②，基本农田一经划定，任何单位和个人不得擅自占用，或者擅自改变用途，这是不可逾越的“红线”；禁止占用基本农田挖鱼塘、种树和进行其他破坏耕作层的活动；此外，2016 年 8 月国土资源部、农业部联合发布《国土资源部　农业部关于全面划定永久基本农田实行特殊保护的通知》③，进一步强调了永久基本农田一经划定，任何单位和个人不得擅自占用，或者改变用途；随着 15.46 亿亩基本农田的划定，农业企业要想流入土地进行经济作物的耕作将更加困难，同时也将面临更大的政策风险。

第三部分，政府扶持收益。由于农业企业务农普遍亏损，种植经济作物风险高、收益不能保证，且容易产生法律风险和政策风险，为了推动农地流转实现规模经营、吸引工商资本下乡，地方政府一般都会提出相应的扶持方案，而这些扶持方案往往与农地流转规模正相关。地方政府的扶持手段一般包括财政奖励、信贷支持以及通过修建农业基础配套设施等方式，以此来分担农业企业的经营成本。如成都市成立了农业投资公司，以价格调节基金的名义对流入方进行补贴，同时提供信贷支持④。实践中，根据经营规模来加大扶持力度也是地方政府的普遍做法，如成都市双流区的扶持政策包括：经营规模在 100~500 亩的，奖租金的 8%，500~1 000 亩的奖租金的 10%，1 000 亩以上的奖租金的 15%；同时根据流入方对生产设施的投入，区政府按规模大小分别给予总投入资金 10%、12%和 15%的补贴。仅 2007 年，双流县发放土地规模经营的补贴资金就高达 500 多万元⑤。类似地，宜宾市筠连县也出台了土地流转的鼓励措施，与成都市双流区不同的是，其鼓励措施不仅针对土地流转的流入方，对流出土地的农户也进行一定程度的补贴：凡流转期限 5 年以上，新增流转耕地 100 亩以上（含 100 亩）的，按当年土地租金的 20%给予奖补，连续奖补3 年，奖补金额每年每亩不超过 200 元；鼓励农民流转土地承包经营权，凡流转期限

---

① 我国《土地承包法》第十六条规定：承包方依法享有承包地使用、收益和土地承包经营权流转的权利，有权自主组织生产经营和处置产品。

② 参见《国务院关于深化改革严格土地管理的决定》（国发〔2004〕28 号）第十一条规定。

③ 参见《国土资源部 农业部关于全面划定永久基本农田实行特殊保护的通知》（国土资规〔2016〕10 号）。

④ 韩永. 在自己的土地上打工［J］. 中国新闻周刊，2009（8）：39-43.

⑤ 丛峰，刘海. 土地规模经营：成都统筹城乡发展的富民之路［EB/OL］.（2008-10-09）［2019-06-10］.http://www.gov.cn/ztzl/2008-10-09/content_1116393.htm.

5 年以上的，按照每亩流转耕地 100 元给予一次性奖补；鼓励乡镇、村社积极开展农村土地承包经营权流转工作，凡流转期限 5 年以上的，分别给予乡镇和村社每亩 10 元的一次性奖补；对农户流转土地面积占其承包土地 80%以上的，优先安排技能培训及其他就业技能培训，优先推荐就业；若自愿从事其他经营，优先享受农村小额贷款、妇女创业贷款等国家政策性扶持项目①。九江市各县（市、区）安排土地流转专项奖补资金，对流转土地期限 5 年以上、规模 50 亩以上的经营主体，给予一次性 50～100 元/亩的补助②。通过对各地政府相关文件的查阅我们发现，出台类似扶持政策是各地的普遍做法，受本书篇幅限制不再一一列举。政府的土地流转补贴无论是针对下乡资本还是针对农户抑或是修建农业企业经营所需的配套基础设施，其本质作用都一样，即分担资本下乡的成本，因此政府的补贴收益是下乡资本利益考量中的重要组成部分。

第四部分，其他收益。工商资本下乡除了其投资收益、政府补贴外，还能获得地方政府的非正式支持，如获得人大代表、政协委员等政治头衔，或者通过资本下乡得到“龙头企业”称号，进而享受相应的税收优惠或者财政补贴等。此外，通过资本下乡也可以与政府建立一种良性关系，进而在争取政府的其他项目时获得竞争优势。这类收益虽然无法在企业投资收益测算报表中得到体现，但其中的微妙之处亦是下乡资本心知肚明的。

以上便是工商资本下乡获得利益的四个主要方面，可见地方政府推动的土地流转，其所伴随的下乡资本有着较为复杂的利益考量。尽管下乡资本的利益具有复杂性，但却符合资本逐利的内在要求。因此，在这种情况下，大规模的土地流转以及伴随大规模土地流转而发生的工商资本下乡热潮就具有了逻辑上的合理性。然而，需要特别强调的是，通过以上对工商资本收益的分析我们不难发现，当前工商资本进入农业真正源自农业内部收益的可能性并不高，尤其是对大田作物的生产而言。从这个意义上看，工商资本进入农业后，自立经营户并未就此形成。

① 佚名. 筠连县出台农村土地经营权流转扶持新政[EB/OL].(2015-05-22)[2019-06-10]. http://tjj.yibin.gov.cn/gzdt/qxdt/201505/t20150522_617062.html.

② 参见：流转促规模 规模增效益[EB/OL].(2017-02-24)[2019-06-10].http://www.jjsxnc.gov.cn/xxty/201702/t20170224_1677417. htm.

第四节　农地流转过程中村级组织的行为分析

政府主导农地流转虽然含有较强的行政推动力，但要使这种行政推动力传达到基层农村则必然需要各地村级组织的支持。因此分析农地流转过程有必要将村级组织的行为纳入考察范畴。

一、村级组织概述

在我国现行农村土地产权结构下，集体土地所有权依然是全部土地权利的源头，这一产权制度安排符合我国农村统分结合的双层经营体制的需要。根据我国《物权法》第五十九条的规定，农民集体所有的不动产和动产，属于本集体成员集体所有。同时《物权法》第六十条规定了集体所有权的代表行使制度，即由村集体经济组织或者村民委员会代表集体行使所有权。以上法律规定勾勒出了我国农村土地所有权的大致权利框架。我国村民自治的实际情况是，除了一些发达地区建立有独立于村委会的村一级集体经济组织外，大部分地区是由村委会代表村民行使所有权（崔智友，2002）①。因此，本书讨论的村级组织主要指村委会。

（一）村委会的职责

根据《中华人民共和国村民委员会组织法》（以下简称《村民委员会组织法》）第二条之规定，村民委员会是村民自我管理、自我教育、自我服务的基层群众性自治组织，实行民主选举、民主决策、民主管理、民主监督。可见，我国农村基层组织具有村民自治性质，并不是一级政府。村委会作为村民自治组织，其主要职能有：管理属于本村农民集体所有的土地和其他财产，代表村民行使集体所有权、负责行使集体土地的发包职能，发展集体经济、推动农村公共事务等。但实践中，村委会往往还行使法律或地方政府赋予的某些行政职能，又具有了“准行政机关”的特征②。造成这一结果的原因有两点：一方面是法律法规赋予村委会的管理职能和公共事务职能与政府的部分职能具有重合、衔接的关系，如《村民委员会组织法》第五条规定，乡、民族乡、镇的人民政府对村民委员会的工作给予指导、支持和帮助；村民委员会协助乡、

---

① 崔智友. 中国村民自治与农村土地问题［J］. 中国农村观察，2002（3）：2-12.

② 李长健，徐丽峰. 村民委员会在土地流转中的职责研究［J］. 延边大学学报（社会科学版），2009，42（4）112-118.

民族乡、镇的人民政府开展工作，这就使得村委会事实上具备了承载国家行政权力下移的媒介功能。另一方面，村干部的报酬原来由村民分摊，报酬多少与集体经济实力的发展相联系，由村民决定，但近些年，许多地方村主任的补贴变为固定工资，由政府财政发放。这样做的本意是减轻农民负担，但却不符合村民自治原则，把村级组织变成了政府机构的延伸，把村主任官僚化了，村民自治本是制约政府行为的重要组织和力量，却因此而受到削弱，其后果是强化了行政干预（张路雄，2012）①。这样，村委会村民自治的性质发生了偏移，行政化的赋权使得村委会配置农村土地资源的职能“权力化”，进而滋生了寻租的空间。

在现行农地产权结构下，村委会代表村民行使集体所有权，履行对集体土地的日常管理义务，同时也是大部分农民土地承包关系中的发包方。理论上来看，农民的土地财产权属于土地所有权派生出来的权利，具有独立性，尤其是土地承包经营权已被《物权法》纳入用益物权的范畴。但依据我国现行土地制度，集体土地所有权仍然能对农民的土地使用权实施影响力，我国《农村土地承包法》第三十二条规定：“通过家庭承包取得的土地承包经营权可以依法采取转包、出租、互换、转让或者其他方式流转。”但该法第三十七条同时规定，“采取转让方式流转的，应当经发包方同意”。此外，该法第四十一条也对土地流转进行了限制，其规定“承包方有稳定的非农职业或者有稳定的收入来源的，经发包方同意，可以将全部或者部分土地承包经营权转让给其他从事农业生产经营的农户”。可见，我国农村土地产权结构决定了，农民土地财产权在实现过程中常常需要和集体土地的所有权的实际行使者——村委会发生关系。如前文所述，当前我国农民土地财产权实现的主要途径是土地流转。在农民自发进行的土地流转过程中，由于土地流转的规模较小，且多发生在亲友之间，也并无多大利益纠葛，所以村委会对此一般不介入。然而，随着农村土地流转规模的扩大以及利益交换的增多，村委会作为土地所有权的行使者、集体财产的管理人以及独立于村民的组织机构，其基于各种动机，必然会卷入土地流转的过程中。此外，由于农民承包土地具有面积小且分散的特征，因此在规模相对较大的土地流转过程中，往往会出现土地供给方和土地需求方在结构上的矛盾，这时村委会作为连接社区村民的节点的优势就发挥出来了，通过村委会的组织和协调，不仅能够降低土地流转双方的交易成本，也能够通

① 张路雄. 耕者有其田：中国耕地制度的现实与逻辑［M］. 北京：中国政法大学出版社，2012.

过其对村庄和土地的管理职能来使分散的土地相对集中。实践中外来的土地需求方往往是先与村委会协商好流转事宜，再由村委会去与各家农户协商，如根据张曙光、刘守英（2010）[①] 的调查和研究，企业到农村大面积承包土地，其获得土地的途径除少数是直接和一家一户农民签订流转合同外，大多数是村组织在中间扮演重要角色，包括提供土地信息、提供农户与企业间的中介服务（收取一定中介费）、以行政力量将土地集中后再租给企业。客观来说，这是有利于土地流转交易效率的。如聂建亮、钟涨宝（2013）[②] 根据对云南省 W 村的调研发现，土地流转中不同社会关系形成了不同的土地流转策略，包括情感型、经济型和权力型，其中通过权力资源的运用可以达成大规模的土地流转。因为大规模的土地流转中谈判成本非常高，如果其中部分农户拒绝达成合约，那么流转土地将很难连成片，而通过权力资源的动员，可以达成短时间内完成谈判的结果，同时也解决了谈判中不合作的问题，而其他类型的流转策略很难具备大规模土地流转的动员能力，但权力资源动员过程中容易出现损农的情况。

（二）土地流转过程中村委会行为逻辑

根据前文论述可知，村委会作为承载国家行政权力下移职能的机构，其行为逻辑必然受到地方政府的影响。作为国家权利与农村对接的节点，地方政府自然也会将村委会视为其落实施政意图的有力抓手。如各地政府在推动土地大规模流转过程中，均通过目标责任考核的方式来调动村委会对政策的执行积极性，并制定相应的考核政策和奖励政策。成都市青白江区龙王镇为推动农村土地流转所推行的实施办法能够很好地说明地方政府在推动土地流转过程中是如何激励村级组织的。

根据《成都市青白江区龙王镇人民政府关于 2007 年推进农用地流转的实施意见》[③] 的要求，2007 年该镇土地流转面积要达到 8 300 亩，其中新增流转面积 4 450 亩。具体办法为：第一，镇上成立农用地流转领导小组；第二，新增农用地流转面积重点放在三个项目村，围绕土地整理项目流转为主；第三，流转方式为租赁给业主和种植大户结合；第四，流转土地用途重在三大产业，即伏季水果、蔬菜、养殖；第五，镇党委、政府将此项工作纳入年终目标考

---

① 张曙光. 土地流转与农业现代化［J］. 管理世界，2010（7）：66-85，97.

② 聂建亮，钟涨宝. 土地流转的策略选择与资源动用：基于对云南省 W 村的个案调查［J］. 南京农业大学学报（社会科学版），2013，13（2）：101-107.

③ 张路雄. 耕者有其田：中国耕地制度的现实与逻辑［M］. 北京：中国政法大学出版社，2012：135.

核，并于12月前组织相关人员对农用地流转进行验收；第六，将农用地流转任务分解到村。由于对乡级干部有年终目标考核，为了鼓励各村干部和企业领导的积极性特制订奖励措施：①各村（社区）凡引进镇外业主到本村（社区）内一次性承包经营土地50亩以上，承包年限1年以上的，镇政府按10元/亩的标准对该村进行奖励。②本镇范围内的各种农业公司、协会、专业合作组织，凡一次性承包土地100亩以上，承包年限1年以上的，镇政府按10元/亩的标准分别对其所在村和承包单位进行奖励。③本镇种植养殖大户在镇域范围内一次性承包经营土地30亩以上的，承包年限1年以上的，镇政府按20元/亩的标准对该种植养殖户进行奖励。

在上述地方政府农地流转实施意见中，政府将目标任务分解到村，进而纳入年终目标考核，通过这种手段可以将目标任务的压力传导到基层。此外，针对村干部，镇政府也制定了奖励措施对其进行激励。在奖惩两方面措施的引导下，村委会势必要面临来自地方政府的压力，进而在土地流转过程中通过各种手段来达到地方政府为其设定的分解目标。可见，地方政府的行政压力是村委会在土地流转过程中行动的动机之一。

需要强调的是，虽然村委会会受到来自地方政府的鞭策和激励，但由于村委会负责人的行政升迁机制与正式官员不同，其产生方式依然是村民选举，因此地方政府的政治激励对于村委会成员而言往往作用不大。而作为乡以下单位的政治权力执掌者，其行为明显缺乏有效的制度激励和约束，短视性和寻租性较为严重（李怀 等，2009）①。类似地，钱忠好（2002）② 的研究也指出，随着乡村干部自主性的增强，乡村干部自身的利益逐渐凸现，他们在日益市场化的过程中，逐步由传统意义上的村干部转变为现代意义上的经济人，其行为决策首要考虑的是有偿、有选择的交易行为甚至是寻租行为。而推动土地流转这一行为背后有地方政府权威的背书，这使得村委会在土地流转过程中的行为就具有了较强的行政权威，运用这种行政权威（权力）进行寻租更符合村委会成员的个人利益。这样，村委会的行为动机就不仅包括来自上级政府的压力和激励，还包括自身的利益考量。如，关于村委会介入土地流转的动机，已有观

① 李怀，高磊. 我国农地流转中的多重委托代理结构及其制度失衡解析：从重庆、四川、广东等省份土地产权流转案例中得到的启示［J］农业经济问题，2009，31（11）：71-77.

② 钱忠好. 农村土地承包经营权产权残缺与市场流转困境：理论与政策分析［J］. 管理世界，2002（6）：35-45，154-155.

点指出是为了增加村委会收入并从中获取利益（马晓河 等，2002）[①]。类似地林毅夫（2003）[②] 指出，农地流转的级差收入主要落入集体手中，农户的一部分土地收益权丧失了。这也表明，村委会介入农村土地流转具有利益动机。实践中，村委会推动土地流转也的确具有利益动机，这种利益主要来自以下几个方面：

第一，通过土地流转过程中的居间行为获得报酬，如管理费等。由于大规模的土地流转过程存在供方和需方结构上的失衡以及信息上的闭塞，土地流转的交易成本很高。这时流转企业往往通过村委会作为中介来与村民缔结土地流转协议。即企业先和村委会谈好流转条件，再由村委会挨家挨户去和村民谈。这样可以有效地降低土地流转的交易成本。如在周陶（2016）[③] 对四川丘陵山区土地流转的调查样本中，77.78%的村委会在土地流转过程中都向企业收取了一定的流转管理费。类似地，孔祥智、刘同山等（2013）[④] 基于鲁冀皖三省15个村的案例分析，也发现村委会在协调农村土地流转过程中有抽取流转资金作为管理费的现象。

第二，通过将属于自己管理的未分配土地，如机动地、四荒地、新整理土地等，流转出去获取土地收益。根据孔祥智、刘同山等（2013）[⑤] 等对鲁冀皖三省农村的调查，随着土地流转价格走高，越来越多的四荒地、坑塘土地被村委会新整理出来，并和农户的土地一起出租，这使得村委会也成了土地的流出方。

第三，获取地方政府完成土地流转目标责任的奖励。如前文所述，实践中，地方政府为了通过村委会来实现大规模的土地流转，往往会设定一定的目标完成奖励作为激励措施来调动村委会的积极性。

综上所述，由于农村问题错综复杂，单纯依靠政府的力量要将世代耕田的农户从土地上分离，阻力相当大，因此地方政府开始给予村委会这一“上联政府下接群众”的基层组织更多的关注和支持，并通过让村委会发挥作用来快速、平稳推进土地流转。此外，由于村委会在土地流转过程中有较大的获利

---

① 马晓河，崔红志. 建立土地流转制度，促进区域农业生产规模化经营［J］. 管理世界，2002（11）：63-77.

② 林毅夫. 重塑农民土地主人地位［J］. 农村工作通讯，2004（2）：26.

③ 周陶. 四川丘陵山区农户内生型农地流转研究：基于人工社会模型［D］. 重庆：西南大学，2016.

④ 孔祥智，刘同山，郑力文. 土地流转中村委会的角色及其成因探析：基于鲁冀皖三省15个村庄的土地流转案例［J］. 东岳论丛，2013，34（5）：103-108.

⑤ 同④.

机会，因此其自身也具有推动土地流转的强烈意愿。

客观来看，村委会介入土地流转除了是出于对地方政府行政压力的应对和对村委会自身利益诉求的考量外，还满足了农村土地市场交易的内在需要，因为村委会在土地流转过程中基于其自身的独特地位成了土地流转需求方与农户间的信息桥梁，进而土地流转供需双方需求的合力也是村委会介入土地流转的重要因素。在这一过程当中，村委会发挥了市场居间人的作用，同时也基于其自身权威为市场交易的供需双方提供了信任担保，进而在一定程度上降低了交易成本（孔祥智 等，2013）①。这样来看，村委会在土地流转过程中的利益诉求也具有合理的因素。

二、村级组织不当行为对农民土地权利的影响

正是村委会在土地流转过程中的多重动机使得土地流转是否成功对村委会的自身利益具有较大影响，因为一方面土地流转如果达成将满足其目标责任考核（政绩）需求，另一方面土地流转过程中村委会也可以获得较为丰厚的收益。因此其在土地流转过程中往往具有较强的促成交易达成的倾向性。如果从土地流转的中介服务角度或者居间角度来看（村委会在土地流转中事实上承担了上述角色），村委会在土地流转过程中带有促成交易达成的倾向性是符合市场交易规则的，因为仅就居间人这一角色而言，促成交易达成是其获得收益的合理诉求。然而，村委会自身的“准行政机关”特征以及其在村社治理中的权威性，使得其在介入土地流转的过程中可以通过其村社的影响力来对土地流转交易双方，尤其是农户施加压力，进而达成土地流转的目的。而这种压力显然不符合正常的市场交易规则，进而可能会对农民的土地财产权造成侵害。因为，从现实来看，无论村委会为促成土地流转交易的达成采用的方法是否属于强制的范畴，其必然会对农户交易的自由意愿产生干扰，进而导致农户的土地流转交易决策发生异化。这一方面使得农户自身的流转意志受到干扰，另一方面也使得农村土地流转市场的形成和发育受到阻碍。

第五节　土地流转的影响分析

在地方政府推动的大规模土地流转中，为保证土地经营的规模化，往往是

① 孔祥智，刘同山，郑力文. 土地流转中村委会的角色及其成因探析：基于鲁冀皖三省15个村庄的土地流转案例［J］. 东岳论丛，2013，34（5）：103-108.

整组甚至整村的土地发生流转，而这一过程当中，单户农民的意愿就难以通过流转协议得到表达。因此，农户的利益受到侵害是必然的，而这种对农民土地财产权的侵犯主要包括以下几个方面：

一、政府主导的土地流转侵犯了农民的土地处分权

前文指出，在政府强力推进的农村土地流转过程中，农民个体是很难抗拒的，即单个农民不愿流转土地的意志是无法阻止政府推动土地流转的。当然，这并不是说政府通过行政强制力来达到这一目的。以成都市为例，自 2005 年以来，成都市土地承包经营权流转面积的平均增长速度为 47%，仅 2006 年度和 2007 年度，成都市土地流转面积净增数就达到了 38.4 万亩和 81.87 万亩。而如果按照我国农村户均 10 亩地的水平来匡算，2006 年度和 2007 年度成都市土地流转净增面积涉及的农户约为 3.8 万户和 8.2 万户。涉及农户规模如此庞大的土地流转，所产生的土地流转类纠纷在两年间仅出现了 7 例，低于土地承包类纠纷和征地补偿类纠纷①，这从侧面反映出强迫农民流转土地的问题并不突出。这主要是因为在政府推动土地流转过程中，农民的对抗意志并不强烈。因为一方面，由于农民阶层的分化，不同的阶层对土地权利有不同的诉求（并非所有农民都要依靠土地来实现劳动力再生产），所以在土地流转过程中农民不容易形成集体对抗的意志。另一方面，土地流转与土地征收不同，从形式上来看，在土地流转过程中农民不会在“一锤子买卖”中永久丧失土地的承包权，这就使得农民的抵抗意愿大幅降低。同时由于政府推动的土地流转一般都有中央项目作为支撑（幌子），这在某种程度上增加了土地流转的合法性和权威性，这也会降低土地流转过程中农民的抵触情绪。此外，由于地方政府通过“项目”扩大了其自身的财政动员能力，因此在土地流转过程中农民所获得的对价有一定程度的保证，使得整个土地流转具有了合法交易的“权利外观”，这就进一步减弱了农民的对抗心理。因此，在政府推动的土地流转中，虽然有部分农民不情愿，但由于其基于其他的考虑，也会“半推半就”地与农业企业达成土地流转协议，总体来看仍然是属于协商妥协的范畴。那么，农民土地财产的处分权丧失又表现在什么地方呢？这就要和农民自愿、自发形成土地交易来比较才能得出答案。

由于土地关乎农民的谋生手段和切身利益，在农户自发形成的土地交易

---

① 张洪松. 农用地流转中的主体意愿与行动策略：基于成都实验的考察［J］. 农村经济，2010（8）：85.

中，农户为了谋生需要，往往不会将全部土地都流转出去，这样一来，即便有部分土地流转出去了，农民还有部分土地可以耕种，不至于担心生计问题。与农户自发形成土地流转交易不同，在政府推动的土地流转中由于要保证土地的大规模连片，农户往往无法再预留部分土地，因此这类土地流转的后果是农民与土地在生产关系上的彻底剥离，即丧失了土地这一生产资料的经营权以及土地产出的占有权。从这个意义上来看，农民是丧失了对自己土地权利的处分自由的，至少是部分地丧失，即农民对自己的土地权利无法选择是处分全部，还是只处分其中的一部分。

此外，由于政府推动的土地流转中，关于土地流转期限的决定势必要服从政府或农业企业的流转需要，因此农民在政府推动的土地流转过程中对流转期限同样无法表达自身的意愿。而在自发形成的土地流转过程中，农户可以与土地流入方就土地流转期限进行充分的协商，即便是涉及多户农户的土地流转，农户间的内部协调也能保证单个农户对土地流转期限的意思自治获得必要的表达途径。

另外不得不提的是，理论上来说，根据现行法律法规农村土地流转必然受到期限的限制，因此，土地流转合同到期后农民可以决定是否续约继续流转土地，但现实情况是，当前农民在缔约时都难以选择，那么在续约时要想表达其意愿就更难了。何况当前已经签约的土地流转合同期限普遍较长，合同履约过程中充满了不确定性，待到合同续约时农民已经离开土地多年，其新的社会关系已经在没有土地的基础上得到建立，即便能够再一次获得土地的使用权，也可能早已物是人非了。

综上所述，在政府所推动的工商资本下乡以及大规模土地流转过程中，由于其流转规模大、涉及农户多，单个农户的缔约自由容易受到侵害。根据前文的分析结论，在政府推动土地流转的过程中，农民被迫流转土地的问题并不突出，而农民的对抗心态大多为半推半就，那么农民的处分权为什么又会受到侵害呢？关键就在于土地流转过程中农民是否是自愿、自发地进行土地流转交易的。虽然根据我国法律规定，土地承包经营权是农民的土地财产权，并且已经获得我国《物权法》的承认，中央也一再强调土地流转是在农户自愿的基础上进行的。但从实际情况来看，对于政府推动的土地流转而言，由于政府通过各种正式或者非正式的行为对农民施加了压力，农民无法就是否流转土地进行决策，也就是说在这类土地流转交易中农民是没有退出交易的权利的。因此农民就只能在流转面积、流转期限已被大致确定的情况下与农业企业（政府）进行流转土地的协商（博弈），从一开始农民就处于被动的地位，进而很难就土地流转的其他事宜发表意见，最多不过是在流转金额上面做一些文章而已。正如有学者指出，在资本下乡的土地流转过程中，资本与政府出于各自利益需求达成共谋关系，在与农户发生关系时处于优势地位，表面的平等（协议）不能掩盖背后的不平等（威逼利诱）（孙新华，2012）①。显然，在整个土地流转交易过程中，农民在是否流转土地、流转多大面积的土地以及土地流转的期限等方面的处分权是残缺的。

二、政府主导的土地流转影响了农民的土地使用权

土地之于农民而言既是生产资料也是其劳动场所，农民与土地相结合是农民这个职业天然的特征。拥有土地农民就可以完成其劳动力的再生产过程，一旦丧失土地，农民劳动力再生产的过程就会出现障碍。在我国现行农村土地产权结构下，农民拥有土地指的是拥有土地的使用权，也即土地承包经营权。有学者指出，在多数农村的农民仍将从事农业生产的情况下，对农户而言重要的是使用权而不是所有权（贺雪峰，2010）②。类似地，鲁品越（2001）③也指出："资源的所有权只是对资源所有者的法律规定，它必须通过使用过程才能实现。对资源的支配权、使用权及其生产出的利益的享用权——我们可以合称为'所用权'。而'所有'只是手段，'所用'才是目的。"同理，在"三权分置"的农村土地权利结构下，对于务农的农户而言，重要的是土地经营权而不是所有权或土地承包权。需要强调的是，土地使用权之于单个农户而言就是土地承包经营权，而之于农村而言，其除了是农业生产关系的载体以外，还是整个农村社会关系的基础。因为，农村作为一个社会共同体，其是建立在农民在农地耕作的基础之上的，这就意味着如果农民丧失了耕作的土地，农村社会也就瓦解了。正如张红宇（2002）④所指出的那样，对于农民而言，拥有土地和土地经营，不仅是一种生产方式，而且是一种生活方式，同时还是一种积累财富和财富可以继承转让的方式。

从农民进行土地流转这一市场交易行为本身而言，丧失土地使用权乃是土地流转交易的应有之义，因此农民进行土地流转交易对这一交易后果并无异

---

① 孙新华. 土地流转与农户家计：两种流转模式的比较：基于江西省T村的实证调查［J］. 贵州社会科学，2012（4）：77-83.

② 贺雪峰. 地权的逻辑：中国农村土地制度向何处去［M］. 北京：中国政法大学出版社，2010：7.

③ 鲁品越. 生产关系理论的当代重构［J］. 中国社会科学，2001（1）：14-23，205.

④ 张红宇. 中国农地调整与使用权流转：几点评论［J］. 管理世界，2002（5）：76-87.

议，但前提是这一交易需建立在农民自愿、自发的基础上。如果土地流转交易是建立在平等主体间意思自治的基础上，那么市场交易的结果必然会促成双方达成互利共赢的结果，进而使交易双方的福利都得到增加。而一旦交易双方并非都出自自愿、自发的意思表示，则交易结果很可能会使一方利益受损。此外，农民自发的土地流转交易，虽然导致了单个农户土地使用权的丧失，但由于整个农村的社会关系和生产关系仍然健全，农民生存的土壤就存在，即便是丧失了自己的土地使用权，也不会导致生存危机。而政府推动的大规模土地流转则与农民自发的土地流转有很大的不同，其往往具有期限长、规模大以及协商空间小等特点。这就可能给农民的土地使用权造成严重的侵害。

正如前文所论述的那样，在自发、自愿基础上进行的土地流转交易中，单个农户可以对流转面积做出决定。而农户对土地流转面积的决策，是农民作为“理性人”根据自身家庭的要素禀赋来决定其谋生方式的典型体现。正如有学者指出，虽然近年来非农收入在农户收入中的比例不断攀升，但务农收入并没有失去作为农户重要收入来源的职能（孙新华，2012）①。在税费改革之前由于土地负担太重，农村弃田抛荒现象严重。但随着农业税费的改革，土地之于农民而言逐渐有了正收益，农民便开始将土地视为其财产，在国家增加惠农补贴后，土地的财产价值得到进一步的提升，甚至引发了一次大规模的农民争地高潮②，如，根据湖北农经管理部门统计，仅2004年上半年，因土地问题到省上访的农民有近2 000人次，其中集体上访80多次③。同样，根据董国礼、李里等（2009）④ 的调查，过去农业负担重时将土地私下流转出去，待到农业收益提高时再回来讨要土地的情况非常普遍，成为二轮承包过程中典型的纠纷类型。以上海地区为例，实行税费改革后，由于农业税的免除和粮食补贴政策的实施，农民们逐渐意识到土地的价值，对自己的土地都变得珍惜起来。类似地，

---

① 孙新华. 土地流转与农户家计：两种流转模式的比较：基于江西省T村的实证调查［J］. 贵州社会科学，2012（4）：77-83.

② 农民这次争地，并非针对国家或者地方政府，而是针对占地的农户。具体而言就是在农民负担比较沉重的时候，部分农民弃田抛荒，外出务工经商，村集体将这部分弃田再次承包给其他农民。而随着农业税的取消、粮价的上涨，国家还给土地以补贴，土地成了香饽饽，弃田的农户回来主张自己的土地权利，而正种着土地的农户不愿意退出土地，认为农业税高的时候，自己种地吃了亏，因此发生斗争。参见：贺雪峰. 地权的逻辑：中国农村土地制度向何处去［M］. 北京：中国政法大学出版社，2010：172.

③ 常红晓. 湖北“分田分地真忙”［J］. 财经，2004（22）：54-57.

④ 董国礼，李里，任纪萍. 产权代理分析下的土地流转模式及经济绩效［J］. 社会学研究，2009，24（1）：25-63，243.

确权颁证过程也引发了农民的争地纠纷，如成都市鹤鸣村①。无论是对农业税费的改革还是对土地的确权颁证，形式上都是政策的调整，背后的实质却是农民利益的变动，正如《中国新闻周刊》的记者所评论的那样，“涉及自身利益的事，淳朴的农民也不含糊”。虽然当前农业劳动报酬率不高，就劳动力投入产出比来看，务农收益仍大幅低于进城务工，但由于税费改革和国家惠农补贴的提高，土地对于农民而言已经有了正收益，因此务农收入也会被农民看重，这时农户可以通过家庭代际分工②等形式来同时获得务工和务农两笔收入。也就是说，在自发、自愿基础上形成的土地流转，农民并不必然就失去全部土地的使用权，其可以根据自身家庭状况、收入水平来调整其土地流转的比例，进而保留一部分土地用于耕作。即便是对于那些将土地全部流转出去的农户而言，由于农村的村社关系仍然存在，如果其选择不外出务工而留在农村，其仍然可以依托村社关系来实现自身的劳动力再生产，不会出现生存危机。如，其可以通过租种他人的土地（因土地肥力、灌溉等原因不愿被耕作、流转的土地）、向其他农户出卖劳动力或者在农村做点小生意等来维持生计。农村事实上就存在这类农户，孙新华（2012）③ 称之为“不务农的在村农户”。可见，只要村社共同体不丧失土地使用权，部分不务农农户是可以维持生计的，这也从侧面反映出土地使用权作为农民土地财产权的一个权能，其之于农民而言的重要性。

但在政府推动的大规模土地流转中，农民基本丧失了对流转土地面积的决策权，相当于政府替农民做出了决策，将大部分甚至全部土地拿出来流转。这种情况下，农户就无法根据自身的收入水平和家庭实际情况来比较务农收益和流转收益哪一个更划算，进而做出决策，相当于被迫放弃了务农收益而接受政府或者农业企业给出的土地流转价格。在不考虑流转价格是否合理、是否符合单个农户家庭收益最大化要求的前提下，政府推动土地流转的直接后果都会使

---

① 在成都市推行确权颁证后，外出务工农民纷纷回到村里争取土地权利，过去很多农民外出打工后土地就撂荒，别的村民把地种了，把农业税交了，现在出现争地纠纷让当地村干部调解起来十分头痛，对此，《中国新闻周刊》的记者评论道，涉及自身利益的事，淳朴的农民也不含糊。参见：王维博. 成都　农村产权改革始末 [J]. 中国新闻周刊，2009（8）：31-33.

② 农户家庭代际分工是指，农户家庭内部，年龄较大的成员如父母和年龄较小的成员如子女在家务农获得农业收入，青壮年外出务工获得务工收入。

③ 根据孙新华对农户的分类：不务农的在村农户是指那些既不务农，也没有脱离乡村而进城务工或经商，绝大部分在村庄内部从事务工或经商，但不耕种土地的农户。参见：孙新华. 土地流转与农户家计：两种流转模式的比较：基于江西省 T 村的实证调查 [J]. 贵州社会科学，2012（4）：77-83.

那些仍需要通过土地耕作来维持家计或者补贴家用的农户丧失了土地的使用权。由于政府推动的土地流转往往具有大规模、长期限的特点，这种情况下，土地使用权的丧失对于农户而言就不仅仅是单纯的土地收益的变化那么简单，更是一种对农民与土地的剥离，其后果是农民彻底、完全地丧失土地使用权。此外，农民土地使用权的丧失可能不仅是其经营权范围内的土地使用权的丧失，还可能是整个生产关系意义上土地使用权的丧失，因为这一过程当中，农民不仅丧失了其承包地的使用权，也丧失了自留地、口粮田以及其他可以耕作的土地的使用权，进而沦落到靠出卖其劳动力为生的地步。如孙新华(2012)① 对江西省某村的调研指出，资本下乡后，该村原本靠务农为生的农户60%以上的土地被流转，他们不仅丧失了发展养鸡、养鸭等副业的资本(多余的粮食)，甚至连口粮问题都无法解决。同时原本依附在土地上的留村劳动力也被释放出来，由于这类劳动力本来就是因为难以找到其他工作才不得不耕种土地，因此一旦丧失土地，他们很难再就业。不难看出，在政府主导的土地流转过程中，农民与土地的剥离是较为彻底的。而农民这种彻底的对土地使用权的丧失对农民土地权利所造成的侵害，又由于土地流转的规模而被放大。因为在这种情况下，随着大面积的农户土地使用权的丧失（虽然这种丧失在理论上会受到一定期限的限制），农村的农地关系将会受到冲击。一方面，农村既有的以家庭为基本单位的农业生产关系范围由于耕地的减少必然大幅萎缩，这使得原本依托于这种农业生产关系而存在的不务农的在村农户的生存空间受到大幅挤压。另一方面，随着原有土地经营者的变化（由农户变为农业企业），大部分原本附着于土地上的劳动力将被释放出来，使得不务农的在村农户数量急剧增加。这一增一减必然使得整个村社的生存环境恶化，也就是说，在大规模土地流转后，现存的农村资源必然无法养活原来的人口规模。这样一来，村社原来的不务农在村农户以及新增的不务农在村农户要么选择另谋出路，要么只能将劳动力闲置。需要指出的是，由于务农收入与务工、经商等相比较低，无论是因为代际分工还是因为年龄、身体、性别等原因在村务农的农民普遍都缺乏就业竞争力，即便外出务工也大多只能成为城市的边缘劳动力，况且其中大部分不具备城市再就业的能力，只能选择失业。正如孙新华(2012)② 所说，尽管有些劳动力被迫外出另谋出路，但大多数劳动力只能处于闲置阶段，因为他们本来就是因为很难找到其他工作才不得不耕种土地，而

① 孙新华. 土地流转与农户家计：两种流转模式的比较：基于江西省T村的实证调查［J］. 贵州社会科学，2012（4）：77-83.

② 同①.

农业企业为了使其利益最大化，以极低的工资雇佣外地常年雇工，当地村民无法在这块土地上谋取一份岗位。而由于从土地上剥离的那部分劳动力很难获得新的就业机会，这就使得一部分农户家庭丧失了获得口粮的渠道，同时也增加了他们的货币负担。正如郭亮（2010）① 所指出的，由于农户处于缺少货币收入来源的社会条件之下，农村货币化支出的压力较大。类似地，孙新华（2012）② 也认为，在当今货币化时代，土地具有的减轻农户货币化压力的功能不容忽视。就农村生活而言，口粮都是依靠土地来获得的，此外土地还可以提供一些其他的实物形式的生活资料，如蔬菜、瓜果等，农民并不习惯于用货币来购买这类生活资料，土地使用权的丧失使他们不得不面临新增的货币支出压力。类似地，郭亮（2010）③ 的研究指出，与得到货币形式的流转费用相比，农户自己直接经营土地还能有效降低日常生活中的货币化开支，从而具有单纯的货币收入所不具有的作用和意义。

当然，在政府主导的土地流转过程中丧失土地使用权的农民与严格意义上的无产者还有所不同。因为在这种情况下农民虽然丧失了土地的使用权，但其仍然可以通过土地流转获得一定的流转收入；同时，由于其仍然拥有土地承包权，因此也可以依据国家的各项惠农补贴获得部分收入。只是在失去务农收入后仅靠上述两项收入可能会使农户的整个经济状况恶化，所以他们才被迫进入劳动力商品化的过程。

此外，土地使用权的另一个作用在于其为外出务工人员变相提供了老年福利和失业保障。如，黄宗智、高原等（2012）④ 指出，绝大多数农民工虽然常年在城市打工，但他们几乎没有希望在城市购房定居，因为他们无力承担高昂的房价，大部分农民工只能返回家乡“退休”。也就是说，对于大部分进城务工的农民而言，随着年龄的增加，其劳动力的竞争优势将逐渐丧失，在仍然拥有土地使用权的情况下，他们还可以回到农村安度晚年。而这种可能性，在政府推动大规模土地流转的过程中将越来越小，这是由政府推动土地流转的规模和流转期限所决定的。尤其是在整村整组这一规模下的土地流转过程中，农民不仅丧失了自身的土地使用权，整村整组也都没有土地可供使用或者只有少数

---

① 郭亮. 不完全市场化：理解当前土地流转的一个视角：基于河南Y镇的实证调查［J］. 南京农业大学学报（社会科学版），2010，10（4）：21-27，42.

② 孙新华. 土地流转与农户家计：两种流转模式的比较：基于江西省T村的实证调查［J］. 贵州社会科学，2012（4）：77-83.

③ 同①.

④ 黄宗智，高原，彭玉生. 没有无产化的资本化：中国农业的发展［J］. 开放时代，2012（3）：10-30.

土地可以使用，这就必然使得大部分依靠土地谋生的村民另谋生路、离开农村，进而使得整个农村的生产关系和社会关系被颠覆。这种情况下，即便农民工回到农村，也无法获得其离村前的那种低成本的生产关系、社会关系以及生活状况。同时，就土地使用权的失业保障功能而言，由于政府推动的大规模土地流转其土地流转合同的期限较长（一般为 10 年以上，有些甚至超过了农民的土地承包期限），这就使得农户短期内无法回到土地，对于在外务工的农民而言，这一后果也直接阻断了其返乡的退路。也就是说，一旦其因为伤病等意外因素失去务工能力或者因企业倒闭而下岗，也无法像流转前一样回到农村并依靠土地来维持其劳动力的再生产。

三、政府主导的土地流转降低了部分农民的土地收益

农地既作为劳动对象，又作为劳动手段，直接参与农产品的生产过程，是农业生产最基本的不可替代的生产资料，是农民获得农业收益的重要条件。同时，土地作为农民的财产权标的，自然具有收益的权能，其既包括通过土地使用来获得土地产出的收益，也包括通过土地流转来获得流转的收益。与处分权、使用权类似，当政府介入农民土地流转时，农民的土地收益权也可能会发生扭曲。

政府推动大规模土地流转之前，农户间自发形成土地流转的状况由来已久。虽然农民自发的土地流转仍然会改变农地收益的获取结构，但这种农民土地利益结构的变化是建立在平等协商以及自由决策基础之上的，其反映了农户作为理性人对自身利益的处置和分配。总的来说在自发进行的农地流转中，农地收益的变化是符合农民利益最大化的原则的，农地收益主要还是留在农民群体内部。同时，在农民自发的土地流转过程中，随着资源配置的变化，农户家庭内部的剩余劳动力能够得到有效的利用。

而在政府推动的大规模土地流转中，随着农地经营者的变化，农地收益的索取格局也发生了变化。

首先，从总体上来看，农业企业作为土地的经营者，其必然要获取土地的收益。这样，既有土地收益索取方当中就必然会新增一个外来的主体，在土地总收益维持不变的前提下，收益分配主体的增加必然会使既有收益主体的收益减少。在这种情况下要想农民的土地收益不变，唯一的可能就是使土地收益增加。其次，从理论上来看，农业企业可以通过经营规模的扩大和农业技术的投入来使农地产出得到提高，但这并不意味着农业企业的利润率（生产效率）就高于家庭经营。从实际情况来看，农业企业由于受到劳动力成本、管理的有

效性等因素的制约，实际上很难获得相较于家庭经营更高的生产效率。此外，即便是农业企业的经营效率高于农户，其企业经营者的身份也决定了大部分的土地剩余要归企业所有，农民只能获得固定土地流转收入。最后，从农户家庭内部来看，由于耕作土地是家庭当前各种劳动力投入方式中收益最低的一种，因此从家庭的资源优化配置角度而言，一般都选择让家庭中劳动竞争力较弱的家庭成员来从事耕作。而这类家庭成员通常为老人、妇女和儿童，由于其自身的劳动竞争力弱，无法在其他竞争市场中获得就业机会，因此家庭将这部分劳动力安排到土地上，其获得的收益可以看作纯收益，即不考虑劳动力成本。因此，农户如果选择不流出土地，而将这部分劳动力分配到土地上进行农业生产，就可以获得土地全部的农地剩余。可见，政府主导的土地流转将劳动力从土地上剥离，让农户单纯地获得土地流转收入，在这样的一种收益格局中，单从量上来看土地流转收入是无法弥补农户自己耕作所获得的农业收入的。而由于从土地上剥离的那部分劳动力很难获得新的就业机会，往往只能选择闲置，这就使得一部分农户不仅丧失了获得口粮的渠道，还承担了更重的货币负担。

当然，并非所有农户都会分配劳动力在土地上耕作，也有部分农户由于外地务工、经商收入较高，不需要或者不愿意再进行耕作，对于这部分农户而言，自发流转土地的收益一般不如政府推动的土地流转所获得的收益高。政府推动的土地流转所产生的不利影响只是针对那些比较看重务农收入的农户家庭，因此在这样一种情况下，农户流转土地是否自愿就成了关键。然而，正如前文所分析的那样，政府推动的土地流转往往为了自己的利益而忽略了农户的意愿。正如孙新华（2012）① 所指出的那样，在资本下乡流转中，资本与政府出于各自的利益需求达成共谋关系，在与农户发生关系时处于优势地位，表面的平等并不能掩盖背后的不平等，为达成土地流转不惜违背大多数农户的意愿，侵害农户利益。

四、政府主导的土地流转对自发土地流转市场造成冲击

农民土地财产权的实现有赖于农村土地流转市场。农村土地流转市场的兴旺和繁荣能够为农民土地财产权实现提供便捷、高效的场所和完备的保护。但如果农村土地流转市场发育不健全、市场机制的功能不完善，则农民土地财产权的实现也将受到阻碍。随着我国农村土地“三权分置”政策的推行，鼓励

---

① 孙新华. 土地流转与农户家计：两种流转模式的比较：基于江西省T村的实证调查 [J]. 贵州社会科学，2012 (4)：77-83.

农民通过流转来获得财产权的实现已经为中央政策所确认，发挥市场在农地资源配置中的主导作用正是“三权分置”改革的政策取向。因此，农地流转的市场培育尤为重要。正如农业部经营管理司副司长赵鲲（2017）① 所指出的那样，土地流转率有多高要遵循市场规律；强调市场机制在土地流转中的主导作用并不是说政府在其中无所作为，政府的任务主要是做好制度设计和权利保护工作。可见，地方政府推动土地大规模流转在方向上与中央政策背道而驰，地方政府通过行政强制力所推动的土地流转不仅无助于农村土地流转市场的繁荣，反而会阻碍农村土地流转市场的发育和健全，这主要表现在以下几个方面：

第一，妨碍市场价格机制发挥功能。政府推动的土地流转具有一定的行政强制性特征，因此在这类土地流转交易过程中，交易双方的行为并不是一种典型的平等主体间的市场行为。而在这种土地流转交易过程中形成的价格显然不是市场通过价格机制而形成的价格，这样就会对土地流转市场中的价格机制造成冲击，阻碍农村土地流转价格的正常形成。

第二，干扰市场在资源配置中的作用。在政府介入农村土地流转之前，农村土地流转一直都处于自发的形成过程当中，虽然自发形成的农村土地交易存在规模不大、市场化程度不高以及交易不规范等缺点，但却是真正平等主体间的市场行为，也是我国农村要素市场市场化改革的“火种”。政府推动的土地流转往往带有较强的行政色彩，使得市场无法在资源配置过程中发挥作用。在市场资源数量既定的前提下，政府通过行政手段配置的资源增多，必然使得通过市场得到配置的资源减少，进而使整个市场萎缩。

第三，影响市场主体的发育。当前政府主导的土地流转过程中，对规模的偏好使得政府的扶持政策和优惠待遇向农业企业这类经营主体倾斜，而规模相对较小的农业经营主体如农户、家庭农场等由于得不到相应的政策扶持，容易在市场竞争中被吞并或者被淘汰。根据前文的分析，农业企业在农地经营过程中由于租金成本、劳动力成本、管理水平、农业收益率等因素的影响无法获得较高的回报，其参与农业经营的真实目的大多是获得“政策红利”或者改变

① 赵鲲. 落实三权分置应坚持市场导向［N］. 光明日报（理论版），2017-02-14.

土地用途[①]（这一现象并非中国独有，日本的情况也类似[②]）。而由于政府的"优惠政策"不可能成为农业市场的常态，一旦政策变动，大部分农业企业受"资本逐利"动机的驱使必然退出农业。因此，当前农业企业无法成为农村土地流转市场的真正主体。而这种非真正主体的进入和壮大必然会对那些农村市场既有的规模较小的主体形成冲击。后者才是农村土地流转市场真正的主体，而这类主体的退出会使土地流转市场缺少真正的需求方，进而不利于土地流转市场的发育。

五、工商资本下乡对农民土地权利的影响

工商资本下乡与政府推动大规模土地流转其实是一个问题的两个方面：政府推动土地流转必然是为了引导工商资本下乡。前面讨论了政府推动农村土地大规模流转对农民土地财产实现的影响，这主要是发生在土地流转过程中，工商资本通过流转获得土地的经营权后，其对土地的经营过程也可能造成农民土地财产权受到侵害，这主要表现在以下几个方面：

首先，正如前文所述，工商资本下乡经营农业的动机并不单纯。这主要是由于农业经营利润率太低，无法达到资本的平均利润率水平所决定的。这并非中国的特例，日本也存在类似情况，如根据郭红东（2004）[③] 的研究，在日本的农业生产条件下，即使公司管理和资本运用得很好，也很难获得利润，除非不考虑环境因素，进行破坏性经营。因此工商资本下乡后必须寻找其他的途径来弥补其利润上的损失。其次，一般来说，工商资本下乡主要采用耕种经济作物、发展农产品加工甚至改变土地用途等方式来增加其利润。由于工商资本通过土地流转而获得的土地一般为农地，因此其往往会对土地进行一定程度的改造，以适应其经营需要。而这一改造过程往往会对农民的土地和其他农业基础设施造成损害，如破坏原来的田埂和水沟等基础设施［参见孙新华（2012）对江西省某村的调查］[④]；同样，为了增加产量提高利润，工商资本在经营土地过程中往往会过度使用化肥、除草剂等，进而造成农地板结。最后，农业企

---

① 张路雄. 耕者有其田：中国耕地制度的现实与逻辑［M］. 北京：中国政法大学出版社，2012.

② 根据相关文献：日本股份公司参与农业的真正目的是获得土地，然后想方设法将农业用地转化为非农用地使用，如开发房地产、建厂房和其他休闲设施，以获取利润。参见：郭红东. 日本扩大农地经营规模政策的演变及启示［J］. 学习月刊，2004（5）：36-37.

③ 郭红东. 日本扩大农地经营规模政策的演变及启示［J］. 学习月刊，2004（5）：36-37.

④ 孙新华. 土地流转与农户家计：两种流转模式的比较：基于江西省T村的实证调查［J］. 贵州社会科学，2012（4）：77-83.

业经营往往需要修建一些相关设施，如钢筋骨架的塑料大棚等，即通常所说的设施农业，而设施的修建以及设施农业长期覆盖栽培、高度集约经营、设施环境内水和热失衡等特征，容易使土壤出现次生盐渍化、酸化、养分失调、微生物区系破坏、土传病害加重等一系列土壤质量退化[①]问题以及土地硬化问题。更有甚者改变农地用途，如将农地改造成堰塘用于养虾[②]等，造成在流转合同到期后农民要重新进行耕作时的复垦困难。

从物权化的角度来看，农民的土地权利在流转过程中发生形态或者功能改变的可以要求恢复原状、排除妨害，或者当事人双方在订立流转合同时可以对上述情况进行约定。遗憾的是，类似的约定在当前农民土地流转合同中并未引起普遍重视，即便是缔约时做出了类似规定，在履约的过程中由于监督机制、维权成本等原因，往往无法得到有效的实施。而在工商企业下乡的土地流转中，政府重点关注的是工商资本的落地，因此忽略了对市场交易规则的引导。此外，由于在招商引资过程中各地政府间也存在竞争关系，因此地方政府对于这类根据市场交易规则和相关法律规定理应赋予土地流入方的义务往往也是睁一只眼闭一只眼。

第六节　从我国农地流转看政府-市场关系

从前文论述的我国农地流转过程可以看出，我国农地流转之所以没有达到理想效果，其中一个原因就在于没有处理好政府与市场的关系。政府在农地流转中发挥了绝对的主导作用，导致政府-市场关系失衡。实际上，经济发展历来离不开政府的作用。尤其是在当前这一时期，各国政府在经济发展中的主导作用都体现得越来越明显，尤其是以美国为首的西方国家，相较于20世纪甚至21世纪上一个十年更呈现出政府全面干预经济的迹象。

一、政府在农业发展中的作用概述

（一）政府的作用不可或缺

肯定市场实现效率的基础地位和竞争机制促进公平的作用，并不意味着否

① 史静，张乃明，包立. 我国设施农业土壤质量退化特征与调控研究进展［J］. 中国生态农业学报，2013，21（7）：787-794.

② 郭亮. 不完全市场化：理解当前土地流转的一个视角：基于河南Y镇的实证调查［J］. 南京农业大学学报（社会科学版），2010，10（4）：21-27，42.

定政府在市场运行中的积极作用。实际上，市场、社会无法自我顺利运行，其需要由政府所提供的制度来维持运行秩序；此外，市场失灵、社会失灵的存在使得政府必须做好相应的职能调整，以防备市场失灵和社会失灵所带来的社会危害①。正如福山在《国家构建》中指出的，新自由主义者仅仅关注政府职能范围的缩小，而忽视政府力量强度的建设，造成了非洲国家的治理失败，而一些拉美国家的发展实践也印证了福山的批评②。类似地，彼得·蒂默也认为，人们日益看到，一个高度自律、有效的政府能够在农业发展中发挥更大的作用③。

需要指出的是，政府在为市场、社会提供运行的制度保障，匡正市场、社会失灵之外，还必须重视对市场、社会能力的培养。这一职能在后发国家尤为重要，因为后发国家的市场和社会主体都相对弱小，在农业农村领域更是如此。可见，在后发国家，政府仅仅认识到市场和社会自主运行的重要性是不够的，政府更重要的任务是对市场和社会发育提供阶段性的扶持和培育，而在这一扶持和培育过程中政府还要提防行政力量对市场、社会自主性的侵蚀以及对市场、社会发育空间的压缩。

（二）国外的经验借鉴

美国积极的农业政策始于大萧条时期的罗斯福新政④。20 世纪 80 年代，随着以政府干预为主的农业政策导致了农业生产过剩、农民收入下降和政府财政支出过重等问题，市场机制在农业生产中的重要性得到政府的重新认识⑤。类似的认识过程在第三世界国家农业发展的进程中同样可见⑥。政府逐渐认识到，相比于直接干预农业生产，如何创造环境、构建一个自我调节的市场机制将更有助于农业发展目标的实现⑦。至此，以世界贸易组织（WTO）1994 年

---

① 卡尔·波兰尼. 大转型：我们时代的政治与经济起源［M］. 冯钢，刘阳，译. 杭州：浙江人民出版社，2007：171.

② 弗朗西斯·福山. 国家构建［M］. 黄胜强，许铭原，译. 北京：中国社会科学出版社，2007：5-15.

③ 彼得·蒂默. 农业与国家的关系：我们学到了什么［A］. 郤继红，译. 何增科，周凡. 农业的政治经济分析［C］. 重庆：重庆出版社，2008：337-350.

④ 冯继康. 美国农业补贴政策：历史演变与发展走势［J］. 中国农村经济，2007（3）：73-78，80.

⑤ 孙鸿志. 美国农业现代化进程与政策分析及启示［J］. 世界农业，2007（12）：14-17.

⑥ 彼得·蒂默. 国家在农业发展中的作用［A］. 郤继红，译. 何增科，周凡. 农业的政治经济分析［C］. 重庆：重庆出版社，2008：314-336.

⑦ PICKARD D H. The Role of Government in Agricultural Marketing [J]. Journal of Agricultural Economics, 1982, 33 (3): 361-368.

签订的《乌拉圭回合农业协议》、美国1996年颁布的《联邦农业改进和改革法》等为标志，各国农业政策目标开始更加注重发挥市场机制的基础性作用。

与欧美国家不同，新兴国家和地区的传统农业根深蒂固。而新兴国家发展的突出特征是政府对经济运行的干预广泛而深入。新兴国家转型的进程中，政府在培育现代市场、引导产业结构升级的过程中始终扮演着关键角色。以东亚为例，新兴工业化国家和地区普遍借鉴了欧美经验，对农业农村进行大规模的财政补贴和投资。此外，东亚新兴工业化国家和地区农业发展的另一个突出特征是政府主导下的土地制度改革以及蓬勃发展的农业合作组织形式。如韩国政府1994年颁布的《农地基本法》废除了原有制度安排下对农户最大土地拥有量的限制；而1997年开始实施的农民退休支付计划鼓励农民将土地转让或出租给他人耕种。

二、市场在农业发展中的作用

（一）什么是市场

一般来说，市场就是指人们进行交易的场所。当然，现实中市场的作用不仅仅限于经济领域或者商业领域，其往往还要与整个社会发生紧密的联系。如韦伯分析了市场与社会的关系，并进一步将市场定义为：一种非个人化、商品本质取向、无情感义务以及不受个人联盟支撑的相互关系，市场行为是对利益的理性追求[①]。理论上来说，当市场处于充分竞争、信息对称且无外部性的状况下，社会资源会自然地实现配置效率或帕累托效应，此即亚当·斯密所说的“看不见的手”的作用。新古典经济学认为，市场通过竞争机制在节约交易费用和解决稀缺性方面表现出明显的效率。

当然，根据现代经济理论，市场不仅仅是交换的场所，市场的繁荣会进一步带动交易的增加，进而促使社会分工的细化、生产的专业化以及生产规模的扩大不断发生。

（二）市场制度和市场机制

所谓制度，是指规则或者行为准则。那么，市场制度就可以理解为引导人们市场交易行为的规则。新制度学派认为，市场制度能够使市场运行实现节约和提高效率，而市场制度既包括市场组织，也包括与合约执行相关的法律和道德规范[②]。

---

① 马克思·韦伯. 经济与社会：上卷［M］. 林荣远，译. 北京：商务印书馆，1997.

② 陆益龙. 制度、市场与中国农村发展［M］. 北京：中国人民大学出版社，2013：10.

市场发挥节约和提高效率的作用，关键在于市场的运行机制。市场机制在亚当·斯密那里被形象地描述为“看不见的手”，支配着、指挥着人们经济活动中的行为选择，这使得自己的行为既满足了其他人的需求，也使自己的利益需求得到实现①。换言之，当资源通过市场机制来配置时，价格就成了反映供求关系的核心指标并引导人们的市场行为参与竞争，从而在优胜劣汰的过程中实现资源节约或提高效率。

当然，市场也不总是有效，“市场失灵”会时常出现。这就需要政府、社会提供相应的制度、机制来有效对冲“市场失灵”的负面效应。

（三）农村市场发展的现状及问题

国内一些地方政府官员认为，无论是实现科技兴农、在农业生产中引进金融资本还是转变农业生产组织方式，都必然要求土地等农业生产要素实现一定程度的市场化流转②。总体而言，中国农村市场的发展现状可以概括为：

（1）市场发育程度低。目前，我国农村市场主要为初级产品和廉价劳动力的供给市场，较高水平的市场需求没有发育出来。

（2）农村要素市场尤其是土地市场发展滞后。农村土地市场的开放不足，导致农村土地市场僵化，进而使得土地的实际支配者——农户长期以来仅仅能从土地中获得生产性收益，难以从中获得财产性收益。

（3）农村市场制度不健全。市场的发展当然需要良好的秩序来解决外部性问题，而良好的市场秩序离不开完善的市场制度。当前，由于我国农村市场发展程度低，相应的市场制度、法治建设等由于缺乏内在动力都处于严重滞后的状态。

对于中国的市场化而言，传统农村市场的发展一直是一个焦点问题，即中国农村市场缘何没有发展起来？实际上，中国传统农村市场体系是普遍存在的。如江南农村的中心集镇③，四川农村的“基层市场社区”和“区域市场中心”④，华北农村的集市和庙会等⑤。既然中国传统农村具有市场发展的基因和

---

① 亚当·斯密. 国民财富的性质和原因的研究 [M]. 郭大力，王亚南，译. 北京：商务印书馆，1972.

② 郁建兴. 新农村建设与土地制度改革：与浙江省桐乡市委书记费建文的对话 [J]. 中国党政干部论坛，2007（10）：34-38.

③ 费孝通. 江村经济 [M]. 北京：商务印书馆，2001.

④ 施坚雅. 中国农村的市场和社会结构 [M]. 史建云，徐秀丽，译. 北京：中国社会科学出版社，1998.

⑤ 许檀. 明清时期城乡市场网络体系的形成及意义 [J]. 中国社会科学，2000（3）：191-202，207.

土壤，那么中国农村市场缘何未能在改革开放后跟随中国市场化进程共同发展呢？对此，有观点指出传统农业并不能适应市场发展，如陆益龙（2013）[①] 指出，我国农业生产以家庭传统农业为主，农业生产基本上按照自然条件、习惯、经验等来进行安排，这是由农业生产受自然规律影响这一特性所决定的。实际上，在传统农业生产过程中，单个农户在农业生产安排决策过程中的自由度非常低，更不用说根据市场变化来灵活调整生产决策了。陆益龙（2013）将市场划分为传统市场和现代市场，认为中国农村既有的交换方式和集市交易是传统市场的代表，而现代市场所要求的，以高度发达的分工和专业化为基础的，由专门从事商品交换和专业性交易中心构成的一套体系在中国农村并未形成。陆益龙（2013）进一步明确，中国农村由于经济结构、社会结构以及文化结构的制约，未能从传统市场进化为现代市场。

所谓传统农村或者传统农业社会实际上就是以精耕细作的小农经济为代表的一种农业状态，其本质在于农业生产以一家一户为单位的组织方式。在现行土地承包经营权制度安排下，农民可行能力较弱，只能进行一家一户为单位的小规模经营。这一现状就农业整体而言，限制了要素的整合和流动，无法实现分工细化，进而阻碍了农村市场的发展。因此，本书认为，要解决传统农村的结构问题，本质上就是要改变既有的农业生产组织方式，换言之，就是要改变农业经营分散化、细碎化的特征而实施规模化经营，否则农村市场无法获得正常的发育，进而不能行使资源配置的职能。

第七节　农业经营的微观个体

农业经营需要个体发挥积极性。这是由农业生产的特点所决定的。农业生产本身不能像大多数工业生产那样集中于一点，农业生产需要连续从一种类型的农业活动向另一种类型的农业活动转变；同时，由于农业生产依赖于自然过程，其活动结果无法像工业生产那样做到结果的标准化，其生产过程依赖单个劳动者在生产中根据温度、湿度以及其他气候条件做出相应的决策反应。因此，农业生产过程一旦出现委托代理，就必然会面临高昂的监督成本的问题。通过增加机械投入的方式可以适当地缓解上述问题，但无法根除。因此，农业生产中如何调动个体的积极性就成了影响农地产出效率的关键，这也是农地经

① 陆益龙. 制度、市场与中国农村发展［M］. 北京：中国人民大学出版社，2013：12.

营规模化后需要解决的问题。前面分析了农业发展中的政府和市场各自发挥的作用，然而政府和市场不可能亲自来进行农业活动，他们的作用都需要通过农业经营的主体这一物质载体来实现。

一、农户家庭

随着我国家庭联产承包责任制的推行，农户家庭成了我国农业经营的基本单位。正如罗必良所指出的，农村土地的家庭承包经营，从本质上讲是财产关系与利益关系的大调整：土地制度变革与农村微观组织系统再造，确立了农户家庭经营的主导地位，初步满足了农民对土地经营权的真实权利的需求，使农民获得了财产支配权和经济民主权，并使农民转换职业和身份成为可能①。而随着土地产权的松绑，农民获得了土地经营的自主权，激励机制随即推动了要素配置的优化，从而引发了农业农村的快速发展。而推动这一发展的主体，正是获得经营自主权后的农民（农户），而农民（农户）所获得的经营自主权又是以土地承包经营权为载体的。不能否认，家庭联产承包责任制的推行是对原有人民公社制度下农村所有制过分公有化的一种修正，本质上是生产关系为适应生产力而主动进行的一次调整。实践证明，这一调整是符合当时我国农村生产力水平的，也使得我国农村在改革初期取得了举世瞩目的政策效果。实际上，在中国传统农村，严酷的人地关系所形成的生存压力导致农民以追求生存安全为第一行为动机，而家庭联产承包责任制下对土地所进行的均田承包也是对农民（农户）群体追求“安全第一”这一诉求的集体回应②。

然而，随着我国经济社会的发展，农村原有的封闭、静态的社会特征被打破，均田承包的产权分配秩序逐渐显现出弊端，主要表现为：

（1）公平的价值取向导致土地需要随时间调整，影响农民（农户）长期投资预期，增加产权界定的制度成本。

（2）面积、肥瘦的均分使得农民（农户）承包地块分散且零碎，造成规模不经济。

（3）农地经营的分散化、细碎化限制了农民（农户）的可行能力，制约了农民土地财产权利的实现。

在上述背景下，农民（农户）在农业经营中普遍呈现如下特征：

---

① 罗必良. 中国农业经营制度：理论框架、变迁逻辑及案例解读［M］. 北京：中国农业出版社，2014：8.

② SCOTT J. The Moral Economy of the Peasant：Rebellion and Subsistence in Southeast Asia［M］. New Haven：Yale University Press，1976.

（1）农业经营兼业化。

（2）农业劳动力弱质化。农业劳动力素质远在现代生产力水平所要求的底线之下，而以此为基础的农技推广、农产品质量、务农收入、务农热情等都将变得难以为继。

（3）农业副业化。

上述特征不仅表明了农业被边缘化的事实，还表明了土地承包经营权之于农民（农户）而言，丧失了核心财产性功能。同时，农户作为农业经营的基本单位，丧失了农村改革之初的活力，随着改革红利释放殆尽，农业产业的弱质化不难预见。这也是我国推进农业经营规模化的深刻动因之一。

均田承包所形成的产权秩序固化了农村的传统小农经济，与“现代农业”的发展要求不符。而随着城乡要素流动的加剧以及务农收益率的相对降低，农业经营兼业化、副业化，农业劳动力弱质化等问题凸显，这不仅不利于农地价值的发挥，也影响国家农业发展。正如何秀荣（2009）[①] 所指出的，在很大程度上可以说，分散化的经营格局是近 30 多年来我国现代农业建设的主要障碍。实际上，面对农村分散化、小规模的家庭经营格局，政府推进农业经营规模化的努力一直在持续。政府的着力点主要有两个方面：一是通过推动农地流转进而实现集中经营；二是通过农业合作化和组织化的方式来推进农业经营规模的提升。在上述两类扩大土地经营规模的模式中又涌现出了生产大户、农民合作组织、龙头企业等新型农业组织。

二、生产大户

早在 1984 年家庭联产承包责任制践行之初，政策制定者就预见到了土地经营零碎化、分散化的缺陷，进而提出了“鼓励耕地向种田能手集中”的政策[②]。实践中，政策鼓励土地向种田能手集中的努力从未停息。实际上，农地由于其资源特性决定了其在流转过程中内生的交易费用较高[③]。而这一过高的内生交易费用使得农地流转市场往往发育较为迟缓，从而使得通过农地流转市场来扩大农地经营规模不具备全局的有效性，难以取得实质性效果。我国农地流转的实际情况也佐证了上述观点：由于产权制度安排和较高的交易费用，我

① 何秀荣. 公司农场：我国农业微观组织的未来选择？［J］. 中国农村经济，2009（11）：4-16.

② 参见 1984 年中央一号文件。

③ FEDERICO G. Feeding the World：An Economic History of Agriculture（1800—2000）［M］. Princeton：Princeton University Press，2010.

国农地流转方式主要以转包和出租为主。2011 年，通过转包和出租流转的土地占到流转总面积的 78.2%，有利于规模经营的股份合作的流转只有 5.6%；土地流转的转入主体为农户的在全部流转农地中的占比为 67.2%，而企业主体仅占到 8.4%①。

鼓励农户间农地流转实际上是在复制日本扩大农场规模的模式，即小农基础上的农地流转集中，这虽然能够在小范围内取得一定的成效，却无法改变农地经营规模过小的基本格局。以日本为例，日本自 20 世纪 50 年代末开始实施扩大农场规模的政策，经过 50 年的实践演进，日本的平均农场规模也仅仅从 0.01 平方千米扩大到了 0.02 平方千米，虽然其平均农场规模扩大了 1 倍，但与美国动辄数百公顷的农场相比，其规模扩大可以忽略不计②。通过农户间的农地流转来扩大经营规模除了受到农地流转内生交易费用较高这一不利因素的制约外，还受到单个农户经营规模上限的制约。

三、农业合作组织

农业合作组织的类型不一而足，有土地合作社以及其他类型的专业合作社，其本质上是农业的合作组织化。广义上，农业合作组织是指各涉农要素主体，以农民组织化为核心，以合作制为基础，以市场为导向，以利益机制为纽带，以产业化经营为基本形式，依据农业产业网络关系进行有效整合的过程或状态（郁建兴 等，2013）③。张克俊（2016）④ 认为，根据契约理论，引入一个交易的中间组织，要素契约的间接定价费用可以有效取代并降低商品的直接定价费用；由此出发，通过承包农户的土地经营权入股而建立的土地股份合作社，是一种典型的中间组织，可以有效降低农地使用权集中与整理的交易成本，促进农业规模化、产业化发展；同时，土地股份合作社既没有改变承包农户与经济组织的承包关系，又能够实现承包权与经营权的有效分离，还是一种物权性的流转，可以有效解决土地流转方式与抵押的相容问题，是“三权分置”的有效实现形式。当然，也有学者对农民间的土地合作提出了异议，如

---

① 国务院发展研究中心农村经济研究部课题组. 稳定与完善农村基本经营制度研究 [M]. 北京：中国发展出版社，2013.

② 何秀荣. 公司农场：我国农业微观组织的未来选择？[J]. 中国农村经济，2009 (11)：4-16.

③ 郁建兴，高翔. 从行政推动到内源发展：中国农业农村的再出发 [M]. 北京：北京师范大学出版社，2013：126.

④ 张克俊. 农村土地“三权分置”制度的实施难题与破解路径 [J]. 中州学刊，2016 (11)：39-45.

陈柏峰（2011）[①] 指出，农民需要的不是所谓的土地合作，而是高效的农业经营合作社；当然，他也并不反对大公司、大资本介入农业，只是这种介入不应该赚取农业生产本身的利润，而应引导其参与农业深加工或生产之后的销售环节。类似地，党国英（2007）[②] 也提出，农民的专业合作社一般来说不必要是股份制企业，在所有农业发达国家，农民专业合作社并不是以土地入股而建立的。实践中，各地均出现了成立土地股份合作社的热潮。然而土地股份合作在现行制度下却有着一定的制度障碍。土地承包经营权的身份特性和社会保障属性使得营利性组织在接受土地承包经营权入股时无法实现对入股资产的完全支配，尤其是在营利性组织破产清偿时，土地承包经营权该如何处理仍然没有合理的解决办法。如果要土地承包经营权一并清偿则会使农民丧失土地承包经营权，而如果土地承包经营权不参与清偿，则不利于保护债权人利益。在现行的制度框架下，无论做出何种选择都会对土地承包经营权的市场价值产生不利影响，进而使农民的财产权遭受损失（吉媛 等，2014）[③]。

此外，合作在机理上也存在缺陷，难以解决中国农业生产的问题。合作社历来被视为弱小群体寻求互助合作的一种组织形式，其主要作用在于资源共享并规避风险。合作社成功与否取决于效率，而具体的效率取决于合作社内部的组织管理状况和外部环境的适生程度[④]。但是，小农合作的内在机理所决定的规模却十分有限。首先，合作社天然存在的“集体行动的困境”使得其组织成本极其高昂。其次，农业合作的优势主要在于应对市场风险问题，而我国农民在进行农业生产时，不仅面临市场风险，更面临农业生产的规模问题，而在解决农业生产规模问题时，农业合作并不具备特殊优势。

纵观世界各国的农业合作发展，农业合作组织在当前激烈的国际竞争中面临如下困境：

（1）组织成本高昂，天然存在“集体行动困境”。

（2）合作社规模难以扩大，不能适应激烈的市场竞争，尤其是国际竞争。

（3）合作社并不解决生产问题，如“老弱病残”种地。

（4）日本、中国台湾地区合作组织依赖政府长期扶持才能生存，中国大

---

① 陈柏峰. 土地资本化的陷阱：枣庄试验批判[EB/OL].(2011-11-23)[2019-05-10]. http://www.snzg.cn/article/2011/1123/article_26364.html.

② 党国英.“股田制”不是农村土地改革的方向［N］. 南方都市报，2007-07-04.

③ 吉媛，蒋崧韬. 我国农民合作经济组织产权制度研究［J］. 安徽师范大学学报（人文社会科学版），2014，42（1）：105-110.

④ 罗必良. 中国农业经营制度：理论框架、变迁逻辑及案例解读［M］. 北京：中国农业出版社，2014：14.

陆长期的政府扶持是否可持续。

就国内的合作组织发展来看，合作组织成立后，能否成功有两个关键因素：一是领头人的能人经济效应；二是是否存在良好的治理机制，如内部人控制问题。总之，农民合作后的统一经营方式所依附的“权威机制”既不具备可复制性，也难保证合作社的可持续性。

四、龙头企业

“公司+农户”作为重要的组织形式，其主要的合约关系包括两种形式：一是商品合约，二是要素合约。商品合约最典型的形式被称为“订单农业”，其基本的方式是龙头企业与农户签订合同，并按照保底价格或者市场价格收购农产品。问题是，我国订单农业的违约率高达 80%（刘凤芹，2003）①。要素合约最典型的形式是由企业实施的对农户土地经营权的租赁经营。问题就在于，一旦企业形成资产专用性，极易受到农户机会主义行为的要挟。因此，“公司+农户”无论是“订单式”还是“承租式”合作，均面临高昂的交易费用以及治理成本问题。

---

① 刘凤芹. 不完全合约与履约障碍：以订单农业为例［J］. 经济研究，2003（4）：22-30，92.

第十三章　对成都改革实验的反思

第一节　成都改革实验回顾

2003年，成都市正式决定实施“统筹城乡经济社会发展、推进城乡一体化”战略。自此，成都市开始了“城乡一体化”的改革试验（以下简称“成都实验”）。总的来看，按照时间先后顺序成都实验可以分为四个阶段，即“三个集中”“六个一体化”“四大基础工程”以及“户籍制度改革”①。虽然成都市的实验是从统筹城乡的整体视角出发的，但其改革的重点和难点必然是农村土地制度，而农村土地制度的改革也成为其他改革推进的抓手或前提。正如有关学者评论的那样，“成都实验走出了一条既能满足城市化用地需要又能相对有效防止征地冲突的农村土地产权市场化创新之路，其基本思路就是‘管住规划，放开产权’”②。可见农地产权的改革之于成都实验的关键地位。“管住规划，放开产权”的具体做法是，在严格遵守土地利用总体规划和城乡建设规划的前提下，通过“确权颁证”“还权赋能”等一系列配套措施来克服既有农村土地产权模糊的瓶颈，从而为实现土地依法、有序流动创造条件，进而实现土地资源的优化配置以及土地潜在价值的释放。成都实验之所以要“管住规划”，是为了防止土地流转过程中出现异化现象，确保土地用途管制

① “三个集中”是指工业向集中发展区集中、农民向城镇和农村新型社区集中、土地向适度规模经营集中；“六个一体化”是指城乡规划一体化、城乡产业发展一体化、城乡基础设施一体化、城乡公共服务一体化、城乡管理一体化以及城乡市场体制一体化；“四大基础工程”是指农村产权制度改革、农村新型继承治理机制建设、村级公共服务和社会管理改革、农村土地综合治理；“户籍制度改革”是指在前期农村产权制度改革的基础上，启动全域成都城乡统一户籍制度改革，力图实现居民自由迁徙的意见。

② 张洪松，史溢帆. 农村地权改革的逻辑：基于成都实验的考察［M］. 成都：四川大学出版社，2013：12.

不被破坏。而“放开产权”是为了构建一个“归属清晰、权责明确、保护严格、流转顺畅”的农地产权制度，为推动土地承包经营权流转、集体建设用地使用权流转以及农村房屋产权流转创造前提条件。事实上，成都市统筹城乡改革除了农地产权外，还涉及行政治理、社会保障以及公共服务等方面，正如有关学者指出的那样，成都城乡一体化实践是一次涵盖经济、政治、文化和社会的全面、系统的改革①。受本书研究主题和篇幅的限制，以下重点回顾成都实验在农地产权方面的探索。

2007 年，国家正式确立成都为全国统筹城乡综合配套改革试验区，这是中央对成都自 2003 年以来推进城乡一体化实验的充分肯定，也为成都市进一步深化改革实验提供了政策上的支持。2008 年，成都市颁布《中共成都市委、成都市人民政府关于加强耕地保护，进一步改革完善农村土地和房屋产权制度的意见（试行）》（成委发〔2008〕1 号），正式开始了农村产权制度的改革实施。改革的目标非常清晰，即建立归属清晰、权责明确、保护严格、流转顺畅的现代农村产权制度。该文件明确了农村土地产权改革的三个主要方面内容，分别是“确权颁证”“还权赋能”以及“流转服务”。下面笔者将对成都市农村土地产权改革的这三个方面进行简要梳理。

一、确权颁证

我国农地产权长期饱受诟病，甚至在《物权法》颁布实施后仍未得到根本缓解（《物权法》承认了土地承包经营权、宅基地使用权等权利的物权性质）。如有学者指出，经过几十年的改革，以《物权法》的颁布实施为标志，我国城市产权制度的基本框架已经初步形成，而农民的财产权利不清晰，农村市场特别是要素市场长期发育不完善，生产要素无法在城乡之间自由流动，导致资源配置效率低下甚至扭曲，也使城镇化发展无法从过去政府主导的供给强制性模式转向市场主导的需求诱导性模式。在这一产权制度下，不仅农民无力保护自己的“命根子”，国家要保护 18 亿亩基本农田的红线也存在危机②。因此，成都实验的决策者认为，不解决好产权问题，就激活不了农村发展的活力

---

① 蔡昉，程显煜. 城乡一体化：成都统筹城乡综合配套改革研究［M］. 成都：四川人民出版社，2008：7.

② 陆学艺. 城乡一体化的社会结构分析与实现路径［J］. 南京农业大学学报（社会科学版），2011，11（2）：1-5.

和动力，就形成不了城乡一体化的新格局[①]。在这一大环境下，成都市政府在农村土地改革中率先提出“确权颁证”的方针，具有合理性。首先，明确的权利归属是权利行使和权利流转的逻辑前提，农村土地产权模糊不清成为制约农村土地价值的重要因素也长期为人所诟病。其次，随着土地市场的完善，土地市场上要素的流动和聚集必然加快，如果土地的初始权利不明确，一方面妨碍交易安全，另一方面也可能使农民权益被侵害。最后，通过“确权颁证”的实施还可以唤醒（强化）农村居民的权利意识。有学者对“确权颁证”给予了极高的评价，如张千帆（2012）[②] 就成都实验中的“确权颁证”评价道，农地产权通过正式登记形式确认到农户并拿到权利证书，则宅基地和承包地的财产权属性以及农民对其私有财产的权利意识将大为增强。该学者同时提出中央有关部门应进一步要求所有的农村土地交易都必须获得土地使用权的同意和签字，否则一律无效，并认为这是遏制村委会等村级组织以集体土地所有人的名义背着村民卖地的有效手段。

不过，成都实验中“确权颁证”这一过程并非一帆风顺。由于村组层面的土地产权缺乏物权变动所需的正式的形式要件，加之经过多年的产权演变后，现存农村人地关系较为复杂，土地产权的界限也并非十分清晰，这就给确权颁证的推行带来了阻力。因为一旦此次“确权颁证”尘埃落定，农户的利益也就被长期固化，由于涉及利益分配，因此农户们都十分敏感，稍有不慎就可能引发冲突。另外，“确权颁证”会明晰农地产权界限、固化农民权利，因此很多本已迁出农村的当地集体成员又纷纷回到农村来争抢土地权利，这进一步加剧了实行“确权颁证”时的人地矛盾。成都实验中的做法主要是依靠组建“议事会”这一临时机构来调和农户间的利益矛盾。即在村民中根据一定比例选出代表组成议事会，由议事会对有争议的案例进行调查、沟通、调解并形成最后方案，同时将方案“公示—无异议”作为本次“确权颁证”的前置程序。成都实验中“议事会”制度在解决确权争议过程中所体现出来的程序正义以及结果的相对公平得到了学者的普遍认同，被认为在“确权颁证”过程中发挥了重要作用。如张洪松、史溢帆（2013）在评价“议事会”时指出：成都实验中，确权争议不是通过双方当事人两造对立、由中立第三方裁决的方

---

① 成都市社会科学院课题组. 一场意义深远的改革试验：对成都统筹城乡改革发展实践的认识与思考［N］. 光明日报，2011-03-09（16）.

② 张千帆. 农村土地集体所有的困惑与消解［J］. 法学研究，2012，34（4）：118.

式加以解决的，而是通过“各让三分”的调解方式来解决[①]。姜晓萍、黄静（2011）[②] 在讨论成都治理制度转型经验时指出，“议事会”这一机制的构建，理顺了村级各权利主体的关系，在选举民主的基础上落实了群众在日常事务中的决策权、参与权和监督权，提高了决策的执行效率，同时也培养了农民的“公民意识”，推进基层民主向纵深发展，为健全党组织领导的充满活力的基层群众自治机制提供了成功的实验经验和制度范本。北京大学国家发展研究院综合课题组（2010）[③] 在调查成都市都江堰柳街镇的“确权颁证”过程时也强调，“村庄评议会”即“议事会”是该镇在试点过程中的重要贡献，最为人称道。但本书认为，“议事会”这种非正式的制度安排的成功具有偶然性，且在实践中容易出现偏误。

“确权颁证”过程中，成都市的另一个关键措施是通过引入技术手段对确权后的权属登记实施信息化管理，从而全面、真实地掌握并划定了农地权属，为基层农地权属登记工作以及今后的权属变更登记实现系统化、连续化以及数字化奠定了基础。此外，成都实验中对确权的要求也很高，即要求对农村全部土地、房屋等财产“确实权”“颁铁证”，并以实测面积为基础，做到实有面积、台账面积、权证面积、耕保合同面积、耕保金发放面积“五个一致”。由此可见，成都实验对“确权颁证”这块是花了大力气的，这也为成都市在“确权颁证”后顺利推行其他配套改革措施提供了良好的基础。

二、还权赋能

“还权赋能”是成都实验中的核心理念[④]，也是“确权颁证”后理所当然的逻辑。因为，成都实验中决策者认为，从制度层面看，城乡二元体制表现在区别身份的户籍制度，障碍在导致城乡基本公共服务严重不均等的体制机制，根子在不清晰不完善的农民财产权利。因此，按照中央关于“建立以工哺农、以城带乡的长效机制”和党的十七届三中全会关于建立促进城乡经济社会发展一体化制度的部署和要求，成都确立了统筹城乡改革的目标定位，即破除体

① 张洪松，史溢帆. 农村地权改革的逻辑：基于成都实验的考察［M］. 成都：四川大学出版社，2013：9.

② 姜晓萍，黄静. 还权赋能：治理制度转型的成都经验［J］. 公共行政评论，2011，4（6）：92.

③ 北京大学国家发展研究院综合课题组，周其仁. 还权赋能：成都土地制度改革探索的调查研究［J］. 国际经济评论，2010（2）：54-93，5.

④ 姜晓萍，黄静. 还权赋能：治理制度转型的成都经验［J］. 公共行政评论，2011，4（6）：79-102，177.

制机制障碍，建立城乡一体化发展制度，实现公共资源在城乡之间均衡配置，赋予农民真正意义上的财产权和自主权，实现包括劳动力在内的城乡各类生产要素的自由流动，形成城乡经济社会发展一体化新格局①。

所谓“还权赋能”，根据周其仁的解释，“还权”之“权”指的是“财产权利”，即产权；“赋能”之“能”则是指财产权利的“权能”。财产权利的维度很多，如房子可以自己住，可以请客人到访，可以出借、出租、出售，也可以抵押、质押。这就是“权能”了——产权的功能。类似地，姜晓萍、黄静（2011）② 指出，“还权”是把法律法规赋予农民的土地、房屋等要素的权益还给农民，恢复农民应有的财产权利；“赋能”是让农民作为市场主体拥有发挥和处置财产权利的自主能力。当然，要使“还权赋能”真正发挥作用，还必须让“权”和“能”流动起来。为此，成都市大力推进农村产权交易，于2008年10月成立了农村产权交易所，并在区县、乡镇设立了产权交易分所和产权流转服务站，使覆盖全域的农村产权交易平台初步形成，并在此基础上探索了多种农地流转制度。其中承包经营权流转方面的试点包括：土地股份合作社经营、土地股份公司、种植大户的家庭规模经营、土地银行、业主租赁经营、“大园区+小业主”经营以及“两股一改”等模式。而在农村集体建设用地流转方面，成都实验根据党的十七届三中全会决定精神的要求，在逐步缩小征地范围这一原则下稳步推动对集体建设用地“入市”以及集体建设用地和国有建设用地“同地同权”等措施的探索。上述土地承包经营权流转模式的创新与试点，为成都市进一步建立竞争性的农地流转市场打下了基础。而在集体建设用地使用权流转方面，成都实验按照党的十七届三中全会决定精神，着重推进集体建设用地和国有建设用地“同地同权”。具体措施可以总结为：推动集体建设用地使用权入市、开展农村房屋流转试点以及改革现行征地制度。通过这些措施的实施，成都市力图使集体建设用地在符合规划的前提下合法流转，一方面消除城市用地紧张、土地征收矛盾尖锐等现行城市用地模式的弊

① 姜晓萍，黄静. 还权赋能：治理制度转型的成都经验［J］. 公共行政评论，2011，4（6）：79-102，177.

② 同①.

端[①]，另一方面也可以吸收社会资金进入城市建设，缓解财政压力[②]。同时，开展农村房屋产权流转可以为农民增加财产性收入打下基础，进而实现城乡房屋“同证同权”。在中央通过确立试验区的方式允许成都进行试错的基础上，通过上述一系列农村产权的改革，成都实验在客观上实现了对僵化农地产权的“松绑”，并获得了学者的赞同。如，蔡昉、程显煜（2008）[③] 认为，成都实验中的农村产权改革“稳、准、狠”地打在了“三农”难题的“七寸”上，使农民的土地权属更加清晰，这种通过“确权颁证”程序认可的物权权益具有严格的排他性，并且就此促成了各种形态的土地流转、规模经营乃至以土地权属为标的的交易对价的形成，奠定了以农民作为主体的市场化基础；类似地，姜晓萍、黄静（2011）认为，成都实验中的农村产权变革使农民真正成了市场主体，进一步坚持和稳定了农村基本经营制度，进而在农村和农业领域形成了社会主义市场经济体制框架。

三、流转服务

“确权颁证”和“还权赋能”两项改革措施的推进使得成都市农地产权进一步被厘清，构建了农民扩大其通过土地获得的财产性权利的制度基础，但要通过农村土地产权改革使农村土地的潜在价值得到释放、农民的财产权益得到增加，还需要打通最后一个环节，即实现产权流转的顺畅。正所谓“确权是基础，流转是核心，配套是保障”，要释放土地级差收入的潜力，就必须将这三个方面做好[④]。从这个意义上来讲，无论是“确权颁证”还是“还权附能”，都是为最后的产权流转做铺垫的，流转虽然是整个成都农村土地产权改革的最后一个环节，但要使农民手上的土地权利得到充分实现，土地产权的流转必不

---

① 2008 年，成都锦江区通过出让国有土地的方式，挂牌出让了两宗集体建设用地，所得土地收益除了应缴纳税费外全部由村民和集体经济组织自主使用。这被认为是自 1987 年中国法律允许国有土地使用权“招、拍、挂”以来，首次通过公开竞价实现的集体建设用地使用权转让。之后，成都市锦江区、都江堰、大邑等地又多次挂牌出让集体建设用地使用权。参见：姜晓萍，黄静. 还权赋能：治理制度转型的成都经验［J］. 公共行政评论，2011，4（6）：79-102，177.

② 灾后重建过程中，成都市在“确权颁证”的基础上通过产权分割，成功引进社会资金，缓解了灾后重建的资金压力，也为社会资本参与新农村建设开辟了通道。参见：夏珺，梁小琴. 落实科学发展观的生动实践：成都统筹城乡综合配套改革试验的调研与思考［N］. 人民日报，2011-02-28（1）.

③ 蔡昉，程显煜. 城乡一体化：成都统筹城乡综合配套改革研究［M］. 成都：四川人民出版社，2008：20.

④ 北京大学国家发展研究院综合课题组，周其仁. 还权赋能：成都土地制度改革探索的调查研究［J］. 国际经济评论，2010（2）：90.

可少。因此，流转是否顺畅既是考验成都实验中农地产权改革的试金石，也是判断成都市农村土地改革目标——建立归属清晰、权责明确、保护严格、流转顺畅的现代农村产权制度是否达成的重要评价标准。诚然，成都实验探索了多种农地流转的模式，包括：土地股份合作社经营、土地股份公司、种植大户的家庭规模经营、土地银行、业主租赁经营、“大园区+小业主”经营以及“两股一改”乃至推动集体建设用地直接“入市”等，土地与其他生产要素的结合方式不可谓不丰富，但成都实验中对交易顺畅的要求还有更深层次的价值取向，即“尊重民意、维护民权、保障民利、借助民力、改善民生、赢得民心”，这也是成都实验的改革宗旨。农民财产权以及农地产权制度改革的目标也并非通过一个简单的“流转顺畅”就能够自然地被实现，相反，流转顺畅所带来的交易便捷很可能侵害处于弱势地位的农民的利益，因为在产权长期处于相对固化状态的广大农村地区，尤其是在土地潜在价值很高的城市近郊，一旦要素市场的束缚被消除，必然会引起资本、技术、人才以及其他要素的聚集、结合，并使要素的流转速度大幅提高。这时如果没有有效的行政管理措施来规范市场的交易行为，则很可能使在资本、技术以及人才等方面相对欠缺的农户的合法权益在交易过程中受损。此外，由于成都作为我国农地产权改革的试验区之一，其对农地产权的改革措施尚处于探索阶段，因此相应的法律、法规的配套还较为落后，如果农户在产权流转过程中利益受到侵害，很难通过法律途径对其进行救济，正如周其仁（2010）① 的研究所指出的，土地流转改革中可能发生的风险，从形式到内容都是形形色色的。类似地，蔡昉、程显煜（2002）② 也指出对成都农村土地产权制度改革要义偷梁换柱的现象仍然存在，并且这种存在也很正常，因为作为一种非帕累托改进，利益结构的调整使某些既得利益集团不能得到改革的利益，反而还要支付更高的成本。而政府作为产权交易的非利益相关方，其要想通过行政手段对纷繁复杂的市场行为进行事后干预也缺乏法律依据或授权。因此，如何通过制度设计来规范交易行为，使农地产权流转中的交易各方在交易时都恪守“公序良俗”，从而避免在事后救济中陷入被动，就成了摆在决策者面前必须要解决的实际难题。从成都实验的具体操作来看，决策者显然是意识到了交易过程之于整个农地产权改革的重要性，并形成了以搭建交易平台和推进产权服务为抓手的配套服务方案来对农地

① 北京大学国家发展研究院综合课题组，周其仁．还权赋能：成都土地制度改革探索的调查研究［J］．国际经济评论，2010（2）：54-93，5．

② 蔡昉，程显煜．城乡一体化：成都统筹城乡综合配套改革研究［M］．成都：四川人民出版社，2008：20．

产权交易过程中的各方行为进行规范。

具体而言，成都市主要是通过设立产权交易机构来实施对农村产权交易的规范和保障。2010年，成都市国土资源局、房产管理局、林业园林局和农业委员会下属单位共同出资设立了成都农村产权交易有限责任公司（该公司对外挂牌为“成都农村产权交易所”）。该交易所集“产权交易、技术和资本结合、投融资服务、资产处置”为一体，为农村产权交易提供了统一的交易规则、信息发布和监管平台。该平台为规范产权交易流程，将土地承包经营权和集体建设用地使用权的流转一并纳入农村产权交易所交易。其具体的交易规范主要包括：集体建设用地用于工业、商业、旅游业、服务业等经营用途，以及有两个以上意向的用地者，应当强制进场采取招标、拍卖或者挂牌等方式公开交易。此外，通过家庭承包方式取得的农村土地承包经营权，除同一集体经济组织内部农户之间的互换、转包外，都应当通过成都农村产权交易所进行。同时，通过招标、拍卖等其他方式取得的“四荒地”土地承包经营权流转或者农村土地承包经营权二次流转，以及依法可以转让的、基于合法的农村土地承包经营权量化而成的集体股份经济合作社或者农业企业投资的股权，也应在成都农村产权交易所进行交易。虽然就目前的情况来看，成都农村土地和房产交易还处于起步和激活阶段，需求和供给的集中程度都比较低。然而随着农村要素市场的不断规范和发展，以及交易所产权服务专业化程度的提高，可以预见，交易所对成都农村要素市场的规范和指导作用都会逐渐提高。此外，交易所的设立对于成都农村产权交易的积极意义还在于，在农村产权交易起步阶段即介入了对交易行为的规范，明确、透明的交易流程和权威的交易规则的及时出现，杜绝了在产权交易起步阶段由于市场规则不清而可能出现的乱象，进而有效地保护了农户的利益，从这个意义上讲，成都实验的决策者做出了良好的政策示范。随着产权交易所的持续经营以及交易的积累，产权交易所之于产权公示、公信的权威发布功能必然会被市场自然地赋予，从而进一步巩固该机构在市场上的核心地位，进而形成良性循环并逐步引导和规范成都农村产权交易走上正轨。因此，长远来看，成都关于农村产权交易所设立的初衷是能够实现的，作为规范农地产权交易安全和农民利益的配套制度设计，这一探索是具有积极的现实意义的，同时也能为推动和规范农村产权交易提供大量的经验借鉴。

另外，参考城市产权交易的成熟市场可以看出，产权交易除了具有交易手续复杂、交易风险较高等特征外，还具有资金需求量大的特点。因此，如果没有金融手段的支持，农村产权交易就会因缺乏润滑剂而不顺畅。相反，如果能够得到金融资金的保障，那么农村产权交易的规模将得到扩大，效率也将得到极大提升。就当前我国农村金融的整体发展情况来看，金融服务逐步退出农村的趋势并未得到根本扭转。农村总存款高于总贷款，这表明资金正通过金融渠道向非农产业和城市流出，发展水平较低的农村金融反而在支持发展水平相对较高的城市金融。因此，要推动农村产权流转的顺利进行就必须对农村金融体制进行创新，引导更多的信贷资金投向农村。为此，成都市大力发展新型农村金融服务机构构建农村金融服务体系，并鼓励境内外知名金融机构及企业在成都设立村镇银行、小额贷款公司以及融资性担保公司。截至 2016 年年底，成都市共设立村镇银行 12 家，注册资本金 11.5 亿元；全市二、三圈层共发展融资性担保公司 32 家，融资性在保余额 75 亿元；小额贷款公司 38 家，融资性在保余额 55 亿元；在全市建设农村地区金融经营网点 1 098 个，设立自动取款机 3 687 台，发展助农取款销售点终端机 6 823 个，在有营业网点的镇已实现自助终端全覆盖，消除了支付结算服务空白村①。此外，成都市还积极发展农村金融服务体系，成立成都市农村产权流转仲裁院和金融仲裁院，解决农村产权抵押融资中产生的法律纠纷。

为解决土地承包经营权、农村房屋以及农村集体建设用地使用权在抵押融资时受到法律限制的问题，成都市出台了农村产权抵押融资总体方案及相关管理办法等文件②，通过融资性担保公司提供担保，然后以土地承包经营权、农村房屋以及农村集体建设用地使用权为担保公司的保函进行反担保，通过这种方式将国家现行法律不允许作为有效抵押物的土地承包经营权、宅基地使用权、集体建设用地使用权以及宅基地上的房屋产权纳入了可担保的范畴，扩展了农村金融的融资渠道。另外，2015 年成都市通过四川省政府向国务院报送了将崇州市、郫县（今郫都区）、温江区 3 个区（市）县作为全国农村承包土地经营权和农村房屋财产权抵押贷款的试点县的申请，基于成都市多年在农地产权改革方面的探索和实践，其获得了国务院的批准。试点区在试点期间可以暂停执行《中华人民共和国物权法》和《中华人民共和国担保法》的相关法律条款，可以说在推进农村金融改革方面成都走在了前列。而通过金融手段的创

---

① 成都市金融工作办公室. 市金融办关于《关于成都市农村产权抵押融资的现状及对策建议》答复的函[EB/OL].(2016-06-03)[2019-06-10].http://gk.chengdu.gov.cn/govInfoPub/detail.action? id=1500502&tn=2.

② 参见《成都市集体建设用地使用权抵押融资管理办法（试行）》《成都市农村房屋抵押融资管理办法（试行）》以及《成都市农村土地承包经营权抵押融资管理办法（试行）》（成办发〔2009〕59 号）。

新以及农村金融体系的重构，成都农村产权流转市场被注入了新的活力。有了金融的支持，成都农地流转市场的保障措施就基本完备了。

四、成都农地产权改革的小结

总的来说，成都市在推动农村土地产权改革方面做了大量的工作。其改革的逻辑主线可以归纳为：首先，通过“确权颁证”来明确农地产权的权属，这是整个成都农地产权改革的逻辑起点。其次，在农村产权明晰的基础上推进“还权附能”，即恢复农民应有的财产权利，让农民作为市场主体拥有发挥和处置财产权利的自主能力。其主要内容可以提炼为三句话，即确权是基础，流转是关键，配套是保障。成都市通过试点和探索多种农地流转模式，来增加农地产权的权能，包括土地承包经营权的流转和集体建设用地使用权的入市。最后，为了规范农地产权市场，成都市设立了农村产权交易所对产权交易进行引导和规范，并为农地产权市场提供了必要的金融支持。虽然成都农村产权改革注重产权的流转，但对于耕地的保护是成都实验的应有之义。为此，成都在全国率先建立耕地保护基金，以市县两级的土地增值收益为来源，每年筹资 28 亿元，按每亩 300~400 元的标准为承担耕地保护责任的农民购买社保、提供补贴，惠及全市 170 多万农户。这一举措完善了耕地发展权的补偿机制，使农民保护耕地的内在动力被激发出来，不但有利于提高耕地保护利用水平，也促进了社会公平①。可见，成都实验并非简单地通过土地流转来获取土地的潜在价值，以工助农、以城带乡、城乡统筹的改革目标始终为成都实验所秉承。

虽然成都的农村产权改革是为了破除城乡二元结构而在统筹城乡发展这一战略部署下推行的，但正如成都改革的决策者认为的那样，城乡二元结构的根源在城乡居民不平等的权利，而要害在农民不清晰、不完整的财产权利②。不解决好产权问题，就激发不了农村发展的活力和动力，就形成不了城乡一体化的新格局③。可见，成都实验中，农村产权改革乃是整个统筹城乡一体化发展实验的关键环节以及推动其他改革措施顺利展开的重要抓手。也正是因为如此，成都市才花大力气对农村产权进行梳理和改革，具体措施涵盖了“确权—

---

① 夏珺，梁小琴. 落实科学发展观的生动实践：成都统筹城乡综合配套改革试验的调研与思考［N］. 人民日报，2011-02-28（1）.

② 成都市社会科学院课题组. 一场意义深远的改革实验：对成都统筹城乡改革发展实践的认识与思考［N］. 光明日报，2011-03-09（16）.

③ 姜晓萍，黄静. 还权赋能：治理制度转型的成都经验［J］. 公共行政评论，2011，4（6）：79-102，177.

流转—保障”的全部流程，改革的深度和广度均前所未有，也为研究农村产权提供了一个“全景式”的样本。

第二节　成都农村产权改革的成效分析

一、成都农地产权改革与农业规模集中的效果分析

在成都实验中，土地承包经营权的流转作为实现农业规模适度集中的重要手段，是成都统筹城乡发展实现城乡一体化战略的重要组成部分，因此土地承包经营权的流转在成都实验中是通过目标责任制等管理手段被纳入了市、县、乡政府以至村组考核体系的①。以 2007 年为例，成都市当年确定了土地承包经营权流转 60 万亩的目标，共涉及 226 个乡镇，并将目标任务全部分解落实到村组，由专人负责，并实行目标考核②。这表明，当前成都农村土地的流转仍然是在政府主导下，由行政力量推动所实施的。从成都的土地流转情况来看，产权模糊并非制约农村土地承包经营权的主要障碍，否则确权颁证后农户自发的流转需求就会释放出来，而无须政府通过目标责任的方式来推动。虽然制约农地产权流转的因素有很多，但不可否认的是农地流转的收入预期必然是最主要的因素。显然，对于土地流转市场而言，要使交易持续进行，交易的结果必须使交易各方（主要是买卖双方）的利益都增加。这就要求农地流转后的产出必须要高于其流转前的产出。那么在成都实验中，农地流转是否满足这一条件呢？要从理论上证明这一条件是否得到满足并不容易，但我们可以通过对市场的调查来判断真正的市场交易主体对这一问题的判断并间接地获得答案。根据张洪松（2010）对土地承包经营权入股这一流转模式的调查可以发现，虽然近年来成都市的农用地流转面积持续增长，但也仅有 56.64%的农户倾向于流转其土地；此外，成都实验中，农地流转的主要瓶颈还不是农户，而是具有一定经营能力的业主较为稀缺③。因此在成都实验中，政府为了推动土地流转的进行，除了通过目标责任制这一行政手段外，也比较注重对市场环境的培育以及降低土地流转的交易成本。此外，为了吸引更多的社会资本进入土

① 张洪松，史溢帆. 农村地权改革的逻辑：基于成都实验的考察［M］. 成都：四川大学出版社，2013：34.

② 张洪松. 农用地流转中的主体意愿与行动策略：基于成都实验的考察［J］. 农村经济，2010（8）：84-87.

③ 同②.

地流转市场，成都市提供了大量的优惠政策和奖励措施，而这些措施也主要指向业主。如在成都实验中，政府每两年就评审一次农业产业的龙头企业，并对其给予一次性或者持续性的政策优惠。而政策优惠的涵盖范围也相当广泛，包括招商引资奖励、土地流转奖励、税收财政奖励、融资支持以及租金补贴等。由此可以看出，现阶段市场对农地流转后的收益预期并不乐观。另一个佐证是，由于成都实验中的土地流转并非市场自发形成的，因此为了规避土地流入方的兑付风险，成都市依托土地流转服务机构将流入方资质审查纳入土地流转的前置程序，同时为了保证土地流出方——农户的利益，政府还引入了担保机制，即通过成立农村产权流转担保公司来对农户的流转收益进行担保。综上所述，即便农地流转可以为传统农业带来资本、技术、企业家才能以及规模效益等要素的注入，但其收益仍然不足以激活市场的自发需求。当然，这也反映出了成都实验中土地流转的内在动因主要还是政府的强力推进。这就必然使得土地承包经营权的流转更多地服从于政府的需要，而满足经济效益和土地承包经营权人的意志则必然处于次要的位阶。

从另一个角度来看，按照政策的逻辑，成都的土地流转是站在确权颁证的基础之上的。而“确权颁证”实际上是《物权法》将土地承包经营权等农地产权纳入物权范畴的一个自然延伸。而《物权法》之所以要将农地产权纳入物权的保护范畴，其目的之一就是对抗其他势力对农村土地权利的侵害，其中政府一直被认为是侵害农民土地权利的主要势力之一。而成都实验的逻辑却出现了令人尴尬的局面，即政府通过“确权颁证”确立农民的土地权利之后，又通过行政手段大力推进了土地的流转，虽然政府推行土地流转的目标取向之一是增加农民的土地收益，仅就这一点来看，是可能获得多数农民支持的。但在如此大的土地流转规模之下，农民因土地流转而发生的纠纷并未明显增加。根据张洪松（2010）的调查，在其调查的总样本中坚决反对土地承包经营权流转的农户只有 4.59%。而自 2005 年以来，成都市土地承包经营权流转面积的平均增长速度为 47%，仅 2006 年度和 2007 年度，成都市土地流转面积净增数就达到了 38.4 万亩和 81.87 万亩。而如果按照我国农村户均 10 亩地的水平来匡算，2006 年度和 2007 年度成都市土地流转净增面积涉及的农户约为 3.8 万户和 8.2 万户。涉及农户规模如此庞大的土地流转，所产生的土地流转类纠纷在两年间仅出现了 7 例，低于土地承包类纠纷和征地补偿类纠纷①。这从侧

① 张洪松．农用地流转中的主体意愿与行动策略：基于成都实验的考察［J］．农村经济，2010（8）：85.

面反映出，即使“确权颁证”后，政府行政手段加上村社自身的传统权威体系仍然可以有效地运作。在这个意义上，成都实验中农民的土地财产权益的增加本质上是在政府主导下的一种利益的输送。虽然这种利益输送对统筹城乡发展以及提高农民收入而言具有无可争辩的积极意义，但距离农民土地财产权的实现仍有距离。因为，虽然政府主导的土地承包经营权流转的政策目的与农民利益的取向基本吻合，但如果一项涉及农民劳动力再生产资源配置方式转变的政策能得到99.9%的受众的支持，显然不太符合常理。而本书基于张洪松（2010）的调查数据进行匡算，在两年涉及近12万户农村居民的土地流转中土地流转类纠纷发生的频率仅为十二万分之七。显然，对成都实验中土地承包经营权流转所呈现出的这种整齐划一的结果有必要保持谨慎的态度。

二、成都农地产权改革中议事会的作用与局限

成都农地产权改革中，议事会在“确权颁证”阶段发挥了重要作用，为化解居民在产权上的争议做出了积极贡献，被视为成都实验中的成功经验。不少学者也对这一纠纷解决机制表示了赞同。但议事会的出现同时也表明，农村基层既有的“两委”① 和群众自治议事机构②并没有发挥其应有的作用。有学者指出，成都“确权颁证”过程中议事会的出现以及其在“确权颁证”过程中体现的重要作用表明，“两委”在处理村民内生性公共事务上的无力，而议事会由于具有自下而上的群众基础以及其“与生俱来”的在当地的权威或关系资源，可以诱使村民放弃某些超越现实条件或者从社会规范的角度显得未尽合理的权利要求，而这种通过诉诸乡土社会人际关系资源来界定产权的一种尝试，似乎暗示着传统社会的资源可以以某种涅槃的方式助力市场化③。笔者认为，这种观点有一定的解释力，但未达本质。成都实验中，议事会的兴起并作为先进经验推广的确显示了其在解决农村社区纠纷方面的权威性和效率。但村社内部纠纷并非仅仅在“确权颁证”时才暴露出来，更非仅涉及土地权利这一种纠纷，从这个意义上来说议事会的出现恰逢成都“确权颁证”时，具有一定的偶然性。村社传统乡土社会的人际关系资源一直都存在，为什么在村社出现其他纠纷时并未普遍并显著地体现出其定纷止争的作用呢？笔者认为，主要原因在于随着城乡间要素流动的加剧，村社传统的熟人社会已经瓦解，原子

① “两委”指村委和村支部党委。

② 群众自治议事机构指村民大会以及村民代表会。

③ 张洪松，史溢帆. 农村地权改革的逻辑：基于成都实验的考察［M］. 成都：四川大学出版社，2013：19.

化的村社人员结构必然导致传统熟人社会固有的人际关系和社会舆论等非正式约束力对村社的影响大幅减弱（但并未消亡）。因此，可以认为在“两委”和群众自治议事机构丧失了乡村治理权威时，村社间的纠纷的客观存在使得村社治理对权威的需求是刚性的。但这仅仅是议事会这一新权威出现的必要条件而非充要条件。笔者认为，欲使村社传统权威（无论这一权威是以“议事会”的形式还是以其他形式出现）发挥实质性的作用的充要条件是，这一权威必须要掌握或被赋予对乡村资源的支配权利。成都实验中的“确权颁证”过程即是对村社最重要资源——土地使用权的分配。从形式上看，成都推行“确权颁证”时，由于整个改革是政府通过行政手段强力推进的，因此客观上村社既有的“两委”或群众自治议事机构必然成为行政手段最先依仗的基层组织。但由于种种原因，上述机构并未能挑起这个重任①。而议事会，这一在权利配置上类似于村民大会的咨询机构却成为政府和村社成员均认可的“权威”。这一方面固然表明村社既有的治理机构在面对村庄关键资源分配时的无力，另一方面也说明村社传统熟人社会固有的人际关系和社会舆论等非正式的权威只要能够与具体的村社资源相结合（赋予资源分配的权利），就能够焕发出原有的乡村治理能力。由于“确权颁证”本身就是一种资源分配，而正式的权威机构又丧失了其分配资源的能力（表现为农村基层权威的缺位），这时村社固有传统力量就必然处于呼之欲出的状态，从这个意义上来讲，议事会以及与议事会类似的传统权威的出现就具有了必然性。这与前文论述的议事会的出现具有偶然性并不矛盾，因为必然性需要偶然性来开辟道路。

不得不指出的是，既然议事会的出现是为了满足村社资源分配的需要，那么在资源分配完成后，议事会是否就应该顺理成章地淡出村社治理的视线呢？从成都“确权颁证”的实践来看，议事会的出现和淡出是符合这一逻辑的。事实上，在成都实验中，确实有地方将议事会常规化，赋予议事会某种常规性的决策权力，但在后续的发展中，有的为组织部门所否定，有的事实上处于休克状态，在确权完成后就没有再召开过②。对成都“确权颁证”中兴起的议事会以及其在“确权颁证”后淡出村社基层治理的结局，有学者解释道：议事会在完成土地确权这样的“一次性”任务后，可能无法不断地再生产，不仅因为乡土资源的耗散，更是因为传统的制约“两委”为村民代言的机制也将

① 在成都实验中“两委”、村民大会和村民代表会本应发挥的组织协调作用都为议事会所取代即是证明。

② 张洪松，史溢帆．农村地权改革的逻辑：基于成都实验的考察［M］．成都：四川大学出版社，2013：19.

继续制约着常规化的议事会①。虽然议事会在确权后的淡出再一次证明了其出现的偶然性，但笔者对上述解释却并不赞同。正如前文所述那样，农村缺乏权威的事实早已长期存在，村社日常运作也不可能不发生摩擦和矛盾，而在“两委”丧失权威的情况下，村社对传统权威的需求是客观存在的，因此乡土资源不仅不会因为议事会在“确权颁证”中发挥的作用而耗散，反而会因为其在“确权颁证”中发挥了积极作用而进一步凝聚威望。而传统制约“两委”为村民代言的机制如果能够制约议事会的话，成都也不会将议事会作为先进经验来推广了。笔者认为，真正制约议事会等村民自治机制运作的因素在于有无可支配的村社资源可供议事会来管理。而这就是议事会制度要发挥权威作用的充要条件。

客观上，村民自治制度在我国发展多年，但都无法摆脱行政化或者形式化的宿命。这当然有制度、社会、经济等各方面的综合原因。但最根本的问题在于如何让村社群众真正参与其中而不沦为形式。遗憾的是，我国村民自治虽然发展多年，但却侧重于民主选举这样能体现民主价值的方面，而对其治理的内涵和运行基础并不重视，进而导致了村民自治的发展重形式而轻治理的问题较为突出，降低了农民的政治效能感；加之税费改革取消了农民与国家之间的“制度性关联”，村级组织治理资源进一步流失，导致农民参与村庄公共事务的积极性和政治效能感进一步降低②。可见，无论是考察我国村民自治的发展情况还是成都实验中议事会制度的兴起与淡出，治理资源都是影响治理效果的关键因素。村民自治无论采用何种具体形式，如果缺少治理资源都会大大降低村民的参与热情，而失去了群众基础的村民自治最终的结果只能是形式化或者行政化。以成都实验中议事会的发展轨迹为例，就整个成都市范围而言，根据不同的事情和不同的地方议事会发挥的作用大小不尽相同：在与村切身利益相关的、矛盾问题十分突出和尖锐的事情上发挥的作用较大，在社区公共事务中议事会发挥的作用相对有限，在无经济利益的地区建立议事会形同虚设③。所以，本书得出结论，成都实验中议事会的淡出，主要原因在于“确权颁证”完成后村社再无可供议事会支配的治理资源。这一方面是因为议事会并非传统

① 张洪松，史溢帆. 农村地权改革的逻辑：基于成都实验的考察［M］. 成都：四川大学出版社，2013：19.

② 杜鹏. 村民自治的转型动力与治理机制：以成都“村民议事会”为例［J］. 中州学刊，2016（2）：68-73.

③ 甘庭宇. 农村社会结构变动下的乡村治理机制探索：基于成都市的观察与思考［J］. 农村经济，2012（11）：14-17.

的权威机构，其出现具有临时性，因此除了“确权颁证”外不会有其他常规治理资源与其配套；另一方面，税费改革后缺乏像样的治理资源是我国农村基层普遍面临的系统性问题。所以，议事会在“确权颁证”完成后淡出村社治理就显得顺理成章了。

三、成都农地产权改革中被遗忘的“主角”

轰轰烈烈的成都实验中，“确权颁证”“还权赋能”以及集体建设用地入市等都是大胆的创新和积极的探索，可以说涉及了农村生产、生活的方方面面。但纵观成都实验的整个过程，唯一没有涉及的内容即农村土地的所有权，农地所有权甚至都没有被提及过。好像“确权颁证”“还权赋能”与农地所有权毫不相关一样。所有权的待遇都如此，所有权主体——集体经济组织的待遇也就可想而知了，好像“确权颁证”“还权赋能”都与所有权主体无关。这也正是当前我国农地产权改革的尴尬之处，即在认可农地产权不清晰这一假设的前提下，通过一系列的改革措施来对农地产权中的派生权利，如土地承包经营权、集体建设用地使用权等进行确权，但却对上述派生权利的源权利——土地所有权视而不见、只字不提。出现这种情况只有两种可能，一是农地产权在所有权层面是清晰的；二是无须对所有权进行界定，只要派生权利明确，就可以实现“归属清晰、权责明确、保护严格、流转顺畅”的目标。显然，第一种可能与现实状况不符，而第二种可能与现代产权制度的要求不符。因为，如果所有权作为其他权利的源权利无法被明晰，所有权人的权利得不到保障，其他派生权利界定得再清晰也是无源之水，无法获得彻底、完善的保障。

笔者认为，农地产权的确权工作首先应该从厘清农地所有权开始，这样其他派生权利才有了依存的基础。当然，明晰所有权并对所有权人进行类似农地派生权利那样的“还权赋能”对于地方政府而言一方面可能过于麻烦，另一方面也有较大的政策风险，因此地方政府出于行政效率的考虑，选择避开这一棘手问题是可以理解的。但笔者认为，要真正建立“归属清晰、权责明确、保护严格、流转顺畅”的现代农村产权制度，农地所有权问题无法回避。

成都实验中另一个无法回避的问题是农业生产本身的效率问题。农地产权改革的目的之一是引导农村土地有序流转形成适度规模经营，进而为农业现代化发展铺平道路。然而成都实验对农业现代化或者农业生产效率显然缺乏关注。“三农”难题的症结在于农业生产的效率水平和投资回报不足以吸引广泛的社会资本进入农业领域，使农业的资本积累严重缺乏，长期处于“低水平的均衡”，农民增收的长效机制没有形成，进而不断拉大了城乡收入差距。我国虽然通过家庭联产承包责任制极大地释放了农村的生产力，但传统农业生产方式并未得到根本改变，用舒尔茨的话来讲，先进的生产要素还没有广泛进入传统农业改造进程，农业生产效率和农民收入的可持续增加与工业化和城市化日新月异的迅猛发展形成反差①。从这个意义来看，成都实验可能仅仅完成了一半。因为虽然土地流转集中了，但后续的农业效率的提高和发展却没有相应的制度设计和行政引导或推动。实际上，只要关注一下成都各地在农业经营上的实践就不难发现，各地的实践均存在一定问题，农业生产发展的长效机制尚未建立。本书后文将会对具体案例进行分析。

四、从成都实验看“同地同权”

国有土地和集体土地虽在性质上都是公有，但实际上两者权利却不相同。除去个别例外，法律要求集体土地要转为城市建设用地必须通过国家征收这一唯一途径，因此多数学者主张将“同地、同权、同价”作为土地制度改革的主要目标，并把消除所有制方面的限制作为达到上述目标的前提条件。但也有学者指出（吴建瓴 等，2008）②，所有制限制仅仅是一种土地使用权流转的强制性路径安排，是同地不同权的表象，而真正的障碍性前提条件存在于解决了所有制限制之后的土地用途管制、城市规划管制和各利益主体的分配制度上。

所谓同地不同权，是指现有法律对于集体土地权利的限制。《土地管理法》第四十三条和第六十三条分别从建设用地的需求者和供给者的角度对集体土地进行了严格的限制：“任何单位和个人进行建设，需要使用土地的，必须依法申请使用国有土地。”“农民集体所有的土地的使用权不得出让、转让或者出租用于非农建设。”根据上述规定，集体土地如果作为建设用地，只能由集体成员自用，如兴办企业（可通过入股、联营的方式合办）、建设村民自用住宅以及满足农村公共设施或者公共事业的需要。另外，《土地管理法》第八条规定，“城市市区的土地属于国家所有”，这意味着农村土地要转变为城市土地必须经过土地征收这一唯一途径。这被认为是限制了农村土地的发展权的实现。随着我国经济社会的不断发展以及城乡间要素流动的加剧，国家在保持谨慎态度的前提下，也默许了各地对农村土地要素流动的探索。至2004年国务院下发《国务院关于深化改革严格土地管理的决定》（国发〔2004〕28

---

① 蔡昉，程显煜. 城乡一体化：成都统筹城乡综合配套改革研究［M］. 成都：四川人民出版社，2008：19.

② 吴建瓴，蒋青. 同地同权同价之前提条件分析及实现路径［J］. 经济体制改革，2008（6）：100-102.

号）规定：在符合规划的前提下，村庄、集镇、建制镇中的农民集体所有建设用地使用权可以依法流转，表明了国家对农村土地要素流动方式多元化这一趋势的赞同。随后各地也出台相应的地方法规、规章对（国发〔2004〕28号）文件进行响应以及细化①。虽然地方法规、规章在对（国发〔2004〕28号）文件进行细化时也多对农村土地的流转进行了一定限制，如：要符合规划、不得用于商品房和住宅的开发等，但集体所有土地和国有土地“同地不同权”的问题在所有制层面已经得到极大的缓解。但现实中关于农村集体建设用地流转的案例却表明，“同地同价同权”并非那么简单地就能够实现。就成都的经验来看，目前能够盈利的集体土地入市项目几乎没有，大部分项目都只有依靠政府补贴才能勉强维持。其原因在于，非商业性的土地开发项目投资周期长、利益空间小，社会资本不愿进入。而如果集体土地入市必须依靠政府补贴维持的话，一方面超出了地方政府的负担能力，另一方面也违背了市场化的原则，不具备可持续性。而如果一旦允许集体土地入市项目用于商业性地产开发，则不仅政府的财政收入将大大减少，金融秩序也可能因此而产生较大动荡，显然这一选项短期内不具备可行性。

此外，集体建设用地入市所面临的另一个现实难题是，城市规划的限制以及由规划土地性质的不同而造成的土地价格的大幅波动。众所周知，城市土地的市场价格与其规划用途密切相关。而集体建设用地入市，其规划用途的不同也必然造成其价值的迥异。以成都市中心城区基准地价为例，根据成都市国土资源局2011年12月公布的基准地价，按规划用途和级别不同土地基准地价差异巨大，如以各类用地中的一级用地为参照，成都市中心城区土地基准地价为：住宅用地559万元/亩、工业用地50万元/亩、商服用地840万元/亩②。也就是说，集体建设用地取得入市条件后，受规划的影响，不是所有集体建设用地的价值都会大幅攀升，而只可能是向同规划区域内同样用途的国有建设用地的价格靠拢③。显然，如果一块入市的集体土地被规划为住宅或者商服用

① 如广东省于2005年颁布《广东省集体建设用地使用权流转管理办法》、成都市国土局于2007年出台《成都市集体建设用地使用权流转管理办法》。

② 2011年12月公布的成都市中心城区基准地价：住宅用地根据土地等级不同分为Ⅰ~Ⅵ级，基准地价最高的Ⅰ级为559万元/亩，最低的Ⅵ级为121万元/亩。工业用地根据土地等级不同分为Ⅰ~Ⅲ级，最高的Ⅰ级为50万元/亩，最低的Ⅲ级为32万元/亩。而商服用地，根据不同等级分为Ⅰ~Ⅵ，基准地价最高的Ⅰ级为840万元/亩，最低的Ⅵ级为136万元/亩。数据来源于成都市国土资源局网站：http://www.cdlr.gov.cn/Detail.aspx? ID=33487.

③ 吴建瓴，蒋青. 同地同权同价之前提条件分析及实现路径［J］. 经济体制改革，2008（6）：100-102.

地，则其价值必然大幅上涨，而如果规划为工业用地或者其他，则可能无利可图甚至其价值还不如农业用地。而通过国家征收的方式让集体土地转变为城市建设用地，一是，征地补偿与土地规划用途无关，这就使得征地被补偿者的利益不会因将来土地用途的不同而产生巨大差异；二是国家作为唯一的征地主体和城市土地供给方，其可以通过内部消化的方式对不同土地用途之间的利益差距进行平衡，即所谓“肉烂了在锅里”“锅里有了，碗里自然有”。而集体建设用地入市后，上述因规划用途不同而产生的土地价值的差异所引发的利益矛盾必然外部化，不同土地的供给方在利益博弈时必然是“吃着碗里的，想着锅里的”。显然，如果集体建设用地入市无法解决好这一由城市规划所造成的价值差异问题，无疑将引发灾难性后果。可以看出，城乡土地在价格、权能方面的差异并非简单由所有制不同造成，要实现城乡土地“同地同价同权”必须要设计好利益分配机制，而一套完备、合理的利益分配机制的出台涉及价值取舍、利益分配、行政效能、技术条件、历史传统、社会风俗乃至国家性质等多方面的考量，所需要的是滴水穿石之功，绝非一蹴而就的过程。相反，从维护社会稳定的角度来看，政府垄断土地一级市场也许是在不增加既有行政管理成本的框架下最有效的制度安排。正如吴建瓴、蒋青（2008）① 所指出那样，与其讨论应不应该取消对集体土地的限制，倒不如多讨论为取消限制如何构建现实基础。厘清了这一点就可以发现“政府低价征地、高价卖地”这一说法被过分渲染了。因为政府征地时不会因为将来可能的用途而对征地补偿区别对待，而在政府出让土地时土地价格会因其用途的不同而存在差异，但政府是土地一级市场的唯一供方，因此出让土地类型差异所导致的土地出让价格的波动，在“总盘子”内对政府的影响不大。也就是说，政府虽然可以通过出让规划用途为住宅或者商服的土地来获取较高的土地增值收益，但政府在向社会供给工业用地和公共事业用地时却是无法获取高额土地增值收益甚至亏本的。当然，现实中政府征地引发的矛盾也为人所诟病，但这是制度执行方面的问题，不能归责于这一制度安排本身。

最后，关于集体建设用地入市不得不提的一个问题就是关于城市用地指标的问题。由于土地是稀缺资源，受到国家的严格保护，因此农村土地要转化为建设用地进入市场除了要满足规划要求外，还需要配套用地指标（包括建设用地指标、土地利用年度计划指标以及占补平衡指标）。如我国《土地管理

① 吴建瓴，蒋青．同地同权同价之前提条件分析及实现路径［J］．经济体制改革，2008（6）：100-102.

法》第二十四条规定："各级人民政府应当加强土地利用计划管理，实行建设用地总量控制。土地利用年度计划，根据国民经济和社会发展计划、国家产业政策、土地利用总体规划以及建设用地和土地利用的实际状况编制。土地利用年度计划的编制审批程序与土地利用总体规划的编制审批程序相同，一经审批下达，必须严格执行。"可见，用地指标由国家设定与分配，且土地利用年度计划指标的总量与城市规划总面积是严格相符的。凡是指标就必然稀缺，无论是建设用地指标、土地利用年度计划指标还是占补平衡指标，如同碳排放指标一样在现实中都具有由真实交易所支撑的价值。虽然这些指标的现实交易价格对比动辄几百万甚至上千万一亩的城市土地价格而言只及其十分之一，但如同城市土地类型不同所带来的价值上的差异一样，在土地一级市场被政府垄断时可以内部消化的利益冲突，随着土地一级市场垄断被打破必然外部化。此外，由于用地指标作为一种稀缺的社会资源具有公共性，在政府垄断土地一级市场的前提下，国家（或政府）通过占有土地出让收益的方式来代表公众获取社会公共资源被占有的代价，这在逻辑上具有合理性。但如果土地一级市场供给主体实现多元化，那么在非公共部门的代表占用用地指标时，就必须要为其独占性地获取社会公共资源而付出成本。因此，即便是通过增减挂钩等形式整理出来的集体建设用地自带建设用地指标和占补平衡指标，其上市仍然要占用土地利用年度计划指标，也即占用了公共资源，所以应当支付相应的对价。但这一对价应该如何量化才能达到各方利益的平衡并没有现成的可借鉴的成熟方案，而就当前对这一问题的理论研究和社会实践来看，可能还需要耗费相当的社会成本才可能达到相对满意的结果。相较而言，现行由国家统一征地的模式反而有着不可替代的化繁为简和相对公平的优势。而在相关研究和配套措施尚不成熟的情况下贸然打破这一模式，可能会引起我国经济、社会等层面的不适应。

以上是对成都实验的反思。总的来看，成都实验迈出了农地产权改革的创新步伐，盘活了农村土地资产，带动了成都周边农村居民收入的增加，是具有开创意义的。但同时也应看到，成都实验中产权改革并非真正意义上的农民土地财产权的实现，相反，其具有强烈的政府主导的色彩。当然，成都市政府所主导的这种改革其出发点的正当性和合理性使得成都实验的结果符合政策预期和广大人民群众的利益，是较为成功的。纵观成都实验整个过程，其结果的成功与政府的强力主导密不可分。正因为如此，成都实验对成都而言是合适、合时的，但如果将其作为成功经验进行全国推广则不一定适宜。相反，成都实验中所暴露出来的不足，却可以成为农民土地财产权实现过程中的典型案例。

第十四章　四川农业规模化发展的其他实践情况

第一节　大邑县伍家土地股份合作社

一、基本情况介绍

伍家土地股份合作社①是大邑县王泗镇吴家村的农户自发组织的合作社。大邑县王泗镇伍家村全村土地面积为 3 970 亩，下辖 22 个村民小组，共 1 060 户农户，伍家村北距大邑县城 12 千米，东距成都市 56 千米。由于距离大城市较近，因此伍家村的劳动力非农就业比例较高，非农收入占农民收入的比重高，农业人口比例低，大量劳动力外出务工，农业弱质化问题严重。

伍家村土地面积为 3 970 亩，其中水田 3 147 亩，旱田 260 亩，另有渔业用地 25.5 亩。伍家村 1982 年落实分田到户，当时参与分田的农户有 960 户，分田以来土地调整过 28 次。由于大量劳动力外出务工，土地大量流转，其中集体组织流转面积为 700 亩，土地租金为 600 斤大米/亩/年，另有若干农户自行流转了土地。土地流向主要是种植大户、合作社，主要发展经济作物，如：反季节蔬菜、花卉、药材等。

伍家村现有耕地 1 977 亩，由原承包户耕种，主要耕种水稻、小麦、油菜等。

---

① 案例来源：国务院发展研究中心农村经济研究部课题组. 稳定与完善农村基本经营制度研究［M］. 北京：中国发展出版社，2013：233-244.

二、土地股份合作社情况介绍

（一）土地合作社的设立与入股公司的情况

2010 年，按照“群众自愿、土地入股、集约经营、收益分红、利益保障”的原则，由 8 户村民发起，以承包地经营权入股组建了大邑县伍家土地专业合作社。2011 年 1 月，伍家土地专业合作社成员经协商一致同意与业主合股组建成都市源艺农业开发有限公司，主要从事非洲菊的种植和销售，合作期限 5 年，并在工商局注册了公司，形成了“公司+合作社+农户”的组织形式。公司注册资本 30 万元，其中伍家土地专业合作社出资 4. 5 万元，咏春花卉种植合作社出资 25. 5 万元，根据出资比例，业主占有公司股份的 85%，土地专业合作社占有股份 15%。公司实际运营过程中共获得投资 568. 58 万元。其中，咏春花卉种植合作社以设施、种苗、流动资金、技术等方式入股合计 483. 42 万元，占公司总投资的 85. 02%；伍家土地专业合作社以农村承包土地经营权入股，根据土地预期收益评估值 85. 16 万元作价入股，占公司投资总额 14. 98%。

（二）公司经营情况

公司经营建立了“业主牵头+职业经理人+合作社成员监督”的运作模式，设立公司董事长 1 名，全面负责公司运营，经两个合作社商议，由咏春花卉种植合作社法人代表张利兵担任；设立总经理 1 名，负责生产销售业务，由外聘职业经理人刘德刚担任；设立 1 名监事，由伍家土地专业合作社法人代表陈家祥担任。合作社成员代表参与公司的生产、经营、管理、销售，理事长和监事每月监督核查公司财务报表。

源艺农业开发有限公司改变原有土地种植结构，不再种植水稻、油菜、小麦和蔬菜，而是主要从事非洲菊的种植及销售。公司搭建全框架标准化钢架大棚 12 座，栽种花苗 40 余万株，年采摘非洲菊鲜切花可达 224 万枝，经济效益十分明显。公司由外聘的职业经理人来进行专门管理。经理组织工人进行非洲菊的种植和维护。他每天到公司，组织工人采摘非洲菊，包装好之后送到成都的花卉市场上出售。职业经理人每个月的基本工资是 3 000 元，公司经营效益好的话，会有一定比例的奖金。公司聘请入股村民 20 多名，到非洲菊种植基地打工。由于打工村民本身也有入股，因此他们的责任感较强。

（三）收益情况介绍

就 2012 年来看，77. 97 亩的非洲菊种植基地，每个月用工花费 2 万多元，农药花费2 000~3 000元，职业经理人的工资 3 000 元左右。一年下来，经营成本需要近 30 万元。

由于非洲菊是高附加值产品，近年来成都花卉市场上非洲菊的市场需求强劲，公司的收益也不错。仅 2011 年，公司毛利大约有 110 多万元。就 2012 年 5 月的统计数据来看，公司每亩纯利润达到 1.1 万元，年纯利润达到了 88.1 万元。

根据出资情况分配收益，伍家土地专业合作社获得分红收益 13.26 万元，土地合作社股东每亩收益 1 700 元。其中，农户分红最多达 5 100 元。相较于单纯的土地租金每年每亩 1 000 元，农户每年每亩土地能多出 700 多元的收入。

三、伍家土地专业合作社存在的问题

从伍家土地专业合作社的实际经营来看，主要存在以下问题：

（1）村民认为 77.97 亩土地评估价值 85 万元太低，应该得到更多的份额。

（2）合作社规定保底分红，并由政府建立的保障基金作为制度性保证，保底金额为每年每亩 600 斤大米的土地租金。而这个基金的资金却来源于业主公司的分红利润，抽取的比例大致为 10%，并非股份公司的利润，因此没有实现“风险共担”，这导致了业主公司的不满。

上述问题表明，虽然通过合作社整合了农业资源，但由于农户作为农业经营的主体仍然存在，因此多个主体间的利益协调难以达成，虽然短时期能够达成一致，但长远看，依然存在矛盾的隐患。

第二节　龙泉驿区惠民草莓合作社

一、基本情况介绍

惠民草莓合作社成立于龙泉驿区黄土镇三村村[①]。黄土镇三村村面积为 3.52 平方千米，总人口为 3 280 人，耕地为 2 777 亩，属典型的西部丘陵农业村。全村劳动力 1 982 人，常年在外打工的有 1 176 人，占全村劳力的 60%左右。该村根据自身条件发展出了草莓种植。随着种植规模的扩大以及市场需求的提高，原本一家一户单打独斗的模式难以满足需要，成立合作社的需求应运而生。2007 年 4 月，三村村党支部按照“农户主体、市场主导、政府引导、

---

① 案例来源：国务院发展研究中心农村经济研究部课题组. 稳定与完善农村基本经营制度研究［M］. 北京：中国发展出版社，2013：254-265.

政策扶植”的原则，动员本村 18 户文化水平较高、思想开明、有较强创业意识和能力的农户入股惠民草莓合作社。

龙泉惠民草莓合作社共筹集股金 28 万元。其中，5 名党支部成员每人出资 2 万元现金；13 户农户以各自 0.8 万元现金和 3.25 亩土地一年的租金折价入股，租金按照 1 800 元/亩计算，筹资 18 万元。18 户农户共同组建了龙泉惠民草莓合作社，统一流转进 100 亩土地发展草莓种植，土地租金价格为每年每亩 800 斤大米。最终，龙泉惠民草莓合作社共筹集现金 20.4 万元，以及 42.25 亩土地入股。按照合作社成立之初的章程规定，出现金 2 万元为 1 股；3.25 亩土地入股并出资 0.8 万元，合起来为 1 股。因此，合作社共 18 名核心股东。

合作社制定了《成都龙泉驿惠民草莓土地股份合作社章程》（以下简称《章程》），用来规范其治理。根据《章程》合作社有设社员（代表）大会、理事会、监事会等机构。社员代表大会是合作社的最高权力机构。社员代表由入股的农户直接选举产生，每届任期 3 年，可以连选连任。本届设社员代表 12 人。理事会是合作社常设的执行机构和日常工作机构，由社员（代表）大会选举产生，并对社员（代表）大会负责；理事会设成员 7 名，理事长 1 名，每届任期 3 年。《章程》规定设立监事会，由社员（代表）大会选举产生，监事会对本社社员（代表）大会负责。监事会成员 3 名。监事会每届任期 3 年，可以连选连任。

根据《章程》，入社成员身份分为两类：核心股东与普通社员。合作社采取股份运作方式，由 18 位创社农户担任合作社核心股东，吸收当地农户发展草莓种植，成为合作社普通社员。对按照合作社要求进行标准化草莓种植的普通社员，给予 200 元/亩的种苗补助和无偿的技术指导服务。核心股东农户与普通入社成员在经营模式与分红模式上均不相同。

二、经营情况介绍

惠民草莓合作社在管理上严格实行“六统一”：统一引进新品种；统一育苗和技术指导；统一提供生产技术、市场、经济信息；统一采购和供应生产资料；统一质量和包装；统一品牌和营销。高薪聘请技术人员常驻基地，制定、实施了无公害生产技术规程，既降低了农资投入成本，又保证了合作社的产品质量和食品安全。并且，合作社注册了“芳好”牌商标，极大地提高了三村村草莓在市场上的品牌知名度和竞争力。

在具体经营上，核心股东和普通社员又有所不同。核心股东采取集中种植的方式，并聘请专业的种植和管理人员。核心股东可以选择到基地打工，也可以不打工。而普通社员并没有进行统一的种植，依然采取一家一户的经营方式，只是由合作社组织统一销售。

合作社草莓平均亩产量为3 200斤，其中冬草莓1 800斤/亩，春草莓1 400斤/亩。冬草莓均价为5元/斤，春草莓为3元/斤。农户种植草莓每亩的收益为1.3万元左右。而每亩成本大致为5 500元，每亩收益7 500元。

在利润分配方面，核心股东和普通社员也是不同的。股东根据股份进行分红，而社员是根据交易量按0.2~0.4元/公斤进行返利。

三、合作社经营的瓶颈

从合作社实际经营情况来看，首先，人工成本上升快是主要的瓶颈，且都是短工，农忙时需求量大，农闲时没有需求。这是由农业经营的特殊性决定的。由于招工困难，现实中只能聘请老年劳动力，给管理带来困难。其次，草莓种植受气候影响大，种植4~5年后土壤会有病菌积存，需要进行处理，否则将不适宜草莓种植，这也是合作社面临的经营难题之一。再次，公司管理不规范，熟人关系对公司管理造成了影响。最后，就惠民草莓合作社这种农业规模经营的模式而言，虽然公司章程制定较为细致，但增加了交易成本。而合作社本质上是一种“公司+农户”的模式。公司就是18个创社农户组成的合作社，普通社员由于没有股份，所以不应包含在公司（合作社）内。因此，不难预见在实际中依然会面临利益整合的难题。

第三节　邛崃市羊安镇汤营农业公司

一、基本情况介绍

汤营村位于邛崃市羊安镇北部，离成都50千米，属于成都远郊。汤营村辖15个村民小组，总共1 170户，3 666人；总耕地面积为2 701亩，人均耕地面积为0.75亩①。

汤营村农业经营收益很低，按一年两季计算，每亩收入不超过300元。这导致大量劳动力从农业中转移至第二、第三产业，使得大量土地闲置，为土地流转提供了基础。而汤营农业公司正是在这样的背景下成立的。

---

① 案例来源：国务院发展研究中心农村经济研究部课题组．稳定与完善农村基本经营制度研究［M］．北京：中国发展出版社，2013：287-300.

羊安镇2005年实施了“金土地工程”，通过“小田变大田”和“宅基地变耕地”的办法，新增了7 000亩耕地。现在，整个羊安镇集中居住人口超过72%，最远的村子搬到距离新城一两千米的地方。

土地整理给土地经营带来了一系列问题。首先，集中居住后，耕作半径的扩大导致农户无法回到原来的土地上耕作。其次，土地整理过程中原来各家各户的土地被打乱了，出现了需要再分土地的问题。汤营村村委在想如何处理土地问题的时候，从浙江人在成都租地种西瓜中得到了启发，提出了土地股份合作社的思路，并得到了市政府的支持，并由兴农公司入股100万元支持合作社的发展。

汤营村为何选择土地股份制的模式呢？因为汤营村有很强的土地流转的需求。首先，劳动力大量外流导致了土地实际上的闲置，甚至2005年之前经常是出租土地不收租金反而给耕种者100元肥料钱。其次，2005年以后的土地整理和集中居住导致了耕作半径扩大，进一步增加了耕作成本。但是，目前土地流转主要以出租为主，业主流入土地主要种植经济作物。这种土地出租的模式是“短命鬼”，因为业主流转都是短时间的，今年流转明年不一定会流转。老百姓怕麻烦，就把租金提高，反而阻碍了土地出租。在这种情况下，必须解决土地的统一管理问题。因此，土地合作社就应运而生了。

二、经营情况介绍

2005年12月汤营农业公司成立，股东主要由三部分构成：506户农户以1 000亩土地承包经营权入股，村集体以土地整理新增的60亩耕地入股，邛崃市兴农投资公司投入100万元股金成立汤营农业有限公司。入股的1 060亩土地与市政府投资的100万资金是对等的，各占50%的股份，核算的时候，每亩土地作价一股。其中，村集体入股的60亩土地是土地整理的时候增加的土地，属于“沟沟边边”。入股土地每亩每年保底收入800斤黄谷，公司经营利润一半留作再生产资金，另一半作为分红资金（兴农公司占50%股份，其余股东占50%股份）。2007年汤营公司实行增资扩股，入股到公司的土地达到2 070亩，入股农户达到了823户。2010年，农户的土地经过评估公司评估后被折成现金到工商部门登记注册，这样农民的土地经营权可以用来化解债务（土地经营权用来抵押、流转以化解债务）。而以前农户是“投而不入”，如果公司破产，农户的土地还是农户的土地。

汤营农业公司也有公司章程并依据章程设立了股东会、董事会、监事会等职能机构。汤营公司共流入土地2 070亩，但自己经营的是1 000亩，其余的土地流转给其他业主经营。此外，汤营农业公司的经营也不是单纯的养殖，而是种养结合，发展多种业态，这就体现出大规模的好处。而关于不同业态的经营问题，汤营农业公司采用项目负责人制，项目负责人只有 1 000~2 000 元的基本工资，然后根据业绩提成。每个项目的雇工和生产资料由汤营农业公司负责，这样可以发挥规模优势，降低成本，也有利于供应链管理。

汤营农业公司 2005—2008 年实行“保底+分红”的收益分配办法，入股土地每亩每年保底收入 800 斤黄谷，此外还有分红收入。公司经营利润一半留作再生产资金，另一半作为分红资金。2008 年以后取消了 800 斤黄谷保底，直接分红。同时为了规避风险，每年将从销售收入中提取 10%作为抗风险基金。2011 年实现每亩土地分红 600 元。总经理胡桂全对于合作社的评价是，“社会效应大于经济效益”“要说汤营公司效益多大多大，每年都纯赚 100 万元，那都是吹牛的”“这么大的风险，在这么原始基础上成立的公司，要它每年创收多少，简直是胡说”。这个公司的社会意义在于，“它一直可以维持这么多的务工人员，一直可以维持”。此外，由于村集体在公司中占有股份，“村里有什么事情，如公共服务，可以提供资金”。

三、对汤营农业公司经营的简单评价

从汤营农业公司的例子中我们不难发现，政府、集体在土地流转过程中需要发挥积极作用，否则依靠市场发育是难以实现低成本的大规模土地流转的。集中流转出土地相对于普通流转的好处在于，在流转前土地已经整合好了，因此流转比较顺利。这是该案例中最为突出的特征。然而，由于土地流转并未改变农户对土地的最终决策权或处分权，因此资源配置依然会受到产权壁垒的限制。

第四节　金堂县翻山堰村菌果专业合作社

一、基本情况介绍

翻山堰菌果合作社成立于金堂县翻山堰村①。翻山堰村距县城 24 千米，距成都 75 千米，随着成巴高速公路的贯通，该村去县城的路程缩短为 12 千

① 案例来源：国务院发展研究中心农村经济研究部课题组. 稳定与完善农村基本经营制度研究［M］. 北京：中国发展出版社，2013：301-312.

米，去成都的距离缩短为 45 千米。翻山堰村有水田 2 000 亩，旱地 2 640 亩，林地 1 500 亩，外加 150 亩水域面积。翻山堰村共有 17 个村民小组，1 280 户。劳动力约 3 000 人，男女各占一半。常年在外务工人员 1 900 人。该村 2010 年完成土地的确权，全村 6 100 亩耕地及林地确权至 1 280 户，没有确权到集体名下的土地。这种做法在成都周边地区较为普遍，因为距离成都市区较近，因此土地价值相对较高，农户对土地的权利意识较强，根据笔者的调查和走访，很多地方在"确权颁证"过程中，为了利益分配得均匀、缓和矛盾，倾向于将集体土地确权到农户，这就造成原本不是农户的承包地，也确权到了农户名下，这为后来的纠纷埋下了隐患。该村没有集体产业。2012 年上级发放公共服务专项管理资金 35 万元，用于道路、电路改造和环境卫生整治。

该县具有食用菌种植的基础，20 世纪末农户就普遍种植食用菌。2009 年，在成都市有关部门的建议下，该县成立了专业合作社，并进一步成立产业园，目的在于实现产业的提档升级。合作社成立初有 11 人，土地 161 亩。合作社通过土地承包经营权流转合同获得土地，不过合同的出让方和受让方法定代表均为村委会主任。土地流转方式为租赁，期限为 19 年。合作社成立次年，有 235 户农户，以其 527 亩土地承包经营权入股加入。入股农户大多为自愿，但不能忽视政府的作用，包括引导和动员等。

二、经营情况介绍

合作社制定了章程，规定了社员大会、理事、监事等机构和人员的职责以及日常经营的管理、运营和分配等基本制度。合作社成立时除了社员的土地入股外，13 位创始人共同出资了 100 万元作为启动资金。此外，合作社还以 150 亩土地承包经营权抵押，向金堂现代农业投资公司贷款 150 万元。2011 年下半年，合作社引进外地业主，修建了食用菌加工厂（投资 1 000 万）与菌渣处理厂（投资 600 万）。合作社将 150 亩土地以每亩 5 000 元的价格返租给出资的 13 位大户以及两位外地业主，由其自行生产，自负盈亏，这实际上是一种返租倒包的模式。除了返租倒包的 150 亩土地外，合作社还有 377 亩土地用于种植果树，运营模式是，村民出土地，种植大户出树苗并负责栽种，5 年后有产出时再五五分成。

13 位创始人返租倒包土地，种植食用菌，每亩净利润 1 万元左右，其中最大的业主租了 20 亩地，最小的租了 5 亩地。就种植食用菌而言，合作社成立前后的区别在于：合作社成立前农民土地有限，因此单凭种植食用菌的收入不足以和外出务工相比。此外，种植食用菌有一定的技术门槛，单独种植缺乏技术支持，没有竞争优势。成立合作社后，首先，食用菌的种植面积可以通过租用土地而扩大，这样收益就有了一定的保证；其次，合作社提供了一个平台，一方面提供技术上的支撑，另一方面使得种植相对集中，具有了一定的规模优势。

三、翻山堰村合作社面临的问题

由于合作社是在政府主导下成立的，因此政府对合作社的经营插手较为严重。合作社的组织运营不规范，不少重大事项并非按照合作社章程来办理，而是由社员们商量来决定的。治理机制过分地民主导致决策的低效。合作社的稳定收入就是地租，仅靠这个收入难以维持合作社的后续发展。

第五节　邛崃市种粮大户

一、基本情况介绍

邛崃市固驿镇花园村村民周家林，2011 年被国务院授予“全国种粮售粮大户”。截至 2012 年年底，周家林通过流转流入土地 2 000 亩，主要从事粮食作物和经济作物的规模化经营①。周家林经营的土地面积并非一开始就达到如此规模。最初其只有几十亩地可供耕种，其中自己的承包地有 2 亩，其余土地均是从其他农户处流入，这部分农户均在外务工。2005 年，有公司统一流入整村土地 4 000 多亩。周家林便从该公司处以 600 元一亩的价格流入 380 亩土地，期限为 10 年。此外，其又从其他村民处流入部分土地，使得其经营的土地规模达到 500 亩。2008 年，公司经营不善倒闭，只能将土地退给农民。然而，经过多年土地流转，农民已经习惯每年 800 斤稻谷的租金和在公司务工，周家林根据这种情况，又流入了部分退还村民的土地，经营面积达到 800 亩。2010—2012 年，周家林通过流转将经营规模扩大到 2 000 多亩。进而形成了如今的种粮大户规模。

二、经营情况介绍

以 2011 年的情况为例，周家林经营土地面积为 1 000 余亩，实行大春

---

① 案例来源：国务院发展研究中心农村经济研究部课题组. 稳定与完善农村基本经营制度研究［M］. 北京：中国发展出版社，2013：319-323.

（夏季）种粮食，小春（秋季到次年春）种经济作物。周家林流转土地一般都是与村集体交涉，再由村集体找具体农户商量。一般每亩地会给20元中介费，以感谢集体帮助协调土地和水源。土地租金另算，每亩600~700斤黄谷，以实物定价。

周家林的2 000多亩土地均由当地农民来具体种植，最多时需要三四百人。用工模式分为外包和聘请当地劳动力两种。一般价格为65元/天，平均每亩地要支出700~800元的用工成本。

大春种植水稻平均有500元/亩的利润，小春经济作物利润较低，为200元/亩。经济作物市场波动较大，盈亏不稳定，2010年盈利十几万元，而2011年却亏损七八万元。而大田作物的收益相对稳定，2005年以来，周家林种植大田作物一直盈利，纯收入在60万~70万元。其盈利的主要原因在于节约成本和规模效益。

三、对邛崃种粮大户的一个总结

种粮大户的农地规模较大，但并非通过市场流转而形成的，而是由于政府推动土地整治先形成了一定规模的地块，这为后续的土地流转打下了物质基础。这表明，就土地整合而言，依靠市场力量是难以达成的，换言之，市场在土地整合中往往是失灵的。此外，农户当前的从农热情较低，土地的社会保障功能基本消退。与崇州共营制类似，种粮大户土地规模扩大依靠的是公司土地流转失败。而且，经济作物由于其收益的不稳定性只能作为补充，而不能作为主要收益来源。

参考文献

[1] DANIEL S A. American Farms Keep Growing: Size, Productivity, and Policy [J]. Journal of Economic Perspectives, 2014, 28 (1): 147-166.

[2] ANTONIO A, ARIAS C. Diseconomies of Size with Fixed Managerial Ability [J]. American Journal of Agricultural Economics, 2003, 85 (1): 134-142.

[3] HALL B F, LEVEEN E P. Farm Sizeand Economic Efficiency: The Case of California [J]. American Journal of Agricultural Economics, 1978, 60 (4): 589-600.

[4] FAN SH, CONNIE C K. Is Small Beautiful? Farm Size, Productivity, and Poverty in Asian Agriculture [J]. Agricultural Economics, 2005, 32 (S1): 135-146.

[5] SVEND R. Production Economics: The Basic Theory of Production Optimisation [M]. Second Edition. Springer Textsin Business and Economics, 2012.

[6] WALDRON S, BROWN C, LONGWORTH I. State Sector Reform and Agriculture in China [J]. The China Quarterly, 2006 (186): 277-294.

[7] PICKARD D H. The Role of Government in Agricultural Marketing [J]. Journal of Agricultural Economics, 1982, 33 (3): 361-368.

[8] SCOTT J. The Moral Economy of the Peasant: Rebellion and Subsistence in Sautheast Asia [M]. Yale University Press, 1976.

[9] GIOVANNI F. Feeding the World: An Economic History of Agriculture (1800—2000) [M]. Princeton: Princeton University Press, 2010.

[10] NORTH D. Institutions, Institutional Change and Economic Performance [M]. Cambridge: Cambridge University Press, 1990.

[11] 中共中央关于制定国民经济和社会发展“九五”计划和2010年远景目标的建议 [J]. 求实, 1995 (11): 17-28.

[12] 中共中央关于制定国民经济和社会发展第十一个五年规划的建议

[J]. 求是, 2005 (20): 3-12.

[13] 邹东涛. 社会主义市场经济学 [M]. 北京: 人民出版社, 2004.

[14] 王天义, 王睿. 社会主义所有制理论与我国所有制结构的创新 [J]. 科学社会主义, 2009 (5): 13-17.

[15] 武模桥. 从历史演变看我国所有制结构的发展趋势 [J]. 探索, 2006 (2): 81-83, 89.

[16] 徐禾. 马列主义经典作家关于社会主义生产资料所有制的有关理论 [J]. 政治经济学评论, 2010, 1 (3): 8-21.

[17] 万华炜. 中国混合所有制经济的产权制度分析 [J]. 中南财经政法大学学报, 2007 (6): 21-26.

[18] 文建龙. 权利贫困论 [M]. 合肥: 安徽人民出版社, 2010.

[19] 王国泽, 柳军. 社会主义市场经济与政府职能的转变 [J]. 山西社会主义学院学报, 2003 (3): 10-13.

[20] 任宗哲. 西部区域经济发展与地方政府行为创新 [J]. 西北大学学报 (哲学社会科学版). 2003 (3): 5-10.

[21] 张卓元. 中国经济转型: 从追求数量粗放扩张转变为追求质量提高效率: 中共十八大后十年经济走势 [J]. 当代经济研究, 2013 (7): 1-7, 99, 93.

[22] 杨俊. 分税制背景下央地财政分配关系的"隐性博弈"问题分析 [J]. 财经论丛, 2012 (2): 38-44.

[23] 王振宇. 关于完善分税制财政体制的几点思考 [J]. 地方财政研究, 2008 (8): 19-22.

[24] 贾康. 如何深化财税金融改革 [EB/OL]. (2013-07-26) [2019-06-10]. http://theory.people.com.cn/n/2013/0726/c40531-22335333.html.

[25] 马克思. 资本论: 第一卷 [M]. 中共中央马克思恩格斯列宁斯大林著作编译局, 编译. 北京: 人民出版社, 2004.

[26] 薛暮桥. 中国社会主义经济问题研究 [M]. 北京: 人民出版社, 2009.

[27] 阮加, 阮敬科. 收入分配问题现状、原因及对策探讨 [J]. 经济学动态, 2011 (2): 59-62.

[28] 张曙光. 试析国有企业改革中的资源要素租金问题: 兼论重建"全民所有制" [J]. 南方经济, 2010 (1): 3-14.

［29］世界银行. 2030的中国：建设现代、和谐、有创造力的高收入社会［EB/OL］.(2012-02-27)［2019-04-11］.http://www.shihang.org/zh/news/2012/02/27/china-2030-executive-summary.

［30］蔡立新，曹瑞兆. 我国中央企业利润分配政策研究［J］. 商业会计. 2011（31）：7-9.

［31］财政部财政科学研究所课题组，贾康，赵云旗. 影响收入分配关系的五个问题与八点建议［J］. 期经济社会体制比较，2012（2）：1-17.

［32］杨志勇，汤林闽. 调节国有资本：促进居民可支配收入增长的新视角［J］. 社会科学辑刊，2011（2）：88-94.

［33］盖地，梁淑红，李秀玉. 基于社会责任角度对垄断国企上缴利润的思考［J］. 河北经贸大学学报，2008（6）：47-52.

［34］财政部. 财政部出台国有资本经营预算有关配套管理办法［EB/OL］.(2007-12-11)［2019-06-10］.http://www.gov.cn/gzdt/2007-12/11/content_830920.htm.

［35］苏志强，万方. 国有企业红利分配及其困境：文境综述［J］. 财会研究，2008（8）：64-67.

［36］陈少晖，朱珍. 国有上市公司利润分配与国有资本经营预算的建构：以钢铁行业为例［J］. 东南学术，2011（6）：104-115.

［37］汤吉军，陈俊龙. 资产专用性与国有企业收入分配的博弈分析［J］. 江汉论坛，2012（3）：59-63.

［38］汪平，邹颖. 国有企业、政府股东与资本成本：对国有企业深化改革的理财学思考［J］. 首都经济贸易大学学报，2012，14（1）：55-61.

［39］罗宏，黄文华. 国企分红、在职消费与公司业绩［J］. 管理世界，2008（9）：139-148.

［40］翁杰，周礼. 中国工业企业利益分配格局快速变动的原因分析：1997—2007［J］. 中国工业经济，2009（9）：47-55.

［41］天则经济研究所课题组. 国有企业的性质、表现与改革［C］. 北京：北京天则所咨询有限公司，2011.

［42］刘伟. 中国经济增长面临的突出矛盾及宏观经济政策调整［J］. 理论学刊，2010（7）：4-7，127.

［43］苏明. 财政政策与政府宏观调控［J］. 湖北财税，1999（18）：4-6.

［44］魏加宁. 对宏观调控的反思与探讨［J］. 经济界，2005（4）：8-11.

[45] 黄达. 金融学 [M]. 北京：中国人民大学出版社，2003.

[46] 巩云华，张若望. 发展中国家的金融脆弱性及其防范 [J]. 国家行政学院学报，2009 (6)：15-19.

[47] 杜朝运，林智乐. 关于我国金融脆弱的若干分析 [J]. 上海经济研究，2007 (2)：48-51.

[48] 胡祖六. 银行问题与亚洲金融危机[OL].http://www.ncer.tsinghua.edu.cn/lunwen/paper2/wp199806.doc.

[49] 黄金老. 论金融脆弱性 [J]. 金融研究，2001 (3)：41-49.

[50] 陈丹，唐茂化. 国外农地规模经营的基本经验及其借鉴 [J]. 国家行政学院学报，2008 (4)：106-109.

[51] 周应恒，胡凌啸，严斌剑. 农业经营主体和经营规模演化的国际经验分析 [J]. 中国农村经济，2015 (9)：80-95.

[52] 胡初枝，黄贤金. 农户土地经营规模对农业生产绩效的影响分析：基于江苏省铜山县的分析 [J]. 农业技术经济，2007 (6)：81-84.

[53] 张晓恒，周应恒. 经营规模决定因素及其对农业生产的影响：一个文献综述 [J]. 新疆农垦经济，2018 (5)：83-92.

[54] 许庆，尹荣梁，章辉. 规模经济、规模报酬与农业适度规模经营：基于我国粮食生产的实证研究 [J]. 经济研究，2011，46 (3)：59-71，94.

[55] 蔡昉，李周. 我国农业中规模经济的存在和利用 [J]. 当代经济科学，1990 (2)：25-34.

[56] 何秀荣. 公司农场：中国农业微观组织的未来选择？[J]. 中国农村经济，2009 (11)：4-16.

[57] 倪国华，蔡昉. 农户究竟需要多大的农地经营规模?：农地经营规模决策图谱研究 [J]. 经济研究，2015，50 (3)：159-171.

[58] 何秀荣. 关于我国农业经营规模的思考 [J]. 农业经济问题，2016，37 (9)：4-15.

[59] 农业部农村改革试验区办公室. 从小规模均田制走向适度规模经营：全国农村改革试验区土地适度规模经营阶段性试验研究报告 [J]. 中国农村经济，1994 (12)：3-10.

[60] 中国农业科学院. 农业适度规模经营问题 [M]. 北京：农业出版社，1989.

[61] 阮文彪. 论中国农业规模经济中几个问题 [J]. 农业现代化研究，

1992（5）：278-281.

［62］杨雍哲. 规模经营的关键在于把握条件和提高经营效益［J］. 农业经济问题，1995（5）：15-18.

［63］邵晓梅. 鲁西北地区农户家庭农地规模经营行为分析［J］. 中国人口·资源与环境，2004（6）：122-127.

［64］郭剑雄. 农地规模经营三大目标的背后［J］. 经济理论与经济管理，1996（4）：77-80.

［65］许庆，尹荣梁. 中国农地适度规模经营问题研究综述［J］. 中国土地科学，2010，24（4）：75-81.

［66］王昉. 农村土地规模经营：目标与评价［J］. 农业经济，2003（1）：2-4.

［67］彭克强. 中国粮食生产收益及其影响因素的协整分析：以1984—2007年稻谷、小麦、玉米为例［J］. 中国农村经济，2009（6）：13-26.

［68］郑少锋. 土地规模经营适度的研究［J］. 农业经济问题，1998（11）：9-13.

［69］陈永正. 论农村问题［M］. 北京：中国农业出版社，2006.

［70］李文明，罗丹，陈洁，等. 农业适度规模经营：规模效益、产出水平与生产成本：基于1552个水稻种植户的调查数据［J］. 中国农村经济，2015（3）：4-17，43.

［71］刘凤芹. 农地规模的效率界定［J］. 财经问题研究，2011（7）：109-116.

［72］朱希刚，钱伟曾. 农户种植业规模研究［J］. 农业经济问题，1989（7）：26-31.

［73］速水佑次郎，弗农·拉坦. 农业发展：国际前景［M］. 吴伟东，翟正惠，等译. 北京：商务印书馆，2014.

［74］速水佑次郎，神门善久. 农业经济论［M］. 沉金虎，周应恒，张玉林，译. 北京：中国农业出版社，2003.

［75］邓小平. 邓小平文选：第三卷［M］. 北京：人民出版社，1993：335.

［76］佚名. 习近平就耕地保护和农村土地流转工作作出指示［EB/OL］.（2015-05-26）［2019-06-10］.http://legal.people.com.cn/n/2015/0526/c188502-27060236.html.

[77] 潘维. 农民与市场：中国基层政权与乡镇企业 [M]. 北京：商务印书馆，2003：400.

[78] 韩俊. 土地政策：从小规模均田制走向适度规模经营 [J]. 调研世界，1998 (5)：8-9.

[79] 辛岭，胡志全. 中国农业适度经营规模测算研究 [J]. 中国农学通报，2015，31 (11)：278-283.

[80] 林善浪. 农村土地规模经营的效率评价 [J]. 当代经济研究，2000 (2)：37-43.

[81] 于洋. 中国农业规模经营的理论反思 [J]. 农业经济，2003 (12)：15-17.

[82] 吴昭才，王德祥. 农业经营规模研究 [J]. 农业技术经济，1990 (1)：25-30.

[83] 褚保金，游小建. 种植业土地规模经济问题的探讨 [J]. 农业技术经济，1998 (2)：29-32.

[84] 胡小平. 粮食适度规模经营及其比较效益 [J]. 中国社会科学，1994 (6)：36-49.

[85] 张侠，葛向东，彭补拙. 土地经营适度规模的初步研究 [J]. 经济地理，2002 (3)：351-355.

[86] 张红宇，王乐君，李迎宾，等. 关于深化农村土地制度改革需要关注的若干问题 [J]. 中国党政干部论坛，2014 (6)：13-17.

[87] 杨春华，李国景. 国际视角下农业生产力与经营规模关系的实证分析 [J]. 农业技术经济，2016 (2)：4-13.

[88] 刘灿. 构建农民与农村经济长期发展的财产权基础：基于成都市改革经验的理论分析 [J]. 经济理论与经济管理，2011 (11)：5-14.

[89] 蒋永甫. 乡村治理视阈中的农民土地财产权：一种私权力取向的研究路径 [J]. 华中师范大学学报（人文社会科学版），2009，48 (3)：20-25.

[90] 张金明，陈利根. 论农民土地财产权的体系重构 [J]. 中国土地科学，2012，48 (3)：41-48.

[91] 张红宇. 中国农地调整与使用权流转：几点评论 [J]. 管理世界，2002 (5)：76-87.

[92] 赵阳. 城镇化背景下的农地产权制度及相关问题 [J]. 经济社会体制比较，2011 (2)：20-25.

［93］杨成. 农民土地财产权与农民集中居住的良性推进［J］. 河北法学，2014，32（4）：70-77.

［94］刘国臻，周翔. 论增加农民土地财产性收入的制度障碍与克服［J］. 法学评论，2014，32（5）：83-89.

［95］吉媛，蒋崧韬. 我国农民合作经济组织产权制度研究［J］. 安徽师范大学学报（人文社会科学版），2014，42（1）：105-110.

［96］陈志武. 土地集体所有制变相限制农民自由［EB/OL］.(2011-07-05)［2019-06-10］.http://finance.ifeng.com/news/20110705/4227941.shtml.

［97］赫成尧. 中外专家聚焦农民土地使用权［J］. 改革与开放，2002（5）：4-7.

［98］秦晖. 农民地权六论［J］. 社会科学论坛（学术评论卷），2007（5）：122-146.

［99］蔡继明. 土地私有化有利于农民利益，房屋应有永久产权［EB/OL］.(2011-07-04)［2019-06-10］.http://finance.ifeng.com/news/20110704/4222185.shtml.

［100］文贯中. 解决三农问题不能回避农地私有化［EB/OL］.(2006-05-22)［2019-06-10］.http://finance.peopleocom.cn/GB/8215/55904/4393183.html.

［101］刘俊. 土地所有权国家独占研究［M］. 北京：法律出版社，2008.

［102］陆学艺. 农村要进行第二次改革　进一步破除计划经济体制对农民的束缚［J］. 中国农村经济，2003（1）：13-19.

［103］郭晓鸣，张克俊. 让农民带着“土地财产权”进城［J］. 农业经济问题，2013，34（7）：4-11，110.

［104］宋伟. 构建多主体利益均衡的建设用地制度框架［J］. 农业经济问题，2014，35（2）：54-58，111.

［105］韩俊. 尊重农民的土地财产权利［J］. 理论视野，2004（3）：9-10.

［106］陈志武. 农村土地私有化后结果不会比现在糟［EB/OL］.(2008-10-13)［2019-06-10］.http://news.163. com/08/1013/08/4O4D5NAR00012Q9L.html.

［107］黄祖辉，等. 我国土地制度与社会经济协调发展研究［M］. 北京：经济科学出版社，2010.

［108］张路雄. 耕者有其田：中国耕地制度的现实与逻辑［M］. 北京：

中国政法大学出版社，2012.

[109] 陈剑波. 农地制度：所有权问题还是委托-代理问题？[J]. 经济研究，2006 (7)：83-91.

[110] 罗必良. 中国农业经营制度：理论框架、变迁逻辑及案例解读 [M]. 北京：中国农业出版社，2014.

[111] 黄少安，等. 产权理论比较与中国产权制度变革 [M]. 北京：经济科学出版社，2012.

[112] 安希伋. 论土地国有永佃制 [J]. 中国农村经济，1988 (11)：22-25.

[113] 汪军民. 我国农地法律制度改革的路径分析 [J]. 中南财经政法大学研究生学报，2008 (5)：117-128.

[114] 杨立新. 论我国土地承包经营权的缺陷及其对策：兼论建立地上权和永佃权的必要性和紧迫性 [J]. 河北法学，2000 (1)：5-13.

[115] P. 布瓦松纳. 中世纪欧洲生活和劳动 [M]. 潘源来，译. 北京：商务印书馆，1985.

[116] 彼得罗·彭梵得. 罗马法教科书 [M]. 黄风，译. 北京：中国政法大学出版社，1992：16.

[117] 江平，米健. 罗马法基础 [M]. 北京：中国政法大学出版社，1997：117.

[118] 左平良，李平龙. 我国永佃权流转的历史考察 [J]. 湖南行政学院学报，2007 (1)：75-77.

[119] 李玉生. 中国古代法与现代民法物权制度比较研究：兼及《中华人民共和国物权法（草案）》的相关规定 [J]. 南京师大学报（社会科学版），2005 (6)：46-52.

[120] 张晋藩. 清代民法综论 [M]. 北京：中国政法大学出版社，1998：114.

[121] 吴凡文，王小芳. 农村土地承包经营权与永佃权比较研究：兼论次级农村土地承包经营权之确立 [J]. 贵州财经大学学报，2015 (3)：100-109.

[122] 张曙光，程炼. 复杂产权论和有效产权论：中国地权变迁的一个分析框架 [J]. 经济学（季刊），2012，11 (4)：1219-1238.

[123] 柴荣. 古代物权法研究：以土地关系为研究视角 [M]. 北京：中国检查出版社，2007：199.

［124］崔建远. 房地产法与权益冲突及协调［J］. 中国法学，1994（3）：58-63.

［125］王贵宸，刘文璞，秦其明. 关于规模经营和土地制度［J］. 农村经济情况，1988（3）.

［126］刘云生. 永佃权之历史解读与现实表达［J］. 法商研究，2006（1）：76-81.

［127］周其仁. 中国农村改革：国家和所有权关系的变化（上）：一个经济制度变迁史的回顾［J］. 管理世界，1995（3）：178-189，219-220.

［128］周其仁. 中国农村改革：国家和所有权关系的变化（下）：一个经济制度变迁史的回顾［J］. 管理世界，1995（4）：147-155.

［129］董景山. 农村集体土地所有权行使模式研究［M］. 北京：法律出版社，2012：128.

［130］查士丁尼. 法学总论：法学阶梯［M］. 张企泰，译. 北京：商务印书馆，1989：61.

［131］蔡立东，姜楠. 论土地承包经营权转让中的发包方同意［J］. 吉林大学社会科学学报，2014，54（4）：19-27，171.

［132］高圣平. 新型农业经营体系下农地产权结构的法律逻辑［J］. 法学研究，2014，36（4）：76-91.

［133］温世扬. 物权法要论［M］. 武汉：武汉大学出版社，1997：181.

［134］王利明. 物权法论［M］. 北京：中国政法大学出版社，1998：230-231.

［135］陈永正. 所有制的历史演进及其当代特征［J］. 毛泽东邓小平理论研究，2004（3）：3-11.

［136］刘守英. 善待农民地权是农地三权分置的前提［N］. 光明日报（理论版），2017-02-14.

［137］马克思，恩格斯. 马克思恩格斯全集：第46卷（上册）［M］. 中共中央马克思恩格斯列宁斯大林著作编译局，编译. 北京：人民出版社，1979.

［138］马克思，恩格斯. 马克思恩格斯选集：第二卷［M］. 中共中央马克思恩格斯列宁斯大林著作编译局，编译. 北京：人民出版社，1972：83.

［139］陈永正. 所有权构造论：传统国有制之解构与全民所有制之重构［M］. 成都：四川大学出版社，2003.

［140］马克思，恩格斯. 马克思古代社会史笔记［M］. 中共中央马克思

恩格斯列宁斯大林著作编译局，编译. 北京：人民出版社，1996.

［141］任波. 新土地革命［J］. 财经，2002（19）：32-44.

［142］贺雪峰. 地权的逻辑：中国农村土地制度向何处去［M］. 北京：中国政法大学出版社，2010.

［143］贺雪峰. 农民行动逻辑与乡村治理的区域差异［J］. 开放时代，2007（1）：105-121.

［144］高林远. 农村集体所有制视角下农民权益缺失原因研究［J］. 四川师范大学学报（社会科学版），2016，43（2）：40-47.

［145］吴向红，吴向东. 传统地权秩序对土地承包权的挑战［J］. 法学，2007（5）：113-121.

［146］孙宪忠. 争议与思考：物权立法笔记［M］. 北京：中国人民大学出版社，2006.

［147］丁关良. 农村土地承包经营权性质二元化之客观界定［J］. 经济问题，2007（9）：88-91.

［148］田千禧. 农村土地承包经营权的法律性质及实现形式的创新［J］. 农业经济问题，2000（7）：12-15.

［149］韩俊. 国研中心副主任韩俊：家庭经营是农业生产中最适宜模式［EB/OL］.（2013-01-05）［2019-05-10］. http://www.people.com.cn/BIG5/24hour/n/2013/0105/c25408-20099237.html.

［150］孙新华. 土地流转与农户家计：两种流转模式的比较：基于江西省T村的实证调查［J］. 贵州社会科学，2012（4）：77-83.

［151］王德福，桂华. 大规模农地流转的经济与社会后果分析：基于皖南林村的考察［J］. 华南农业大学学报（社会科学版），2011，10（2）：13-22.

［152］杨华. 农村土地流转与社会阶层的重构［J］. 重庆社会科学，2011（5）：54-60.

［153］黎霆，赵阳，辛贤. 当前农地流转的基本特征及影响因素分析［J］. 中国农村经济，2009（10）：4-11.

［154］陈锡文. 陈锡文：农村改革的三个问题［J］. 中国合作经济，2010（6）：8-9.

［155］黄宗智，龚为纲，高原. “项目制”的运作机制和效果是“合理化”吗？［J］. 开放时代，2014（5）：143-159，8.

［156］张洪松，史溢帆. 农村地权改革的逻辑：基于成都实验的考察

[M]. 成都：四川大学出版社，2013.

[157] 王汉生，王一鸽. 目标管理责任制：农村基层政权的实践逻辑[J]. 社会学研究，2009，24（2）：61-92，244.

[158] 周飞舟. 锦标赛体制 [J]. 社会学研究，2009，24（3）：54-77，244.

[159] 渠敬东. 项目制：一种新的国家治理体制 [J]. 中国社会科学，2012（5）：113-130，207.

[160] 张千帆. 农村土地集体所有的困惑与消解 [J]. 法学研究，2012，34（4）：115-125.

[161] 孙立平，郭于华. "软硬兼施"：正式权力非正式运作的过程分析：华北 B 镇收粮的个案研究 [M]. 厦门：鹭江出版社，2000.

[162] 周雪光. 基层政府间的"共谋现象"：一个政府行为的制度逻辑[J]. 社会学研究，2008（6）：1-21，243.

[163] 张静. 土地使用规则的不确定：一个解释框架 [J]. 中国社会科学，2003（1）：113-124，207.

[164] 杨华. 农村土地流转与社会阶层的重构 [J]. 重庆社会科学，2011（5）：54-60.

[165] 张洪松. 农用地流转中的主体意愿与行动策略：基于成都实验的考察 [J]. 农村经济，2010（8）：84-87.

[166] 贺雪峰. 中国改革开放 30 年的最大经验是保持了农村的稳定 [N]. 21 世纪经济报道，2008-12-04.

[167] 北京天则经济研究所《中国土地问题》课题组，张曙光. 土地流转与农业现代化 [J]. 管理世界，2010（7）：66-85，97.

[168] 海南文昌 1000 亩圣女果销售无门烂在地里[EB/OL].(2010-02-09)[2019-06-10]. http://www.hq.xinhuanet.com/news/2010-02/09/content_18995250.htm.

[169] 韩永. 在自己的土地上打工 [J]. 中国新闻周刊，2009（8）：39-43.

[170] 丛峰，刘海. 土地规模经营：成都统筹城乡发展的富民之路[EB/OL].(2008-10-09)[2021-05-10].http://www.gov.cn/ztzl/2008-10/09/content_1116393.htm.

[171] 佚名. 筠连县出台农村土地经营权流转扶持新政[EB/OL].(2015-

05-22)[2021-06-30].http://tjj.yibin.gov.cn/gzdt/qxdt/201505/t20150522_617062.html.

[172] 流转促规模规模增效益[EB/OL].(2017-02-24)[2019-19-10].http://www.jjsxnc.gov.cn/xxty/201702/t20170224_1677417.htm

[173] 崔智友. 中国村民自治与农村土地问题 [J]. 中国农村观察, 2002 (3): 2-13.

[174] 李长健, 徐丽峰. 村民委员会在土地流转中的职责研究 [J]. 延边大学学报 (社会科学版), 2009, 42 (4): 112-118.

[175] 聂建亮, 钟涨宝. 土地流转的策略选择与资源动用: 基于对云南省W村的个案调查 [J]. 南京农业大学学报 (社会科学版), 2013, 13 (2): 101-107.

[176] 李怀, 高磊. 我国农地流转中的多重委托代理结构及其制度失衡解析: 从重庆、四川、广东等省份土地产权流转案例中得到的启示 [J]. 农业经济问题, 2009, 31 (11): 71-77.

[177] 钱忠好. 农村土地承包经营权产权残缺与市场流转困境: 理论与政策分析 [J]. 管理世界, 2002 (6): 35-45, 154-155.

[178] 马晓河, 崔红志. 建立土地流转制度, 促进区域农业生产规模化经营 [J]. 管理世界, 2002 (11): 63-77.

[179] 林毅夫. 重塑农民土地主人地位 [J]. 农村工作通讯, 2004 (2): 26.

[180] 周陶. 四川丘陵山区农户内生型农地流转研究: 基于人工社会模型 [D]. 重庆: 西南大学, 2016.

[181] 孔祥智, 刘同山, 郑力文. 土地流转中村委会的角色及其成因探析: 基于鲁冀皖三省 15 个村庄的土地流转案例 [J]. 东岳论丛, 2013, 34 (5): 103-108.

[182] 鲁品越. 生产关系理论的当代重构 [J]. 中国社会科学, 2001 (1): 14-23, 205.

[183] 常红晓. 湖北"分田分地真忙" [J]. 财经, 2004 (22): 54-57.

[184] 董国礼, 李里, 任纪萍. 产权代理分析下的土地流转模式及经济绩效 [J]. 社会学研究, 2009, 24 (1): 25-63, 243.

[185] 王维博. 成都　农村产权改革始末 [J]. 中国新闻周刊, 2009 (8): 31-33.

[186] 郭亮. 不完全市场化：理解当前土地流转的一个视角：基于河南Y镇的实证调查 [J]. 南京农业大学学报（社会科学版），2010，10（4）：21-27，42.

[187] 黄宗智，高原，彭玉生. 没有无产化的资本化：中国农业的发展 [J]. 开放时代，2012（3）：10-30.

[188] 赵鲲. 落实三权分置应坚持市场导向 [N]. 光明日报（理论版），2017-02-14.

[189] 郭红东. 日本扩大农地经营规模政策的演变及启示 [J]. 学习月刊，2004（5）：36-37.

[190] 史静，张乃明，包立. 我国设施农业土壤质量退化特征与调控研究进展 [J]. 中国生态农业学报，2013，21（7）：787-794.

[191] 卡尔·波兰尼. 大转型：我们时代的政治与经济起源 [M]. 冯钢，刘阳，译. 杭州：浙江人民出版社，2007：171.

[192] 弗朗西斯·福山. 国家构建：21世纪的国家治理与世界秩序 [M]. 黄胜强，许铭原，译. 北京：中国社会科学出版社，2007：5-15.

[193] 彼得·蒂默. 农业与国家的关系：我们学到了什么 [A]. 郤继红译. 何增科，周凡. 农业的政治经济分析 [C]. 重庆：重庆出版社，2008：337-350.

[194] 冯继康. 美国农业补贴政策：历史演变与发展走势 [J]. 中国农村经济，2007（3）：73-78，80.

[195] 黄田华. 欧共体共同农业政策 [J]. 农业经济问题，1995（2）：60-63.

[196] 罗国强. 欧盟共同农业政策与多哈回合僵局 [J]. 农业经济问题，2007（7）：106-109.

[197] 孙鸿志. 美国农业现代化进程与政策分析及启示 [J]. 世界农业，2007（12）：14-17.

[198] 彼得·蒂默. 国家在农业发展中的作用 [A]. 郤继红，译. 何增科，周凡. 农业的政治经济分析 [C]. 重庆：重庆出版社，2008：314-336.

[199] 马克斯·韦伯. 经济与社会：上卷 [M]. 林荣远，译. 北京：商务印书馆，1997.

[200] 陆益龙. 制度、市场与中国农村发展 [M]. 北京：中国人民大学出版社，2013.

[201] 亚当·斯密. 国民财富的性质和原因的研究 [M]. 郭大力，王亚

南，译. 北京：商务印书馆，1972.

[202] 郁建兴. 新农村建设与土地制度改革：与浙江省桐乡市委书记费建文的对话 [J]. 中国党政干部论坛，2007 (10)：34-38.

[203] 费孝通. 江村经济 [M]. 北京：商务印书馆，2001.

[204] 施坚雅. 中国农村的市场和社会结构 [M]. 史建云，徐秀丽，译. 北京：中国社会科学出版社，1998.

[205] 许檀. 明清时期城乡市场网络体系的形成及意义 [J]. 中国社会科学，2000 (3)：191-202，207.

[206] 国务院发展研究中心农村经济研究部课题组. 稳定与完善农村基本经营制度研究 [M]. 北京：中国发展出版社，2013.

[207] 郁建兴，高翔. 从行政推动到内源发展：中国农业农村的再出发 [M]. 北京：北京师范大学出版社，2013：126.

[208] 张克俊. 农村土地"三权分置"制度的实施难题与破解路径 [J]. 中州学刊，2016 (11)：39-45.

[209] 陈柏峰. 土地资本化的陷阱：枣庄试验批判[EB/OL].(2011-11-23)[2019-06-10].http://www.snzg.cn/article/2011/1123/article_26364.html.

[210] 党国英."股田制"不是农村土地改革的方向 [N]. 南方都市报，2007-07-04.

[211] 刘凤芹. 不完全合约与履约障碍：以订单农业为例 [J]. 经济研究，2003 (4)：22-30，92.

[212] 蔡昉，程显煜. 城乡一体化：成都统筹城乡综合配套改革研究 [M]. 成都：四川人民出版社，2008.

[213] 陆学艺. 城乡一体化的社会结构分析与实现路径 [J]. 南京农业大学学报（社会科学版），2011，11 (2)：1-5.

[214] 成都市社会科学院课题组. 一场意义深远的改革试验：对成都统筹城乡改革发展实践的认识与思考 [N]. 光明日报，2011-03-09 (16).

[215] 姜晓萍，黄静. 还权赋能：治理制度转型的成都经验 [J]. 公共行政评论，2011，4 (6)：79-102，177.

[216] 北京大学国家发展研究院综合课题组，周其仁. 还权赋能：成都土地制度改革探索的调查研究 [J]. 国际经济评论，2010 (2)：54-93，5.

[217] 夏珺，梁小琴. 落实科学发展观的生动实践：成都统筹城乡综合配套改革试验的调研与思考 [N]. 人民日报，2011-02-28 (1).

［218］成都市金融工作办公室. 市金融办关于《关于成都市农村产权抵押融资的现状及对策建议》答复的函[EB/OL].(2016-06-03)[2021-06-03].http://gk.chengdu.gov.cn/govInfoPub/detail.action? id=1500502&tn=2.

［219］杜鹏. 村民自治的转型动力与治理机制：以成都“村民议事会”为例［J］. 中州学刊，2016（2）：68-73.

［220］甘庭宇. 农村社会结构变动下的乡村治理机制探索：基于成都市的观察与思考［J］. 农村经济，2012（11）：14-17.

［221］吴建瓴，蒋青. 同地同权同价之前提条件分析及实现路径［J］. 经济体制改革，2008（6）：100-102.

［222］詹森，麦克林. 专门知识、一般知识和组织结构［A］. 科斯，哈特，斯蒂格利茨，等. 契约经济学［C］. 北京：经济科学出版社，2003：309-336.

［223］人民日报中央厨房. 侠客岛工作室. 侠客岛：王岐山这三句话，值得细思量[EB/OL].(2017-03-07)[2019-06-10].http://finance.people.com.cn/n1/2017/0307/c1004-29129517.html.